U0924384

未名湖畔大师谈

下

访谈

主　编　陈永利

中国人民大学出版社

·北京·

编　委　会

目　录

人类学与文化沟通

——访费孝通等五位东亚人类学家

［学者简介］

费孝通，江苏吴江人，著名社会学家、人类学家、民族学家、社会活动家，中国社会学和人类学的奠基人之一，第七、八届全国人民代表大会常务委员会副委员长，中国人民政治协商会议第六届全国委员会副主席。1938 年获得伦敦大学经济政治学院博士学位，1944 年加入民盟，1982 年当选为伦敦大学经济政治学院院士，1988 年获联合国大英百科全书奖。费孝通从事社会学、人类学研究，写下了数百万字的著作，出版有《江村经济》《行行重行行》《学术自述与反思》《从实求知录》等著作。

中根千枝（Nakane Chie），1926 年生。著名人类学家、藏学家。1951 年东京大学文学部东洋史学科毕业。现任国立东京大学东洋文化研究所教授，东京大学名誉教授。主要研究领域为中国西藏、印度和日本的社会结构及亚洲社会的比较研究。代表作有《纵式社会的人际关系》（讲谈社，1967 年），《家庭的结构——社会人类学的分析》（东京大学出版会，1970 年），《未开的脸 文明的脸》（中央公论社，1970 年），《韩国农村的家族与祭仪》（东京大学出版会，1973 年），《适应的条件》（讲谈社，1979 年），《纵式社会的力学》（讲谈社，1978 年）等。

李亦园，祖籍福建泉州，1931 年生。就读于台湾大学及美国哈佛大学。1948 年赴台，从事人类学研究至今。曾任台湾大学教授、台湾“中研院”民族学研究所所长、台湾清华大学人文社会学院院长，现任台湾“中央研究院”院士、台湾清华大学社会人类学研究所教授。李亦园先生研究范围极广，涉及人类学、文化学、比较宗教学、家庭宗族研究、神话研究，并以台湾高山族、华侨社会以及华南、台湾汉族民间文化为田野研究对象。著有《人类的视野》《文化的图像》《文化与行为》《信仰与文化》等专著16种，专业论文一百三十余篇。

乔健，祖籍山西介休。1935年出生，美籍华人，著名人类学家。台湾大学考古人类学系学士（1958年），考古人类学研究所硕士（1961年）及美国康奈尔大学人类学系人类学哲学博士（1969年）。长期任教于美国印第安纳大学、香港中文大学、台湾东华大学。撰写及编辑有专书三十余种，包括《拿瓦侯传统的延续》《飘泊中的永恒：人类学田野调查笔记》（台湾巨流版）、《山西乐户研究》（与刘贯文、李天生合著）、《中国的族群关系与族群》（与Nicholas Tapp合编）、《大澳渔民家庭的神祇》等。学术论文主要有：《文化变迁的基本形式：以卑南族吕家社百年经验为例》《瑶族及瑶族研究近况》《妇女与宗教：大作村的例》《传统中国的底边社会管窥》《多元族群、多元文化与文化咨询》等近百篇。

金光亿，英国牛津大学社会人类学博士，韩国首尔国立大学人类学终身教授，国际著名人类学家，研究涉及当代中国和韩国本土研究。曾在韩国发起成立“当代中国研究会”并出任首任会长、创建“首尔国立大学中国问题研究所”并担任首任所长，先后担任首尔国立大学跨文化研究所所长、社会科学研究院院长及韩国文化人类学学会主席。

费孝通："各美其美，美人之美，美美与共，天下大同"

问：您在四年前曾提出"各美其美，美人之美，美美与共，天下大同"的思想，现在请您再把这16个字的由来和含义解说一下。

答：1990年12月，中根千枝教授和乔健教授以祝贺我80寿辰的名义，在东京召开"东亚社会研究国际研讨会"，给我出了"人的研究在中国——个人的经历"这个题目，要我作一次发言。当时，我读完Sir Edmund Leach（E. 利奇）写的Social Anthropology（《社会人类学》，1982），很受启发。Edmund是我在伦敦上学时的老同学。问题就是从我们两人的分歧引发的。

他在这本学术自述式的书里表达的关于人类学的看法，与我的很不相同。他认为，"社会人类学并不是一门自然科学意义上的科学，也不应当以此为目的。如果要说它是什么，其实不过是艺术的一种形式"。他的意思可以理解为，在西方人类学门内至少有一些学者将它作为表演才华的舞台，或者更平易一些，是一种智力的操练或游戏，或竟是生活中的消遣。我本人对这些动机并无反感。在一个生活富裕，又是竞争激烈的社会里，当个人谋生之道和社会地位已经有了保证之后，以人类学来消磨时间或表现才能，确不失为一种悠悠自得的人生。可惜的是，我没有条件这样来对待这门科学，事实上也走不上这条路，即使走上了，也不会觉得愉快。

个人的价值判断离不开他所属的文化和时代。我并不明白为什么Edmund放弃他成为一个工程师的前程而闯入人类学这个园地。我自己知道我为什么要学人类学，入学的动机可能是我们两人同在一个学术领域里分道扬镳的根源。我是出生于20世纪初期的中国人，正是生逢社会剧变、国家危急之际。从我的价值判断出发，我之所以弃医去学人类学，是因为我自觉地认识到“为万民造福”比“为个人治病”更有意义。我学人类学是想学习一些认识中国社会的观点和方法，用我所得到的知识去推动中国社会的进步，所以是有所为而为的。我自己的经验也使我更加确信，人类学是可以成为一门实用的科学的。我自己为学的根本态度可以总结为两条：一是“天下兴亡，匹夫有责”，二是“学以致用”。想不到两千多年前的孔子对我这一代人还有这样的影响。务实精神潜移默化，渗入学术领域，使像我这样的人，形成了以了解中国、推动中国进步为目的的中国式应用人类学，这并不是出于任何个人的创见，很可能是历史传统和当代形势结合的产物。

我认为我和Edmund的分歧归根结底是出于我们并不都是英国人或中国人，我们各自的文化传统带来了“偏见”，更正确些应该说是“成见”，这些“成见”有其文化根源。对一个有人类学修养的人这是完全能够理解的。这里不存在谁是谁非的问题，而是属于不同传统和处境的问题。我们不仅能相互容忍，而且能相互赞赏，我们不妨各美其美，还可以美人之美。这是人类学学者应有的共识。

问：这一共识是否也适用于人类学研究者对被研究者的情况？

答：是的。Edmund在这本书里评论了其中有我一份的中国几个人类学者的著作，提出两个问题：

1. 像中国人类学学者那样，以自己的社会为研究对象是否可取?

2. 在中国这样广大的国家，个别社区的微型研究能否概括中国国情?

Edmund对这两个问题都抱着否定的态度。以第一个问题说，他尽管承认人类学学者不妨研究自己的社会，但认为这种样式的实地研究，对没有经验者是不足取的例证。他的主要用意是想指出，一个人类学学者要从自己习以为常的社会中超脱出来不是那么容易的，因而有可能影响研究质量。这点我是同意的。怎样才能将自己一分为二、自己观察自己?我想最好的办法还是多看到一些和自己社会不同的社会。其实我自己就是这样走过来的，在调查家乡的农村之前我曾在广西大瑶山调查过瑶族的体质和社会组织。我能观察自己的文化和社会也许是得益于大瑶山里的一段经历。

当然，只是参与别的社会并不一定能超脱自己的社会，能看别人不一定能看自己。用自己社会的标准去衡量别的社会的人就是如此。我是不大相信一个不能“美人之美”的人能成为人类学者的；而凡是能“美人之美”的人，他不仅能研究自己的社会，也可以研究别人的社会。对他来说并不发生研究对象是自己的社会还是别人的社会的问题，因为他是超脱的，是在较高的境界看一切社会、看人们不同的生活方式。在这点上我和Leach似乎又是有分歧的。

问:“各美其美，美人之美”的原则又是如何从研究者之间、研究者和被研究者之间推广到不同民族、不同文化之间并得到升华的呢?

答:在和瑶族人民一起生活中我才亲身体会到“各美其美，美人之美”的境界升华。“各美其美”是指各个民族都有自己的价值标准，各自有一套自己认为是美的东西。这些东西在别的民族看来不一定美，甚至会觉得丑恶、不堪入目。在我们这个世界上，民族接触的初期还常常发生强迫别的民族改变他们原有的价值标准来迁就自己的情形。民族间能相互尊重对方的价值标准还不是太久远的事，能容忍“各美其美”是一大进步。只有在民族间平等地往来频繁之后，人们才开始发现别的民族觉得美的东西自己也觉得美。这就是“美人之美”。这是高一级的境界，是超脱了自己生活方式之后才能得到的境界。

这种境界的升华极其重要。由各种文化塑造出来具有不同人生态度和价值观念的人们，现在已经生活在一个你离不开我、我离不开你的小小环球之上了，他们怎样才能和平共处已经成为一个必须重视的大问题了。如果人类学的训练确是可以引导人“美人之美”，那将大益于这个重大问题的解决。“美人之美”境界再升华一步就是“美美与共”。不仅能容忍不同价值标准的存在，进而能赞赏不同的价值标准，那么离建立共同的价值就不远了。“美美与共”是不同标准融合的结果，那不就达到了我们古代人所向往的“天下大同”了么？从这个角度去看我和 Edmund 的缺席对话，其意义就不仅限于我们少数不同国籍的人类学学者的共同兴趣，而是还可以联系到今后世界人类怎样进入 21 世纪的问题。

这就是我概括的十六个字：“各美其美，美人之美，美美与共，天下大同。”这也许就是人类学的道路。

（该稿经被访者本人审阅）

中根千枝：民族和文化差异并非冲突的根源

问：两性之间的文化沟通也应该是人类学的主题之一，作为女性人类学家，两性文化和妇女问题在您的学术研究中居于什么地位？如果您发表关于妇女问题的看法，您是否意识到由于您是女性？

答：我研究过东亚家庭制度，但我不关注妇女问题。有的女性人类学家对此研究较多，如 Margaret Mead（M. 米德）。但这类问题与是不是女性人类学家没有必然联系。如果探讨妇女问题，我不会从我的性别出发。有人会有相反的看法，但我不认真对待这种看法。

问：近来在关于妇女运动的人类学研究中有这样一种说法：人们长期被灌输一种男性偏见的社会观。您认为这种观点正确吗？您的 Japanese Society（《日本社会》，1970）似乎也受到过类似的批评。

答：我反对笼统地那样说。就我对日本社会的研究而言，我是在力图发现社会核心的基本制度。由于大多数妇女是家庭主妇，很少出现在正式组织的场所，所以在我的框架里忽略掉了妇女，但这的确不是我有意为之的。准确点说，在组织中工作的妇女都能被纳入基本制度中去，凡是有妇女参加的组织都是这样的。有趣的是，Fred Eggan（F. 伊根）读完 *Japanese Society* 一书的手稿，却作出了这样的评论："你能够写出这样一本饶有趣味的书，也许由于你是一位女性，因而更能客观地看待男人的工作。"

在工作组织里，妇女与男人一样也被纳入等级制度中，确切地说，order（秩序）是比性别差异更重要的。在日本社会里，人们更关心秩序，你比我晚一年被聘任为大学教授与你是男性或是女性没有关系。在芝加哥，有一次我看到一个无异性同伴参加的大学教授集会，女教授被拒之门外，这很令我吃惊，类似的事情在日本是不会发生的。我不知道现在那里是否还有这样的集会。

问：那么是否可以说日本社会制度对妇女是更公正的？

答：从某种意义上说是这样。一旦你获得与男性相当的地位，你们之间就没有什么不同，在一个组织中你与你的男同事都是同样的组织成员。在中国、印度和西方，两性之间划了一道清晰的界线，而在日本和东南亚，这条界线很模糊，使妇女在某种程度上显得更自由。

问：东亚社会文化人类学者大都是接受西方人类学训练而后进行异族文化或本土文化研究的。他们在方法论上有什么难题吗？

答：东亚的社会文化人类学家有着共同的历史与文化背景，即广义的中国文化特别是汉文化，就此而言，东亚与西方的距离比其他地区与西方的距离更远。作为人类学研究的田野，东亚社会从根本上不同于人类学家通常所说的田野。事实上，东亚学生常常要与西方社会学和人类学流派做艰苦的斗争，因为随意地把某些概念和方法运用于本土研究常常会产生一些蹩脚的结论，反映不了所研究的社会的深度和广度；而如果不接受西方社会科学学科训练，又容易陷入自己传统学术术语的泥淖，所得到的结果只能是难以理解的描述或空想，并由此给人们制造对传统研究的障碍。这就有一个如何解释东亚人类学家的发现以使其能与西方社会科学接轨的问题。总之，受过西方训练的东亚人类学家面临着两难境地，特别是当他们年轻的时候，他们必须逐步形成自己的方法论。

问：在全球一体化的今天，不同民族（种族）和文化之间的冲突频繁发生，人类学对此如何解释，有何作为？

答：仅就民族和文化而言，不同民族和文化之间的接触不会造成真正的冲突和对抗，因为民族和文化不是冲突的根源，只有发生领土或资源争端，或出于特定的政治目的，才会有真正的冲突。如果没有经济的、政治的利害关系，不同民族、不同文化的接触交往可能会很好。我们经常说黑人和白人、印度教教徒和伊斯兰教教徒、东方人和西方人在发生着种种冲突，其实并不是因为他们的民族、种族、语言、宗教信仰不同，而是因为他们当中出现了政治野心家，这些政治野心家为了特定的目的，利用民族和文化差异，强调民族意识，煽动歧视和仇恨，进而酿成冲突。

当然，由于各种差异，不同民族、不同文化难免发生误解、偏见或表面的冲突，但只要不将其隔离开来，而让他们长期接触，是会结成较好的关系的。

冲突一旦发生，人类学家只能解释其原因；至于解决冲突，那是政治家的事。

（该稿经被访者本人审阅）

李亦园："大传统"与"小传统"的贯通

问：与西方文化人类学研究相比，东亚文化人类学研究有什么特点？

答：人类学研究是从西方开始的，与第一次世界大战有密不可分的关系。当时西方文化人类学者研究的对象是殖民地、"原始"部落或"落后"民族，并形成研究异族文化的传统。直到现在，他们大多主张人类学者要研究异族文化。东亚文化人类学者大多先接受西方文化熏染，接受西方文化人类学教育，然后研究本地区的少数民族，而后转向本民族文化的研究。这一特点，我用一个图来表示：

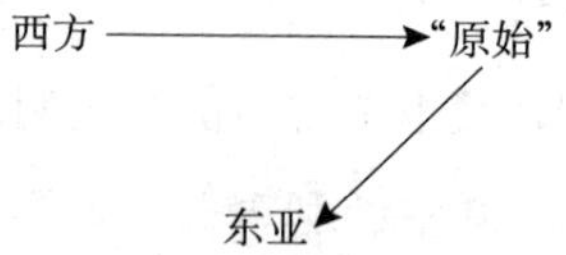

西方 ——→“原始”

↙

东亚

可见，西方文化人类学研究是二维的，只有一个文化参照系；而东亚文化人类学研究则是三维的，不论研究少数民族文化，还是研究本民族文化，都有两个文化参照系。应该说东亚文化人类学者是占了便宜的，他们的研究模式使其更少带价值偏见。对西方而言，东亚是殖民地，东亚文化人类学者对此有清醒的认识，这样，当他们去研究少数民族时，就会更自觉地放弃自己的文化背景，不带“殖民意识”；而当他们研究本民族文化时，也不会完全用西方标准作参照，当然也不会完全用少数民族文化作参照，而是同时参照两种文化系统，更多地从本民族文化自身特点出发，去发现本民族文化的独特的“文法”或“逻辑”。

拿对宗教信仰的态度来说，东亚人认为，人是可以达到完美境界的，所以人可以成神，如孔子，如关公，这在西方人是难以理解的，他们的神是完美的，而人是不完美的，人生而有罪，所以不可能成神。西方关于泛灵论、多神教、一神教的进化模式在东亚并不完全适用。他们经常问我们：“你信什么教?”这个问法本身就不妥当，中国大多数汉族老百姓既信儒教，又信道教，还信佛教，这对于他们也是不可思议的，因为他们的宗教是相互排斥的，只能信仰一种宗教，而不似东亚各种宗教可以相互包容。东亚文化人类学家通过对民间宗教的研究，就可以发现上述东亚宗教的特点，以修正西方宗教观，甚至进而修正西方文明。

问：为什么东亚文化人类学家大多在本土做田野工作?

答：一方面，东亚地区民族众多，尤其是中国，多达56个民族，每个民族地区都是很好的人类学者田野工作的场所，所以不一定非要到很远很远的地方去研究异族文化，也用不着张口闭口把汉族文化拿去与西方文化比较，因为汉族文化与各少数民族文化、各少数民族文化之间的比较就是很好的题目，就可以找出许多文化参照系来。

另一方面，东亚曾创造过辉煌的文明，现在又在创造着惊人的奇迹，它有着自己的成就和特点。认为西方文明一直是人类文明的主流和样板，用西方文明模式来裁量、臧否东亚文明和其他文明，这是一种无知和偏见。对于西方文明，在过去相当长一段时间里我们被迫接受，现在则可以有选择地接受。的确应该也能够停下来好好理解一下了。这当然主要靠我们自己去认识、去探索，人类学家对此责无旁贷，而且能够作出自己独特的贡献。

问：您能否用自己对中国民间宗教研究的经验来说明，人类学研究是如何将同一民族的传统文化与现代文化、士绅文化与民间文化贯通起来的？

答：美国波士顿大学社会学家 Peter L. Berger（P. 伯格）在他的“An East Asian Development Model”（《一个东亚的发展模式》，1988）一文中曾写了这样一个小故事：他 1982 年来（中国）台湾地区，与我谈论“新儒家的假设”，我对此一假设表示怀疑，我认为民俗宗教至少也与儒家一样重要。这使他有点迷惑，但数周后他恍然大悟。后来他在新加坡看到一个神媒如何对待他奉祀的神灵的情形，便把我的看法总结为一个极为不同的假设，即包括儒家和大乘佛教的所谓“大传统”，无论如何是深深地根植于较不精致的民间宇宙观层面（包括认识与情绪的层面）的，并称之为“李氏假设”。

对我个人来说，这自然不成其为什么“李氏假设”，不过我通过对（中国）台湾地区民间宗教的多年研究，参考他人的成果，似乎看到在台湾地区民间宗教的现代趋势中确实出现了若干功利、现实和积极因素，这些因素在民间社会里或者说在“小传统”的广大社会里发生了作用。

但当时只限于在民间宗教的范围内做思考，后来又经数年的研究，我将其扩展到宇宙观的层次。我的看法是，儒家的经典哲学与一般老百姓的行为之间，实际上存在着一层共同的文化意念，那就是中国人的宇宙观及其基本的运作法则。由于此一共通的文化准则的存在，因而使中国的“大传统”与“小传统”两层文化间即使有不同的看法，仍表现出许多相同的行为，并借一定的社会机制与过程，使儒家思想（包括经典的与世俗的）与现实行为之间能互为转换。那么什么是中国人的宇宙观及其最基本的运作法则呢？就是对和谐与均衡的追求，它表现为三个方面：

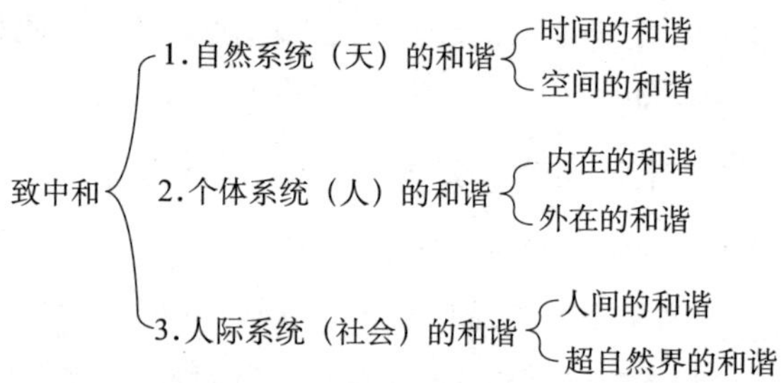

以自然系统的和谐为例说，传统文化的表现可从时间与空间两方面的理念与处理方法去理解，这在常民与士绅之间实际并无太大的差异。追求时间的和谐是算命卜卦的理念所在，它表现为把个人的生命配合着宇宙时间而加以解释，如根据出生的年月日时四个定点，给予他天干地支的记号，就是所谓“八字”。这个“八字”决定他一生的历程，这就是“命”。“命定如此”是不能改变的，但“命”有各种不同的阶段，而每个阶段都有不同的机缘，有时是好，有时是坏，这就是所谓“运”，运是可以改变的。所以中国人一生中都努力寻求对他最有利的时间定点，而每做一事都要寻找一个吉利时刻，以便“择吉开张”；甚至更主动地寻求整个生命历程中的吉与凶之点，以便“趋吉避凶”或“逢凶化吉”。

维持与自然的均衡和谐，只有时间的因素并不完整，除非在空间的领域也维持同样的平衡，不然这一系统和谐性就不能令人完全满意。空间和谐观念仍然以阴阳为肇始，然后及于五行，进而有八卦，这些因素的综合，表现出来的就是“风水堪舆”的行为。以现代（中国）台湾地区的民间信仰来说，仍保有传统特色。一个村落或社区的地理位置仍以五行观念来表达。在日常生活里，诸如求医、旅行、失物也都以五方空间系统来做决定，而风水地理则可说是民间信仰空间观念的核心，尤其表现在祖先墓地（阴宅）和居住房屋（阳宅）的寻定上，这些都是大家耳熟能详的事。

在现代社会变迁极为快速的情况下，这种传统的对时间和空间和谐的观念的追求，似乎有更流行的趋势，不仅一般民众如此，知识分子、达官巨贾也不能免俗，有时甚至表现得更热衷。由此可见，时间和谐的卜卦观念和空间和谐的风水观念实在是汉族文化最基本的宇宙信念，它不仅连接大小传统于其间，连接传统与现代于其间，而且自然成为汉文化的一个共同特征。

问：您主张文化人类学是研究文化的，那么它与哲学和思想史对文化的研究有什么不同?

答：人类学是从日常生活中，主要是从民间，当然也可以从精英的日常生活中去看文化。它不像哲学和思想史着重诠释古人和知识精英说什么、怎么说，而是着重观察现实生活中的人做什么、怎么做，并透过这些去发现文化深层的“文法”或“逻辑”。这种文化深层结构是相当稳定的，但它活在普通人的生活里，而不是活在学者头脑里和书本上。然而，人类学研究文化的视角并未得到充分理解和重视，甚至经常被蔑视为“小儿科”。

（该稿由被访者授权本刊校阅）

乔健：中国大陆（内地）、香港特别行政区、台湾地区的关系与族群理论

问：中国大陆（内地）、香港特别行政区、台湾地区（以下简称“大陆、香港、台湾”）的汉族原本属同一文化，但由于长期隔离分治，其间的文化差异是否逐渐增长，甚至超过汉族与某些其他民族的文化差异，如大陆的满汉文化差异？

答：由于长期的隔离分治，大陆、香港、台湾的汉族的文化差异的确很大。以语言文字来说，现在香港年轻人说的一些话在广东（尤其是乡下）是不会有人听得懂的，其特点是外来词多，英字粤语化。如近几年流行用“𨋢”表示“电梯”，来源于英国英语“lift”；广告上经常出现“保持身体苗条”的字样，香港人称“嗡弗”，源于 keep fit。这些字词都是汉字中没有的。另外，说话腔调也变了。台湾主张说国语，但与大陆的普通话不同，基本是受闽南话的影响。最麻烦的是汉字。中国地域广大，一直有许多汉语方言，但自秦始皇始汉字一直是统一的。而中华人民共和国成立以后，大陆与港、台的汉字便不统一了，大陆开始用简化字，港台则继续用繁体字，学繁体字的认简化字容易些，学简化字的认繁体字则很困难。一位去美国做助教的大陆历史系学生，老师让他到图书馆找《後漢書》，他竟然说没有。大陆复由简入繁不可能，而港台也无由繁变简的意向。这是一大沟通障碍。除语言文字外，文化的其他方面也有许多差异。从某种意义上说，大陆、香港、台湾的文化差异并不比汉族与某些少数民族

的文化差异小。

其实这种文化上的差异并不一定那么大，关键是大陆、香港、台湾人各自怎么看。大陆人可能把大陆、香港、台湾人皆视为汉族，而港台人可能把自己视为不同于大陆汉族的族群（ethnic group）。

族群在根本上是对自己历史和信仰的主观认同，其目的主要是政治上的，核心是 power（权力）。nationality（民族）是一个由学者在学术上、官方在政治上认定的，而 ethnic group 则主要是其成员的主观认同。

问：具体来说，台湾人持有怎样的族群意识？这对中国统一有什么影响？

答：台湾有本省人和外省人的区别，本省人一般指日本占领期间甚至在此之前就已移居台湾的闽南人，外省人一般指此后的新移民。李亦园先生也是闽南人，他与台湾早期移民在语言、文化上本无明显区别，但并不被认为是本省人。早期移居台湾的闽南人自认为较多地吸收了台湾土著平埔族文化，与新移民不同，与大陆汉族已不属同一个族群。

本省人与外省人的区分并不完全依据刚才说的标准，我们这一代中，有一些人可能出于对国民党的不满而加入民进党，自我认同为本省人。出生在台湾的年轻一代，家乡观念淡薄，过去填表有祖籍一栏，一般被视为外省人，现在一律填出生地，这样他们可以很轻易地自我认同为本省人。不论本省人还是外省人，都有统派和独派之分，各自找利于自己一派的依据。可见，自我认同为哪一族群，往往有功利目的，其主观随意性很大。

人类学家要做的一项要紧工作是，为是否划分族群找出客观事实。但问题是人类学家提出的事实又总是有预设的，所以大陆、香港、台湾在讨论这一问题时，难免有争论。但立足可靠的客观事实依据总比缺少事实的主观认同有说服力，虽然前者代替不了后者。

问：族群是由地理、历史、经济、政治等多种因素塑造而成的，如果按您的说法，现在大陆、香港、台湾已出现不同族群，那么能否说这主要是由政治因素造成的事实？

答：族群意识是对共同经历和信仰的主观认同，政治显然利用和强化了这种意识。为了争夺资源和权力，就要增强相互之间的差异。平埔族对早期移居台湾的汉族的影响到底有多大，现在无法验证，但显然有被夸大的嫌疑。过去平埔族研究门前冷落，近年来则热闹非凡。用一句通俗的话说即“我就是要与你不一样”。你说大陆、香港、台湾人都是中国人，都是一家人，但我总担心会排在你后面，被你吃掉，原来属于我的东西可能变成你的了，所以背后有焦虑。如果强调和维持差异，就能减轻这种焦虑，就不会轻易受制于你，原来属于你的东西可能至少也有我一份。

李登辉称台湾人为同一条船上的“生命共同体”，其真正目的是建立“独立的政治实体”；民进党则公开宣称建立“独立国家”。所以，对于族群不能仅从文化角度看，更主要的是要从社会角度，尤其是政治角度看，实际是一种 structural opposition（结构性对抗）。当然，在结构性对抗还不足以抗衡时，往往会以文化的形式表现出来，有些台湾人就借用外来宗教信仰表达认同。尽管其主要方面与儒道佛并没有多大差别，但名义变了。

问：面对统分这一重大而现实的问题，人类学除了作出科学的解释外，在应用方面能否作出独特的贡献？

答：我是主张人类学具有独特应用功效的，我在台湾地区负责筹办了一个“族群关系与文化研究所”，就是这一主张的体现。我用族群理论来解释大陆、香港、台湾的关系可能比其他理论更有解释力，从中可见许多微妙之处，而这正是人类学家的有用之处。虽说族群意识的根源在于资源和权力的争夺，但往往表现在文化的各个方面。文化是一套实际行为，而不是一个理想，仅仅在理想层面宣传是没有多大效用的。你说都是炎黄子孙，都是龙的传人，都是中国人，但这不能消除其焦虑和恐慌。一不谨慎，有些不必要的言论就会引起不必要的刺激，加剧焦虑和恐慌。

未来 20 年是非常关键的时期，尤其是 1997 年以后，大陆与台湾地区的交往不再以香港作为桥梁，更要小心谨慎。不论官方接触还是民间交往，仅有一些政治与经济方面的考虑是不够的，他们更需要从文化的角度去思考，因而需要人类学家的帮助，以免出现不必要的误解、制造不必要的麻烦。

（该稿经被访者本人审阅）

金光亿：不断拆除文化壁垒

问：您作为文化人类学家对国家统一持怎样的态度？

答：真正的统一不是政治和经济的统一，而是文化的统一。东、西德统一了，但仍存在很大困难，就是与文化未完全统一有关。所以，我竭力主张文化人类学家和其他学者应及早做这种文化沟通交流的工作，对此项工作不应限制和忽视。在这点上，我很羡慕中国大陆（内地）与香港、台湾地区的学者可以互相往来对话。

问：不同民族、不同文化之间的有效沟通有赖于人类学研究者与被研究者之间的有效沟通，您认为人类学研究者怎样做才能实现这一点？

答：从另一个意义上说，同一民族也存在不同的 class（阶级、阶层）文化，文化精英往往属于上层 class，人类学者如何丢掉自己 class 的文化色彩降到下层 class 文化中去并被其接受，的确是很困难的。如果人类学研究者与被研究者分属不同的民族，那就又加了一道文化壁垒。所以双方达到沟通理解、相互信任的过程本身就是在拆除文化壁垒。人类学者所受的专业训练和田野工作就是最大限度地去消除其价值观念和文化背景差异，尤其是田野工作，更是人类学者的看家本领，它要求研究者要有三种功夫：

（1）长期的实地调查；

（2）参与当地人的生活；

（3）学会当地人的语言。

有了这三样功夫，一般就能做到与被调查者相互信任，被调查者就不会把你当作客人，你也不会觉得自己是外来者。

问：从事田野工作的人类学者大都学会了当地人的语言吗？

答：多数人类学者基本做到了这一点，当然，熟练程度还是有所不同的，有些人类学者开始要用翻译。人类学者特别重视语言的学习，包括同一民族不同文化的方言和土语的学习，因为某一民族的情感和文化的意义就深藏在它的语言里面，不懂得它的语言是没有办法与其沟通的。现在的条件方便多了，以汉语学习来说，日本、美国、中国都有汉语中心。当然要学习某些民族和部落的语言还没有这样的机构，也没有教科书，只好在田野工作中学习。我们这一代采取的就是后一种方式，我在台湾高山族地区做田野调查时就是边干边学的。

问：最后请您谈谈文化人类学研究的最新动向。

答：这个问题很复杂，大致说来可分为两大块：一块是理论人类学的动向，一块是应用人类学的动向。

理论上又有两个取向。一个理论取向是重新解释原来对异民族、异文化的研究是否客观公正，客观公正的研究是否真的存在，开始重视研究者本身的动机，如西方主义、殖民主义的潜意识或价值观对研究者的影响。比如，我是韩国人，曾经研究中国文化，现在我要反问：我真的了解中国吗？这是解释人类学的主题之一。现在做田野调查和写作民族志，一般倾向于将被研究对象纳入 Immanuel Wallerstein（I. 沃勒斯坦）所说的 world system（世界体系）中去，甚至将研究者与被研究者的互动过程呈现出来，这被称作新民族志。

另一个理论取向重视研究国家与社会之间的对立和冲突，其核心概念是 power（权力）。国家的 power 越来越大，国家决定什么节日和活动是重要的、好的，决定什么历史人物和历史事件是重要的、对的，如果政权一更迭，这些可能又部分甚至全部改变了。国家把什么是重要的和好的写进教材里，由教师灌输给孩子，由大众媒体传播到社会的各个角落，渗入个人生活的方方面面。人类学历来注重民间文化，注重日常生活层面，它发现国家对历史的解释与民间对历史的解释是不同的，对历史的解释不同，对历史的影响也就不同。问题是到底谁是解释历史的权威？历史到底是谁的历史？我在研究当代韩国祖先崇拜热时感到，与某些新的和国外的祖先崇拜不同，传统的儒家祖先崇拜构成了韩国优良文化传统的一部分，它作为一种对国家权力和公共空间扩张的反抗力量，让人们去建构自己的历史和空间。人类学对无国家形态和国家意识的民族和部落的研究发现，他们同样有自己的历史，其生活同样秩序井然，这样的文化也理应得到承认和尊重。

应用人类学的一个取向是反省由政府制定和实施的国内或国

际合作的发展计划的得失。从表面上看，这些发展计划成就辉煌，但它们对社会和文化的深远影响往往被忽视了，尤其是对人民生活是否得到真正改善、少数民族文化是否获得真正发展的问题考虑不够，事实上得到好处的主要是外商和官僚。这样的失败的发展计划有很多。

（该稿由被访者授权本刊校阅）

［本次采访承蒙北京大学社会学人类学所所长潘乃谷研究员精心安排，包智明博士承担日语翻译工作，在此特别致谢。］

电影史的文化和精神反思及其他

——访戴锦华女士

［学者简介］

戴锦华，1959 年生于北京。北京大学中文系比较文学研究所教授，博士生导师。北京大学电影与文化研究中心主任。从事大众传媒、电影与性别研究。曾获北京市社科研究优秀奖，主持课程获国家级精品课程，致力于中国电影史、大众文化研究以及女性文学研究。代表作有：《浮出历史地表——现代中国妇女文学研究》（与孟悦合著）、《电影理论与批评手册》《隐形书写——90 年代中国文化研究》《拼图游戏》《镜城地形图——当代文化书写与研究》《电影批评》《蒙面骑士—— 墨西哥副司令马科斯文集》等。

问：近几年在我和同学们的印象中，您从事的主要是中国现当代女性文学研究，20 世纪八九十年代以来的大众文化研究以及 1949 年以来尤其是新时期的中国电影研究，并且成果斐然，而最近您则转而研究中国电影文化史，将视线投向 1949 年之前的中国电影文化发展的历史。请问这一转向出自您个人怎样的思想上的或学术上的思考结果？

答：对我来说，这可能不是一个学术转向的问题，而是学术领域的延伸问题。实际上，我的女性文学研究和大众文化研究可以说是我的电影研究的延伸部分。女性研究是我的“业余爱好”，不过，做得越来越多之后就不太像业余爱好了。我的研究大体上说有三个部分：中国电影、女性文学，还有大众文化。在我自己这里，三者形成一种互补关系。我是从电影理论和电影评论方面开始我的学术工作的。整个 80 年代，我从事的是中国电影研究，集中在当代电影，尤其是新时期中国电影的研究上。对西方理论的运用和反省，以中国复杂的电影实践挑战理论的“野心”，以及在历史的视野中定位当代中国电影的愿望引出了一个交汇点：中国电影史。此外，进入 90 年代以来，我更加深刻地感受到一个问题，那就是任何一部电影都无法在它自身得到充分的阐释。电影自它于 19 世纪末产生以来就一直处在现代社会的关节点上。电影是一门年轻的艺术，同时也是科学技术的新发明，一经进入社会运作，很快成了一个工业系统，成为商业系统里的一种特殊的商品样式。电影是 20 世纪最伟大的艺术之一，我想已是不争的事实；但它也正随着这个世纪而出现衰落。也在电影成为文化市场上的一种非常特殊而迷人的商品时，它必然地和社会政治、意识形态，和时尚与消费，和种种人文、艺术潮流，大众文化及都市文化联系在一起。80 年代我曾经抱着一个“伟大”的信念，坚信电影是人类最伟大的艺术之一；相信电影是艺术，而且是和任何一门古老的艺术一样纯正的艺术。这一观点我并没有放弃。问题是我发现，如果用这个唯一的尺度，也即审美的、艺术的尺度来研究电影，尤其是研究中国电影的话，能获得有效阐释的部分就太有限了。基于这一想法我开始把自己的研究扩展到文化研究，我认为文化研究是电影研究所必须借助的一个方法；而返回头来看，我以前所做的研究并非纯正的电影研究。我也在尝试将历史的、文化的视点纳入其中。我想通过文化研究，通过对于电影文化史的研究，为自己在电影研究中拓开一个更大的平台。女性文学研究曾经是我个人的业余爱好，我爱文学，也爱电影。由于自己的性别身份，我自己最初是十分朴素、直觉地倾向于女作家的作品。在兴趣式的阅读中，读到越来越多的自己可以认同或拒绝认同的表述，也可以说是开始遭遇了女性文学写作的复杂性。在同一过程中，我的女性立场及理论的获得，一方面得自对自己性别体验的思考，另一方面获益于电影理论的研究和教学。所谓现代西方电影理论形成于六七十年代之交，也是 20 世纪的最后一次欧洲革命达到高潮并开始落潮的时候。电影理论与生俱来的是个具有批判性和左翼色彩的“革命”理论范畴，至少在七八十年代的美国和欧洲的一部分国家的大学里是如此。我的基本理论训练是在我研究电影理论的过程中获得的。电影这个特殊的工业和文化商业体制极为内在地包容着关于性别、性别秩序的因素。在电影研究过程中，我自己的女性主义理论立场开始明确。当然，不仅仅是电影理论，我也阅读了相当数量的女性主义理论著作，包括文学的、社会学的，等等。这就很自然地与我对女作家作品的“业余爱好”联系在一起，使女性写作成为我研究中的一个视域。我较多地涉及女性文学写作也跟世妇会提供的复杂契机相关。做任何研究可能都需要全身心的投入，而我觉得文学研究始终是我的业余爱好，电影研究才是我倾全身心投入的领域。

问：具体到中国电影历史的研究状况本身，您觉得它向您展示和提供的历史的、文化的、学术的可资启发的方面主要有哪些？

答：中国电影的发生、发展、变化给研究者提供了一个具有挑战性和丰富的文化症候的对象。在电影界所发生的很多现象当然可能是颇为特殊的，但从某种意义上说，它在中国文化发展中也颇有代表性；我想它应该是能够对中国文化研究形成启示的领域。比如，我是在电影领域里发现了一个在新时期非常普遍的情形，我把它叫做断代法和逆推法。80 年代是个高歌猛进的时代，用个反讽式的说法，也可以说是个被"伟大进军"的激情所充满的年代。我也是其中的一分子，在其中"高歌猛进"。在这个充满创新、突破、划时代的话语的时期，人们充满了"断代"的热情，不断地宣布新的流派产生了、新的现象出现了、新的时代到来了、新的一代人崛起了……这好像是 80 年代十分常见的提法；而从某种意义上说，这也确实是 80 年代文学艺术界或人文科学界的一个特殊的事实。可是，我认为到了 90 年代返回头来看，这种"断代法"就成了个非常特殊的、有意味的文化现象。至少对于影坛来说，这不是一个顺序排列的历史叙事，而是一种逆推法。一直到 1983 年出现了一批刚刚毕业于电影学院的年轻导演，即我们今天所熟悉的陈凯歌、张艺谋这一代人，以后才"突然"出现了"第五代"的说法。由于第五代出场，便把 1979 年前后登场的——其实距"第五代"投入创作不足五年、当时被称为"青年导演"的一代人逆推为第四代。因此，1949 年以后成为新中国电影中的创作主力、像人们十分熟悉的谢晋导演等，被逆推为第三代。很长时间内似乎没有人去追问谁是中国影坛第一代、谁是中国影坛第二代。这种划分究竟是一种电影艺术史的分期，还是政治文化史的分期，抑或其他特殊的断代方式？好像没有人愿意、也好像没有必要提出这样的问题——我们大家都在同一语境之中，当然别有一种共识、一份心领神会。继而我发现，我们宣布一个时代的终结，总是在宣布一个新开端之后。我们总是以新生来喻示死亡，这样就使得整个 80 年代——用一种不客气的说法——显露出一种廉价的乐观主义精神；或者说是一种激情和一种不甚充分的乐观话语充斥在人文科学的研究当中。且不去讨论它的危害，显而易见的是，它无视或曰遮蔽了历史自身向我们展示的丰富侧面。我们在一种无限的朝向“明天”的投奔中，忽略了历史的绵延。

问：80 年代的确是个非常重要的时代，因为我们大多数人都或多或少地参与或体验了其中的激情与叙事。我想，对于您这一辈的学者来说，在切合于自身的来自思想和学术的精神反思中，对 80 年代的文化记忆和思想资源一定有一些独到的认识和见解。您能否谈一谈这方面的看法？

答：整个 80 年代存在着诸多显形的或隐形的主题，我认为其中一个很重要的主题是“历史”。像我们所知道的历史文化反思运动、重写文学史等文化运动或文化思潮，这些是显在的。在整个 80 年代的人文思潮中，历史实际上是比这些现象、思潮和运动更巨大的隐形字样，在我的记忆中，所有的人都在某种意义上对历史发言，或者以历史的名义发言。一种不无简单化的表述可以是，整个 80 年代的文化在试图完成一项重写历史的工作，或者说，“历史”经历着一次重新构造的过程。在我看来，这一重构主要包含两部分：一个我称之为历史的钩沉，或者叫历史的补白，就是把被特殊的政治禁忌所遮蔽的历史事实重新呈现出来，予以再评价；另一个，特别是具体到艺术文化史上，就是颠覆原有的经典序列，重新思考和重新命名经典。我们都知道，历史写作本身就是颇为典型的权利话语的运作，就像本雅明说的，“历史是胜利者的清单”。因此，所谓“历史的补白”并不是真的在历史的“留白处”书写。除了在极为特殊的情形下，历史的写作是从不“开天窗”的。因此，所谓“钩沉”“补白”并非补足了原有的历史画面，而是由于以前被遗忘、被禁止记忆的因素的浮现，而改变了整个画面。而重新命名经典，比如凸现沈从文、张爱玲，等等；更为极端的是以金庸取代茅盾；而在 80 年代，这一命名行为主要表现在对文化、艺术的非意识形态化，即参照超验的审美价值判断以重新编排经典的名册。具体到我现在从事的中国电影史的工作，与 80 年代的实践相联系，我有两方面的思考：一方面是和人文学科的其他领域相比，尽管整个 80 年代的电影界也呈现出风云变幻、新人层出、高潮迭起的一出好戏，可“重写电影史”在电影界基本没有发生——当然也出现了关于“影戏”论的重要论文，出现了对费穆或影片《神女》的再发现。这本身颇为有趣，中国电影诞生于 1905 年，“年长”于新文学史，却没有在 80 年代成为被充分反思和检讨的对象。所以，也可以说我是在做一次补课的工作。但是另一方面，我并不想以 80 年代重写文学史的方式“重写”电影史。这固然是由于文学和电影所使用的媒体不同，在现代中国所扮演的文化角色不同；如果说审美的艺术判断或纯文学的批评在文学领域里可以成为一项重要的实践的话，那么至少在中国电影史的脉络中，这样一个线索很难建立，正如前面所说的，电影是这样一个现代工业文明时代的艺术，如果剔除掉“不纯”的一切之后，所剩下的纯艺术的部分可能是很微小的，甚至不足以串联起一部“历史”。更重要的，作为“补课”者，应该有一种反思与清醒。我认为在整个 80 年代所谓“重写历史”、建立“20 世纪中国”的概念，包含了一种贯通与超越性的努力，仿佛我们可以在新的阐释与略写中，消除 20 世纪中国史内部的断裂与差异。它在揭示诸多曾被投入历史“忘怀洞”的事实与真相的同时，又造成了新的遮蔽。今天我们很容易利用一种事后诸葛亮的方式发现历史不是电影胶片，不可以用蒙太奇的方式自由剪辑；同时，我自己在经历了从 80 年代到 90 年代的颇为痛苦的转变之后，重新明确了自己的文化立场，这也决定了我不会再采取所谓超越性的客观与价值的方式去研究电影史。我相信那句已成了滥套的话，“所有的历史都是当代史”。每一个书写历史的人并不是为了返归于历史之中而书写历史，也不是像人们想象的那样是为了拓清已经泯灭不可考的历史的真貌来书写历史。每一个人肯定是为了他所生存的今天来书写历史，他假想的读者也永远是今天的读者，他书写历史时永远是在对今天发言。

问：90 年代以来，人们曾经或还在谈论的一个话题是文化转型，好像 90 年代与 80 年代已经有了很大的不同，请问您是如何将对于 90 年代的有关经验和认识与您对于重写历史的思考相连的?

答：进入 90 年代以来，我自己有一个很强烈的体验，就是我称之为“原画复现”的现象。90 年代再一次经历了文化转型，但实际上，80 年代的那种激情和乐观正以另一种方式呈现出来。即人们不断地断代、命名，欢呼所谓新、新、新。诸如认为出现了一个全新的文化格局、文化现象，一种全新的人生态度、生存方式，等等。事实上稍有历史常识，我们就会发现，这些东西并不新，大都是曾经在从近代到现代的中国文化历史上发生过的、存在过的。当历史开始以一种惊人的方式“重演”的时候，一个尝试去观察或目击这个时代的人，应该保持足够的警惕，把所谓“新”还原、指认为“旧”，仅仅是思考的起点。在体验一种历史的惊人相似性的时候，我们常常会掉入一个陷阱，因为历史永远不会在真正意义上重演，再次出现的现象永远联系着特定的、既往的历史与现实的语境。所以，这种“原画复现”的现象吸引我回到 20 世纪初、中国电影的诞生时刻。在我看来，在 20 世纪末重新检讨近代中国向现代中国的转变以及现代中国的历史，是一个非常具有当代性的命题。我对学术自身的专注永远不可能超过对于当代中国的、对于我生存其间的文化现实的关注。我所有的学术研究一定是围绕着我对于当代中国、当代中国人、当代中国知识分子的关注展开的。也许，这是我作为一个知识分子的长处，却也是作为一个学者的致命伤。八九十年代中国社会文化的转变，推动我开始在选题的意义上向后走。众所周知，这并非我个人的选择。而且，90 年代以来，我给自己规定的一个命题是检讨 80 年代，这当然不是“革命大批判”式的检讨，倒更接近某种内省。对于我来说这个过程很难、很痛苦，这实际上是在检讨自己，甚至在很大程度上是否定自己。我不知道自己做到了多少，但我一直在做。我发现，在 80 年代，当我们发言的时候，实际上是在面对历史发言，这时候我们的视野是被阻隔在一个政治历史的分界点上的。80 年代一个非常有趣的叙述，就是遮蔽近代中国到 1979 年的中国的这段历史的特殊性与差异性，完全不思考从近代中国到 1949 年之间现代化的过程如何以一种非常痛苦的、独特的方式展开。1979 年被描绘成一个创世纪的时代，好像从这一年我们才开始推进现代化的进程，整个 90 年代的话语于是就成了所谓启蒙主义话语。因而我们必须面对一个蒙昧的、封建的、超稳定性的、万古不变的、万难轰毁的铁屋子发言。我们必须轰毁它，必须重新开始现代化进程——这种话语在当时有其文化生存的合理性，它本身是个有效的非意识形态化的意识形态策略。它在开始是反抗的话语，而后来逐渐成为一种知识分子的主流话语。今天看来，我们必须把这种话语巨大的遮蔽性揭示出来。我们应该重新审视近代中国向现代中国的演变过程，重新审视当代中国的历史与意义。毫无疑问，社会主义中国是现代中国历史的一个组成部分，是这个历史的必然延伸，而并非这个历史的阻断，不过它尝试以一种非资本主义的方式来推进中国的现代化进程。

问：历史断代说将历史的延续看成是一种线性的、不断超越和递进的、绵密的时间流动过程，而且这种看法依然很普遍。请问您是不是认为必须考虑从一种断裂的、分离的却具有循环性的角度，理解历史的发展？

答：联系 80 年代的学术发展，与断代说同时并行的是断裂说。好像中国的历史被一系列的断裂所分隔开，于是，断裂就造成了完全不同质的历史阶段。在每个历史阶段好像没有任何可以贯通的、联系的东西。一种异质化的努力是把历史分成完全割裂的段落，不去考虑历史的延承性，尤其是不去考虑现代性话语在中国的建构过程以及现代化在中国的推进过程，这是一个侧面；另一个侧面是存在着一种超越并且贯通历史的努力，认为因为历史中存在着一种同质性的因素，所以我们就可以像一个电影导演一样，拿起剪刀对历史去做蒙太奇处理。好像我们可以轻易地告别什么、超越什么。这种书写历史的方式刚好带有那些重写历史的人本身所反对的那种书写的暴力性。在我看来，历史的线性论与循环论都仅仅是特定的话语构造，而非真理。在重新思考和理解历史书写的问题时，我尝试拒绝两种方式：一是在超越历史的前提下来贯通历史，来书写一部所谓纯净而客观的历史。二是我也想重新反思一下历史断裂说。历史断裂在现、当代中国确实频有发生，但这种断裂常常像是“抽刀断水水更流”，断裂经常以另一种方式显现为历史的延伸。每一个历史的断裂处出现一个泾渭分明的岔路口，同时也显现出一处历史的断层，于是正是在断裂处显现了诸多曾被遮蔽了的历史的沉积层。所以在断裂出现的时刻，也常常伴随着“原画复现”与历史的“幽灵”出没。

问：确实，对于进入90年代以来的文化现实的关注，是学者们关心转型研究的重要出发点，而对于90年代与既往历史的关系的看法却显示出了不同的历史观。近年对于文化转型的研究好像很时髦，请问对这个话题的探讨是否还应考虑到更加复杂的原因？

答：每一个历史时期都由于彼时彼地的“当代”需求而构造着奇特的历史断裂与绵延。这对我自己的学术研究也构成一种挑战，当然我知道现在从近代中国到现代中国的转型似乎有赶时髦之嫌，因为整个90年代在对八九十年代的中国转型思考中，在海外的中国学界和中国国内的优秀学者中间开始出现了我称之为“近代热”和“上海热”这样的一种学术热点。在美国的中国学界造成这种学术热有两个原因：一个是美国学术界自身的运作逻辑，其自身的更新和颠覆造成了一些特定的理论话题，比如后殖民话题、东方主义话题、文化研究和文化理论的话题，比如对西方中心主义的反省、批判以及对现代性话语的检讨等，相对于这样一些理论热点，人们发现近、现代中国给人们提供了极为丰富的可能性，诱使人们考察一个富庶的、封闭的东方大帝国是如何被迫卷入全球资本主义进程的？这个蜕变过程是怎样发生的？这之间历史的丰富性、多样性、偶然性、多元性是怎么呈现的？另一个还是所谓“当代性”的话题，80年代到90年代中国社会的变化和全方位的重新遭遇世界的过程，为人们提供了一种现实的推动，使人们去回首当年。具体到中国学术界，一是伴随80年代的终结，一些优秀学者选择重回书斋，伴之而生的是对学术规范的提倡，同时也包含着对学术规范的反省。这种讨论势必从中国的现代学科的建立之时开始，或者说，它必然与学术史的梳理与建立伴生。二是大概每个学者作出的选择都有他自己特殊的心路，有他自己的文化或学术上的原因。我已经谈到了自己的动机。曾经有一个学术上的朋友对我提了个质疑性的问题，认为我现在所做的研究，包括我对一些理论和课题的选择，和国内的某些学术命题及学术话语不接轨。我知道这个质疑本身包含的潜台词是："你是否在赶时髦？或是否在应和西方人的学术热点？"一方面，我认为他说得有道理。确实，我现在的理论背景、选择课题的角度，可能在某种意义上说和国内学术研究的某些方面不接轨，相反可能和西方比较接近。但另一方面，我对他的回答是，我认为类似命题与中国的现实接轨。对此，我十分坦然，触发我转向"历史"的最重要的原因是当代性社会文化命题，是尝试回答当代中国提出的问题，我觉得它既是对个人生命意义上的挑战，也是对个人学术的全面意义上的挑战。这并不意味着我放弃当代，只是意味着在不同的线索上继续延伸。

问：在您所说的"中国电影文化史"中，"文化"二字的含义是什么？

答：正如你也知道的，有关中国电影史的著作并不多。60 年代由程季华先生等人所修的《中国电影发展史》截止到 50 年代初期的中国电影创作，这仍然是最具权威性的中国电影史。新时期以后出版了若干本中国电影史。我认为在史料和观点的意义上还没有真正能超过这一本出版于 1963 年的"官修"中国电影史。最近出现了一本《中国无声电影史》，这是本 80 年代以来很难得的资料翔实的电影史，但它截止到 30 年代。我把我开的这门课和我未来的书称为"中国电影文化史"，基于两种考虑：一是在史料的意义上，尤其是1905—1949年，我想我很难超过程季华等先生；二是我做电影史真正关注的不只是电影自身，或者说在我看来，仅仅按照电影作品、电影艺术家的线索来分析和书写电影史并不能够充分地解释电影现象自身，不足以勾勒出我心目中的中国电影史的图景，不能够充分阐释电影史向我们自身所展示的现象和问题。说来可笑，这门课是我在电影学院给留学生开设的课程，以后是在美国俄亥俄大学为美国大学青年教授和博士研究生开设的一个暑期班的密集型讲座。这次是我第一次给中国学生开设中国电影史的课程，我试图将文化研究的方法纳入中国电影史的研究中。当然我会发挥我所接受过的电影专业训练中的优势，但我更侧重于电影艺术家、作品、电影史现象向我所揭示的丰富的文化含义，想去揭示电影作为一种大众文化、商业文化、通俗文化和高雅文化，是如何在一个复杂交错的情境当中向我们展示复杂的文化意义的。我希望能够纳入电影的生产、发行、放映环节的过程研究，也希望能和电影的周边现象，如从其他大众文化的生产、接受的多重角度来考察电影，希望通过电影史勾勒一幅现当代文化地形图的一个侧面。这就是我所谓的电影文化史的含义。坦率地说，我怀疑自己的学术功力是否能实现这一目标。

问：能否简单比较一下《中国电影发展史》和《中国无声电影史》这两本专著？

答：这两本电影史著作对今天的读者来说仍然是有价值的读物，因为可以从中获得中国电影史的基本的线索。《中国电影发展史》的问题是对电影的艺术发展评价不足，因为它所关注的是电影的政治意义、社会功能。有意思的是，换了相反的角度未必会得出相反的结论。比如30年代中国左翼电影运动其实是在某种意义上的中国“艺术电影运动”，尽管相当不纯粹。如果不是以一种蒙昧式的把历史修剪成纯洁的、只符合自己的观念的叙述，如果可以看到很多30年代的影片，人们就会发现，当时的大部分商业电影或“软性电影”的确难于企及左翼电影所达到的艺术高度。《中国无声电影史》在史料上是非常翔实的。而这两本书最主要的区别就是前者是以权威的语调、一种权威的视点来书写的；而后者更是以一种学术的、探讨的和试图拓清历史的方式书写的。参照阅读两本书的默片电影时期部分，会获得很有意思的阅读经验。

问：您刚才谈到西方电影理论产生于20世纪的六七十年代，请问中国电影理论的产生和发展情况如何？

答：说起来很惭愧，我觉得严格意义上中国的电影理论还没有建立，因为和全世界一样，电影理论最早是由一些热爱电影的人所作的非体系化的、非学科化的“断篇残简”，它可能表现为电影评论、简单的电影课本、创作谈，等等，这些都不是我们今天所说的学科意义上的理论。可是从某种意义上说，它比学科意义上的理论“干净”，因为它没有被机构化。支持这些人写下这些文字的大都出于对电影的热爱，而不是为了拿学位或评职称。迄今为止，中国电影理论仍停留在创作理论和应用理论的层面上。80年代中期的时候，我们曾经做过一些努力，但现在看来，只是停留在把系统化的西方电影理论介绍到中国来，并且尝试用这种理论来解读中国的电影现象和电影作品。这当然还不是我们自己的电影理论。

问：您刚才谈到文化研究是电影研究必须借助的一种方法，您在电影史研究中涉及“影戏”这一概念时，采取了英国文化研究学者雷蒙·威廉斯所说的“关键词”梳理的方法，我从您的这种概念史的清理中也受益匪浅。请问文化研究对您现在的电影史研究意味着一种方法，一种立场，还是其他？

答：文化研究与其说是作为方法论，不如说更重要的它是作为一系列的理论立场、视点和视域的变化，是一种跨学科的尝试。文化研究现在是一个准学科，至少是美国学界的一个大热门。对于我来说，所谓文化研究的立场，首先是我不掩盖我的文化立场的批判性、政治性和意识形态性，这是我的前提。或者说，对于我来说，文化研究的立场意味着十分明确的一点：重新回到马克思主义，而且不只是西方马克思主义，也包括经典马克思主义。这不意味着我再次将其视为全能的法宝，而是作为武器库。有一点我是十分清楚的，既使用批判武器，也不放弃武器的批判。我的前提不是某种超越性的审美价值判断，但这并不意味着我彻底放弃审美价值判断。一方面，我始终是在作文化判断，甚至是在作意识形态判断，但如何处理“艺术电影”的命题，能否保留某种审美价值判断，以保持对电影艺术这一维度的发现和关注，是我必须面对的两难。另一方面，文化研究也包含视点和视域转移的含义；我们不能只关注电影、电影作品、电影人。我们当然放弃标签式的单纯政治判断，但也不意味着简单引入另一种全能的艺术判断，或引入一种建立在文本细读上的意义判断。虽然细读这是我的长项，但是对于我来说，引入文化研究的视点，意味着再度打碎文本，或者说要把更多的对象文本化：首要的是文本的语境化，或者是语境的文本化。一个特定时期的电影现象和产生它的社会语境也是我必须去细读的文本，比如说电影的生产方式及其转换、电影机构的建立与组织方式、电影的资金运作、电影的票房及票房收入的情况，甚至应该包含某种层面上的影院史，即关注电影的放映场所、放映方式、观看方式，以及电影的观众在早期的电影中有没有分层抑或以怎样的方式分层。研究中国电影并不意味着我把国产电影作为纳入视野的唯一对象，我必须去考察在同时期中国电影市场究竟主要是被国产电影占据，还是被美国或法国电影占据，它们的比例情形如何。我必须将这些同时纳入我的研究范围，对于文化研究的引入当然也意味方法论上的变化，比如像你刚才所说到的“关键词”梳理，能看到在电影史的发展中有没有一些贯穿性的观念，而这些贯穿性的观念究竟是不变的还是一直在演变，如果在演变，它是为怎样的语境所决定的。同样由于受后结构主义理论的影响，我并不认为写电影史便意味着我相信我能够还原出这期间的真实，当然我希望发掘更多的史料，也肯定会做一些补白性的工作，但我关心的是揭示出文化的多层面、多元性，话语的多元性。所以，引入文化研究不是引入一整套确定的思路和方法，而是直面历史的复杂性，接受它的挑战，并且试图让自己的研究能够包容它。这可能是做不到的，可我想试一试。

问：现代性也是您近年来关心和研究的问题之一，请问：您的中国电影史研究和现代性研究有何关联？能否从电影史的角度谈谈您关于现代性问题的看法？

答：对现代性问题的关注是我的电影史研究往前推移的一个最重要的原因。我认为，就回答中国的现代性话语构造和扩张过程这样一个命题来说，没有比电影史更好的研究对象了。当然这可能是我对研究的学科的偏爱。对于在帝国主义坚船利炮打开国门之后，经由了帝国主义军事的、政治的压迫和经济的渗透而开始的中国现代化进程来说，现代性绝不是一个单纯的命题，其实在任何国家、任何历史时期，现代性都不是个单纯的命题。在中国，它也不是个在人文科学领域的某一单一学科中能梳理清楚的话题，至少要在跨学科的研究中才可能解答。在这个意义上，电影在对象意义上有天然的优势，因为它既是商业、工业系统，又是大众文化，同时是不断地被精英文化、严肃文化所渗透、所感召的一个文化领域，也是在现代文化史上一个非常清晰的、激烈的政治斗争舞台。面对这一研究对象，我认为现代性话语可能在最大程度上被质疑，并在某种意义上得到梳理和澄清。当然，我对现代性问题的关注，是跟80年代的高歌猛进和90年代的商业大潮所带来的思考联系在一起的。坦率地说，我怀疑今天人们对现代化所保有的巨大乐观与热情。我认为，如果说它对今天的中国尚且利大于弊，那么至少对明天的中国来说则包含了诸多危险因素。即使在今日——在这个激变与重新建构的过程中，我们如果不对现代化过程与现代性的扩张保持清醒的话，危险已相当迫近了。当然，这难免有危言耸听之嫌，现代性话题现在开始被越来越多地关注，但总的来说，它还是个新的、陌生的话题，对我来说也一样。在西方学术界这是个“时髦”过了的话题，或者说，它是个重要的、但现在已开始改换了重心的话题。现代性的问题在西方思想史、学术界上是如此关键，以至于它一度引发了普遍的关注。但很快人们就发现讨论现代性本身不能解决任何问题，因为现代性似乎是个无所不包的命题，是每个主动或被迫进入现代化过程的国家都基本要面对的文化现实，但你会发现这个名字本身其实包含了太多太多不同的现实，在任何一个后发的现代化国家和民族，现代性话语的建构与扩张过程都不尽相同或大不相同。所谓“全盘西化”始终是一个神话。它未曾在任何国家和地区成为现实。但现代化过程又确实是个西化的或者说是全球化的过程，是一个被迫模仿和追随西方的过程。

在此过程当中，每个不同国家是如何挪用西方模式、如何在全球化图景中处理自己的传统文化、民族生存，这才是更有意义的命题。当然，从知识考古学的意义上去梳理在西方思想史、学术史意义上的现代化的话语产生和发展的过程，乃是一个必不可少的组成部分。但这并非我的学识所能达到的；我会尽可能去做，而且我更关心的是现代性话语在中国的确立与改写。在中国电影史的开端，我们也可以看到，人们如何借助一种舶来的样式，一种工业的、技术的、科学的、现代的艺术样式，尝试将中国人的生命经验和前现代社会人们的生存经验和表述纳入其中。我们将要讲到的第一部在中国取得商业成功的国产故事片《孤儿救祖记》，就是个非常典型的例子。如何把前现代的叙事样式、价值判断纳入一个现代的叙述中，将它重构为现代经验的有效组成部分，正是类似影片的功能和意义之一。《孤儿救祖记》完全是一个秦香莲、赵五娘式的故事，即一个女人蒙冤受屈，历尽苦难，最后终于沉冤得雪的故事。但故事的大团圆结局搬到了现代学校这样一个极具代表性的现代空间之中，失散了的祖孙是在这样的空间中重认、团圆，真相大白的苦媳妇把她的家产捐出了一半去办义学，因为她认定是教育救了她一家。显而易见，这是十分典型的启蒙话语：教育将会拯救整个中国并拯救个人，同时影片还涉及遗产制度、现代福利事业等命题。因此，电影给我对现代性的多样性的思考提供了一个恰当的对象。

问：您在从事学术研究中所形成的理论思路与 90 年代以来引入中国的后结构主义、后殖民主义、西方马克思主义等思想资源有何联系？在接受西方或外来的理论影响上您有些什么体会？

答：谈起这个问题来我难免汗颜。应该说，整个 80 年代是我形成自己基本的知识结构、理论框架和研究思路的时期。我主要的思想资源是西方电影理论和由此作为基点而扩展到的后结构主义理论。如果说有什么理论对我来说最重要，那就是后结构主义和西方马克思主义。马克思主义对我的影响、我对它的重视程度以及它在我的学术研究中所占有的比重，在 90 年代变得更为突出，在 80 年代主要是后结构主义。80 年代，我自己主要在做两件事，一是学习使用西方理论和电影，二是参与翻译、介绍西方电影理论。到今天我仍然受益于这个过程。这期间我自己的理论训练是非常混乱的，可也是颇为有效的。我并非科班出身，也未受过什么学科化的训练，当时对理论取极实用的选择、判别标准，看它是否能激发想象力，是否能为我所用，标准很主观。因此，在此过程中存在着大量的误读：首先是割裂语境。我完全不知道、也不关心它在西方是在什么样的语境下产生出来的，服务于西方怎样的学术或意识形态目的。其次是断章取义。八九十年代的转变使我开始重新思考和批判性地反省西方理论和电影理论。当然，我一再说过，反省理论不意味着回到前理论或非理论，我拒绝也反对这种“回归”。到现在为止，结构主义、后结构主义对我仍然是重要的思想资源。事实上，文化研究在西方正是在反省理论的过程当中产生出来的。90 年代以来我感触颇深的一个问题，是当代中国的学术缺少延续性、承接性，每一代人都以为自己在开天辟地，不关心前人做过什么。我想 90 年代初一些优秀学者提倡学术规范也是由这样的感受使然。一方面是学术史自身的梳理、问题意识的建立；另一方面，我们要关注同一平台之上的国内、外学者已经做过哪些工作，他们的工作和我们的有无交错之处、有无可交流的可能。我自己认为，随着现代化进程的推进，交流的途径越来越多，空间的距离在不断地被压缩；在信息资源上我们不再处于匮乏的劣势。我们已可以和世界各国的同行之间构成一种交流和挑战的关系，这样我们至少可以避免的一件事是，在现代数学面前“发明”“微积分”，即不要重复别人已经做过的一些简单和基础的工作。说到后殖民理论，在 90 年代初它对我影响很大，原因是在 90 年代跨国资本的进入、全球化及中国文化市场化的过程当中，中国的第三世界的文化处境变得越来越清晰。敏感的中国知识分子都会注意到这个现象。那时候一知半解的后殖民理论给我提供了新的视点和新的空间。经过这些年对后殖民理论越来越多的了解和对这一理论自身的思考，我认为我们不该简单地搬用后殖民理论。原因是中国没有严格意义上的殖民历史；后殖民主义文化在中国出现，那它是如何形成的、有哪些特征和意义，这些是必须被界定和思考的；同时，后殖民理论从严格意义上说是在美国学术界内部产生的左翼的反抗理论。而我们在接受西方理论时不该剥离它产生的语境，而应该了解产生它的语境，以及它在怎样的位置上面对怎样的对象发言。剥离语境，便容易把它绝对化、简单化和真理化。我现在对后殖民理论仍很关注，但采取谨慎的态度。东方主义在广义上和后殖民理论是在同一范畴内的。

问：在中国电影文化史的研究中，您的女性主义立场和思路以及您的女性观念将在其中得到体现吗？

答：当然。先从学科意义上说，我认为女性主义理论和女性主义立场在电影研究中是基本的和充分必要的。我自己注意到，完全拒绝女性主义立场的学者，有些是很优秀的学者，他（她）们在分析电影时经常造成不必要的盲视。女性主义也是文化研究必然的组成部分。女性研究，严格地说是性别研究（Gender Studies)，它和文化研究有很多共有的空间。性别研究不是狭义的对于女性的研究，比如说对于女性导演、女性从业人员或对于电影中的女性形象的研究。这些在我的研究中都不是最重要的，更为重要的是女性话语与关于女性的话语的研究，即性别作为一种话语是如何被有效地组织到主流的或边缘的、反抗的话语当中的。这些话语的现实与女性的生存现实之间有无关联，若有，是怎样的关联，这是我所关注的命题和方法。如我刚才所讲的《孤儿救祖记》，影片当中的女主角余蔚如的扮演者王汉伦是中国电影史上第一个重要的演员，也是第一个悲剧型明星，当时所谓"第一悲旦"。她的从影经历可以成为女性研究的对象。但我同时关注，导演郑正秋在这部将前现代的叙述方式、时间经验现代化的影片中如何利用这一女性角色，如何通过一连串的悲剧性打击——丧夫、遭诬陷、被逐出夫家、丧父、贫穷，来通过女性造就一种中国式的命运悲喜剧，一种中国电影有效的叙事类型：苦情戏。在另外一些例子中，我们可以看到启蒙主义文化对于整个早期电影文化的渗透和影响，许多影片的性别观念是非常复杂的、混乱的，但又是尽可能地保持着一种可以称之为反封建的姿态。一方面，可以看到大量的前现代的封建性的书写，另一方面，又在性别形象的塑造上保持一种足够的清醒和警惕。比如说它可以在一个非常传统的故事中去破除贞操观，如在默片时代的武侠片《红侠》当中，故事的大部分情节建立在恶人试图霸占一个可爱的姑娘，整个悬念在于女孩是否被夺取贞操；恶人得手了，但影片的结局却是女侠做主让她与一个"好男儿"结合，仿佛女孩失去贞操是微不足道的过失。叙事中的两种文化逻辑是彼此矛盾的。性别表述的复杂性同时也是当时整个文化构成的多元性和复杂性，是现代与前现代经验的不同表述与启蒙话语和大众话语的交织。再比如我们在影片《女侠白玫瑰》的开头，看到一个穿着体操服的姑娘在女校这一现代空间的操场上表演，得了冠军，被女校长授予一套“巾帼英雄”的服装，等到下一幕出现时她就是“巾帼英雄”花木兰式的造型，在张弓射箭。接着发生了家庭的危难，而这个家庭危难完全是美国西部片式的，说家中的“牧场”被恶棍霸占了。白玫瑰的哥哥正好生病了，她就女扮男装，完全是西部牛仔式装扮，去解救家庭的危难。她背着中国式宝剑，用的却是西方式的击剑术，等到她赶到牧场，牧场的恶棍是涂黑了脸的中国人扮演的印第安人。他们展开了美国西部片式的荒原厮杀。一旦再着女装时，却是西式抹胸曳地长裙。你可以看到，女性形象在多个话语系统当中穿行着，成为缝合布满裂隙的话语系统的符号，以建立起一种现代中国的叙述话语的可能性。当然，我想这并非当时电影人自觉的探求，或许他追求的只是票房收入和大众娱乐，其中的性别话语却十分生动有趣。从我从事电影研究开始，女性主义就是我的基本立场和研究方法，但是当时人们好像并未发现，只有当我说出我是个女性主义者并且开始做了一些女作家和女导演研究的时候，才开始有人大声喝彩或大声叫骂。这是个非常有意思的现象，好像女性主义只有打出旗号才会被辨认、被敌视。其实对于我来说，女性主义是个相当重要的理论立场。甚至不仅仅如此，它也是个人的生存经验和生存方式。

问：在艺术性的意义上，您的电影史研究会不会体现中国电影艺术的发展方面的重要性？您在讲述电影史时是否打算发掘一些此前未受重视的电影作品和电影导演？

答：在中国，电影作为一个特定的艺术门类意义上自身的发展、变化和延伸，有其自身的美学观念与艺术创作的演变过程。以我现在的立场，我怀疑经典的权威性，我也不认为我有重新命名经典的权力或义务。但在重新梳理电影史的过程当中一定会包含某些对以前被忽视的导演、作品的再评价，不过我没有十足的把握，原因是治电影史的最大的困难在于获得影像资料十分困难，而获得影像资料的可能性又取决于非学术的、非文化的因素，比如金钱和权力。当然这是我会全力以赴地去做的一件事。我觉得重新评价作品或导演是一个必然的过程，而不是目的。

问：电影和文学之间的关系曾经是一个纠缠难解的问题，尤其在中国电影发展过程中，您怎么看待这个问题？

答：除了1949年到1979年这段特殊的时期，电影和文学始终处在一个互相撞击、影响的过程当中，它不像人们想象的那么密切，也不像人们想象的那么疏远。如果说有七大艺术的话，电影和文学的关系最为密切。电影同样也和美术、音乐，甚至某种意义上和建筑、戏剧关系密切，但电影和文学——我指的是小说——都是在现代意义上产生出的叙事样式，而且都带有某种大众文化的胎记，曾经作为最广泛的接受和阅读的样式，它们之间的影响是相当直接的。我们大家比较熟悉的有由伟大的名著改编的改编片，可能大家不太熟悉的有在所谓的后工业社会更多的通俗小说写作是为电影而写作的，很多的畅销书是为了一部影片的发行而被制造出来的。比如我看到的一篇《马语者》的书评，说到这种书迟早会变成一部好莱坞电影，所以与其花十几块钱买一本蹩脚的畅销小说，不如以后花几块钱去看一个很过瘾的电影。在美国的超级市场里面有成堆的那种《廊桥遗梦》式的Paperback，即所谓平装本小说，在很大程度上是为了好莱坞而写作的，所以，到了 20 世纪，电影在很大程度上成了反身影响文学的艺术，这当然是指通俗文学部分。而严肃文学也一样，20 世纪初的现代主义文学运动在很大程度上是在电影艺术的参照和挤压之下，文学被迫反身到自己的媒介当中来思考自己所能完成的或和电影可以共同完成的部分。很长一段时间，严肃文学出现了语言试验，在此意义上现代小说就更贴近诗，而非传统意义上的叙事艺术。到了 60 年代初，文学领域对于电影的单方面影响结束；到了七八十年代的时候，电影理论在欧洲成为非常领先、前卫的理论时，就开始出现了理论的倒流，文学理论开始受到电影理论的冲击。比如说我所知道的美国优秀的当代学者、女性主义者德拉·拉吉斯所写的《阿丽斯不》（*Alice Doesn't*），是一本电影理论的专著，但它又是从电影理论入手检讨几乎所有结构主义和后结构主义的大师著作，它已成为在整个人文学科意义上的领先专著。这在中国还是个不大为人关注的情形。在当代中国电影中，这个过程是比较独特的，特定的对于电影社会功能的强调，一种社会主义现实主义工具论的要求，使中国当代电影有一个畸形的强调文学性的过程。实际上，电影文学性和剧本对于电影的统治地位以及五六十年代文学对于电影的统治作用表现在两方面：一是电影的文学性，二是电影的戏剧化模式，二者成为特殊的历史留给我们的特殊遗产。但其实剧本具有统治地位和戏剧性电影具有不可撼动地位的这一时期，正是中国电影的文学性最匮乏的时期。叙事的丰富性、人物的复杂性开拓远远不够，而所谓的戏剧性等完全丧失了戏剧艺术对自身的开拓和交流的冲击。在这样的过程当中，电影本体也进入迷失的状态。电影的文学论、戏剧电影、电影剧本的地位在八九十年代受到影坛第四代和第五代导演的全方位冲击，开始追求纯电影、电影本体，对于电影语言的试验成为重要的命题。但近代以来的中国历史给几代人留下的悲哀是，历史留给我们的瞬间总是太短暂，我们好像始终在渴望一个平缓发展的时期，我们可以反省、思考、发掘，但我们总是不断地被大事件所充满。对于中国艺术电影、电影语言试验的尝试，对于电影语言自身的自觉反省的时期非常短，接下来就是商业化的开始，似乎在商业化的驱使下，电影又开始了对于文学的盲目的追随，因为它再次追求电影的故事性、叙事性、可看性，改编又成为一种潮流，同时很明确地带来另一潮流，我称之为为翻译而写作的文学，人们可能说得较少的是为“翻译”为电影而创作。张艺谋模式在 90 年代初对整个文坛的影响，出现了 1993 年的极端现象，电影、电视把中国文坛的作家一网打尽。我记得当时说只有王安忆和张承志例外，结果不久张承志自己改编了《黑骏马》，王安忆做了《风月》的编剧，也就是说无一例外地被电影所“捕获”了。这对电影和文学都不是件好事，它只是在市场和第三世界处境的挤压之下的一种很深的悲哀。随着传媒时代的到来，随着电视、多媒体等后工业时代的媒介方式对人们生活方式的改变，电影也一定会被边缘化。一个理想的状态是电影像所有的古老艺术样式一样成为继续生存下去的艺术种类。当它不再是个权威的、覆盖的、渗透到每个现代人的日常生活当中的艺术样式的时候，它也许会和文学在更为接近的命运中达成新的交流。

问：能否谈谈您的阅读范围、趣味和您的学术研究的关系？

答：记得大学毕业的时候，我读过一篇徐迟写的小文章，印象特别深。他想发起一个全民读书运动，口号叫“博览全书，不求甚解”，为期 10 年，以后看看谁读了多少书。他认为这是一定有效的。我确实受到了他的感召。在我的青少年时代，因为无书可读，所以是书就都是好东西，所以就完全没有选择、非常庞杂地阅读，现在想来也算是财富吧，但也可能构成我今天不能成为非常学科化的学者的“劣根性”。他的倡导和我的选择都是在很精英主义的前提下，相信只要是书都是好书，开卷就有益。所以那时候我阅读了超越人文学科领域的各种各样的书，当时可以做到这一点，因为可读的书屈指可数。我又很会“吃书”，看得很快，所以看得多而杂。随着图书市场的出现和繁荣，出版物浩如烟海且鱼龙混杂。所以，现在我绝对不敢说开卷有益这样的话了。因为我记得 80 年代中期，中国好像变得特别文化了，你可以在公共汽车上看到人手一卷，他们在读金庸、古龙、琼瑶、亦舒、席娟等人的作品，大众文化读物与我们在 80 年代想象的开卷有益毫不相干，仅是一种文化消费方式，和买件时装、吃冰淇淋一样。当然，我并不是说金庸等毫无意义，我指的是它的生产和接受方式，是在消费的意义上被确认的。同时，我自己也被迫学科化，不可能再保持那么广泛的阅读。但是读书仍然是我生活当中最重要的部分和最大的享乐，我曾经在很长时间内被朋友们称为读书享乐主义者，就是因为我当时读得多，写得少，但后来写得多了，就没有时间读很多的书了，一样有问题。现在的人文学者面临的问题是，这个社会越来越专业化、学科分类越来越细，这不是件好事，所以广泛的阅读对于一个好的人文学者来说也是反抗和逃脱被学科化、专业化的一种可能性选择。作为一个人文知识分子，人人都有自己的趣味，当然“趣味”经过布尔迪约的批判以后，昭示为一种阶级与阶层的标志。我认为，真正对思想构成挑战的也许不仅仅是本学科当中的最新发展，也许还是相关学科当中各种各样的正在发生的学术现实。我对文化研究的选择也在于它的跨学科特征，因为我觉得21世纪的人文学科的可能性不在于更加专业化，尽管中国现在仍面临着专业化、学科化不够的问题。从整个世界范围的人文学科和中国未来的人文学科的意义上来说，跨学科的尝试早晚必将出现，而且是我们可能寻找到的出路。

问：您做小说和电影的文本研究，总给我们十分细致、深刻的印象，请问：像您细读一部电影文本，一般要看多少遍？

答：看过三遍才敢开口说话，如果写文章的话，五遍是起码的。为一部影片写过细读长文的，比如收入《电影与世俗神话》里面的文章，每部影片都是仔仔细细看过20遍以上的。我常开玩笑地说：我把人生中两个可能的娱乐都毁了，读小说和看电影，所以我绝对不会去做音乐研究，否则的话，一种娱乐享受我都没有了。这是因为到了后来，再不可能消遣式地看电影和读小说了。第一次观片的经验和隔了一段时间以后重新观看的经验有时候差异很大。我非常同意一个美国人对于电影理论的批评，他认为电影理论是反电影的电影阅读方式，的确如此，因为普通观众都是“一次过”，很少有电影值得或能吸引人们去看第二遍。我读大学的时候，最早接触的西方最新的文学理论是新批评，那是在电影学院当时到那里讲学的美国教授的课程上听到的也是在自己的翻译和阅读中获得的，最好的经验是文本细读的经验。

问：问些个人性的问题吧。您的工作习惯怎样？开夜车吗？

答：这个问题我难以回答。因为我原来习惯熬夜，晚上十点“醒”来，开始工作。后来与人到中年有关，一个是社会活动较多，不可能早晨五点睡觉，睡到下午两点醒来。这种懒散生活的可能性被打消了。另外我也觉得自己应该建立一种规范，比如要求自己一天写作一千字或两千字，才可能完成自己希望自己完成的东西。因为工作头绪较多，爆发力不像以前那样足，好像赶写稿子的能力已经丧失殆尽了。可能这里面也不仅仅是个能力的问题，面对一些复杂的局面我也变得很慎重，因为我不希望被某一现象撞击的时候，忽略太多重要的因素，所以希望自己更冷静、更慎重。我也希望改变自己 80 年代的文风，太华丽、随意。我感到写得简短、朴素、清晰，其实是更难达到的水准。

问：您什么时候开始用电脑写作，现在完全依赖电脑写作吗？

答：完全依赖。我是在 1992 年“倾家荡产”地买了一台四通牌打字机，但令我后悔的是它很快就被彻底淘汰了。我用它的理由十分个人化，因为我上中学时练过一种钢笔行书字帖。那种行书不同于其他行书，结果我的字迹使印刷厂的工人基本不能辨认。而到了这个时候改变字体基本上已不可能，所以开始使用电脑，而且很快就形成电脑依赖症，基本不能用笔书写。这是件很糟糕的事，一个“现代主义的噩梦”。

问：您在上课时很注重着装得体，并且不怎么化妆。在这方面您的原则是什么？您的发型留了多长时间了？有过改变发型的打算吗？

答：我有一个创伤记忆。我初到电影学院工作时听到一些人在背后攻击一位女教师，说她穿着太过分，只靠衣服和身体吸引学生，因为她没有其他能力。这件事当然不是针对我的，可对我形成了一个创伤记忆。这也跟我青少年时代或个人生活的经历有关，总是对性别的问题过敏。现在还有人说我过敏，我倒觉得是他们迟钝。我从那时候起有了一个原则，就是上课时穿着要庄重，绝不过分。其实我是经常化妆的人，因为我总是面色不好，但我上课时基本不化妆，而且基本不佩戴首饰，就是因为那时候的记忆形成了一种模式和习惯，延续下来了。至于发型，是15年一贯制。之所以保持这一发型，是因为长发最简单。其实，短发是最容易显得凌乱的发型，如果不收拾它的话。而我的头发特别不听话，而且长得特别快。我曾经看到过一位四十多岁在电影界工作的女性，她也留着像我一样的发型，当时我觉得特别不合她的身份、年龄。我想现在我也像她一样，快四十的人了，也应该考虑年龄和身份，换换发型，但每次想想都发愁，一想到每天都得护理它，每个月都得去一趟理发店，我就觉得头疼，还是这么着吧。但你刚才说到的化妆问题，我觉得倒可以考虑。其实我不必拘泥于原来的程式，应该“治愈创伤”嘛。

个人写作，但是在个人与世界之间

——访肖开愚先生

［学者简介］

肖开愚，当代著名诗人，1960 年生于四川中江县和平乡，现为河南大学教授。1987 年到成都《科学文艺》杂志社做科幻小说编辑。曾居柏林，受德国文化基金会等支持专事写诗，期间曾在柏林自由大学兼课。2005 年回国，任上海音乐学院作曲系客座教授。1986 年开始发表诗歌，著有诗集《动物园的狂喜》《学习之甜》及诗歌《向杜甫致敬》等，作品被译为德、英、法、意等语言出版。

问：据我所知，你是在 26 岁才开始诗歌写作的。显然，与大多数诗人相比，你创作起步的年龄较迟。在相对成熟的年龄上开始诗歌生涯，对你来说意味着什么？

答：那么迟才开始写诗，我想坏处不少，完成漫长的技巧训练之后，年龄差不多就太老了，而且永远无法获得无畏的少年诗人的经验。但是我只在乎好的一面，开始得晚也许意味着写诗在我的生活中是一个审慎的、正式的决定。那时我在医院里已经工作了好几年，医术不算顶好，但前景不坏，父母非常希望我终身行医——我母亲至死也没有原谅我的选择——他们对诗歌怀有本能的恐惧，担心诗歌的力量毁灭我的生活。在尘土飞扬的县城公路上，我母亲用她那亲昵而可怕的沉默敦促我放弃业已开始的写作。她和父亲偶然从刊物上读到我的一篇写得很糟的小说，通过简介他们知道我还发表了一些粗糙、奇怪但是清新的诗作。我父亲用他的语言提醒我，历史总是以相似的方法来总结它的耻辱，而诗人犹如祭品。当时朦胧诗的形象刚刚塑造起来，新一代诗人却果断地抛弃了它们，而我要从乡村、从一个小县城开始我个人的诗歌写作了。在生活中我已经历了一些失望、等待、痛苦和快乐的磨炼，我已经是一个责任感或许不强但是承担着责任的人，懂得任何努力都必须安排在适当的位置上。这个经验以后帮助我理解诗人的激情与好诗（文本的激情）之间的关系：看上去永远飞溅着灵感那瀑布般的浪花，然而技艺，那种分配的才能对于写作却最为重要。也许我本性放纵，但是生活和工作忠告我学习克制。好多诗人开始写诗时用彩色的笔触写毁灭和死亡，或者写“永生”，而我用冬天的单调的笔触写生活和生存的奥秘，老实说，所谓奥秘，不过就是枯竭。在开始写诗的前几年，贝克特和尤奈斯库的执拗就像人造血一样输入了我的血脉。好在写了几年之后，青春在成为我的主题之外，征服般隆重地回到了我的身上，所以我能够按照最高的要求理解快速和急躁的节奏。不管怎么说，那时我确实认为自己已经是一个中年人。然而，无论读过多少书、经历了多少事，那时在诗歌写作上我还只是个新手，如同一头大象刚刚从丛林进入马戏团。

问：最早的写作冲动是什么？来自家庭、教育或朋友的影响，还是个人阅读？

答：26 岁之前，我也随随便便地写过一些诗。我已想不起第一次写诗是在什么时候，写的是什么。我最早的写作冲动不是来自家庭、教育或朋友的影响。我生于农村，父亲是个乡村知识分子，他的藏书中有几册精美的古典诗集，奠定了我最初的诗歌趣味，他想办法阻止我发展在诗歌方面的神秘的兴趣，他用密码锁紧锁他的书柜，密码很快就被我破译了。旧体诗的语言与我们日常生活语言和当代书面语言之间的差异引起了我的警惕，那时年幼，还无法理解混杂在众多直觉中的警惕对于写作意味着什么，写也不过是写过分的愿望。我从学校受益甚少，同学和老师中没有一个有文学天赋。文学朋友，只是在写了一点东西之后才结交，并接受他们的影响。阅读的影响——那是 20 世纪 80 年代的事情了。幸运的是我从 1980 年就开始订阅《外国文艺》《世界文学》和《外国文学》，我还没有开始写，就在阅读中逐渐学会了比较。

我的写作冲动，我想是来自生命的不安，来自本能的兴奋，来自对另一个世界的神往——赖特的诗："此时我如果脱出我的躯壳，我就会怒放如花"——我想起来了，一个深夜，我在临摹《石门颂》，突然流鼻血，止住后，我写了我的第一首诗。

以后写诗，是想和这个如此具体的世界建立现实的联系，是想在生活中发现生活，在经验中发现经验，在梦幻中发现梦幻……在语言中发现语言，我一下找不到更朴实的理由。有时我也会回忆写作的动机，似乎没有一次答案相同。大概每一个回忆和每一个分析都站不住脚……写作的冲动，来自想写诗……

问：你曾经学过医，当过医生，对古老的中医有过投入的研究。这番经历与你日后的诗歌写作有什么直接或间接的关系？它是激发了你对传统文化的兴趣，还是在一般意义上培养了医生职业性的对人分析的能力？顺便说一句，我有一些从事文学研究、批评、创作的朋友，他们从前的职业都是医生，也许这不是偶然现象。你怎样看待这个有趣的现象？

答：欧阳江河在一首诗里写了盘旋在空中的听诊器，他问我为什么反倒不写医院，他认为我最有资格写房子和医院，因为我是医生。可是我写过医院生活——请原谅我首先从题材的角度来谈这个问题。

……在四川，在病人中间

——《通达街 31 号》

又：

……在疾病

和敌意的双重包围之中

——《通达街 31 号》

诗是 1986 年为张曙光而写。他写了一首清新的、感人至深的《致开愚》给我，而我写了这首几乎是关于我的苦恼的诗给他。为什么要先说医院？因为医院就是为人的不正常、为人的荒谬、为人的失态而准备的。所谓医院，你可以神经质地把它叫做合法的病态场所。一个医生，得整天跟人的不健康状态打交道，跟为此而制造的一切非常事物打交道。医生在人的种种痛苦中找到的，往往是把健康的眼光变成病态地要求健康的眼光。诗人不是要迫使庸常变成非常、迫使非常的事物变成理所当然的事物吗？医院的经验告诉我，这个愿望有点儿可疑。

我的诊断室在门诊楼的二楼，窗外的阳台上养了十几盆花，到了五月，玫瑰盛开，令人内心在欲望和精神的冲突中陷入春天的、像硫黄味融入初夏的迷惘之中。我适应不了医院里的尖叫、啼哭、呻吟、倾诉、暴露、汗臭、弗尔马林味、解剖……生命的极端状况，一种人人熟悉的麻木不仁；我一直没接受医生的哲学，我还要逃到离医生的哲学距离更远的地方。这是一个小而实际的理想。

在医院里中医奉行经验主义，在理论上中医是将玄学、星相学和其他又古朴又狡猾的自然哲学观混淆在一起，简直就是为医生的固执准备的万能的修辞术。学中医使得我了解了不少动植物，但没有使我直接了解人的内部。西医的解剖课我全逃掉了。学中医使得我对人和人的内部始终保持更多猜想、较少分析的好奇心。学中医当然也要背诵很多优美的古文和诗体的东西，这方面倒是强调分析，分析语言的“真正”含义。

医生从文，也许是凑巧？做过医生的作家倒是容易这样想：轻视肉体并不保证你的思想亲近灵魂，或者针对灵魂。

问：在一次闲聊中，你曾经提到你准备认真梳理一下西方诗歌对你的影响。说实话，与其他一些诗人比较，我个人觉得似乎很难明确地在你的作品中指认出来自异域的身影。在此，能否系统地介绍一下你这方面的情况？

答：其他朋友也认为我的诗里没有什么西方诗的痕迹。有人认为，我的诗依赖汉语的特性，而他和其他朋友的诗依赖整个文化背景。这个问题可能把我们引向争论。我是想说，没有西方诗，中国的当代诗就无从谈起，中国诗人就不会把诗写成现在这个样子。我喜欢杜甫和陶潜的诗胜过喜欢任何西方诗人的诗，但杜和陶的诗较少影响我的写作。相反，（包括不入流的）每一个西方诗人都深深地介入了中国诗人的写作。我们的口语和现代汉语的书面语迫使我们亲近西方诗的形式和技巧，我们的生活同时趋向西式，西诗侵入我们的诗里就好像马拉马车或影子深入镜子一样轻便。我的诗里确实没有什么西方诗的痕迹，我写作的时候只采纳汉语的现实中的本地经验，我要排除其他诗人的干扰，一个诗人的迷人之处必然是另一个诗人的败笔。但是我一直在阅读中向西方诗人学习，了解他们的观点和技艺。不是为了避开他们的“身影”，在某些作品里，为了形成我所需要的互文关系，我还邀请他们显赫的身影到我的作品里做客呢！我想西方诗帮助我打开了眼界，画定了一些界线，在所谓的深度、广度和高度方面，它们也树立了榜样，现代和当代的、足以产生惊羡和忌恶之心的榜样。

从庞德，我学到了简洁；
从华兹华斯，我学到了优美；
从勃朗宁，我学到了语气；
从但丁，我学到了愤怒；
从品达，我学到了音调，音调和叙述；
从马拉美，我学到了抽象的理由；
从叶芝，我学到了判断；
从奥哈拉，我学到了即兴，城市生活的全部奥妙。

我从没想过要在写作中战胜我学到的东西，我的诗风的变化源于我的天性，但是我希望我确实战胜（忘记）了我学到的东西。

问：谈到西方诗歌的影响，似乎不能不同时涉及本土固有的诗歌传统。尽管在当代诗歌的写作中，本土传统的作用表面上无法与外来的影响抗衡。你曾经说过，穆旦的不足正在于他在固有传统方面的匮乏，甚至他对汉语的运用远不够灵活自如。那么，你认为中国的诗歌传统如何以当代的形态作用于目前乃至以后的汉语诗歌写作中？你个人的情况又怎样？

答：噢，“去年落一牙，今年落一齿”！

有人说中国诗人应避免西方诗单调的话语权势的侵蚀，避免诗里出现西化的倾向。我同意这种见解。

往低里讲，我也不喜欢把教堂、上帝和祈祷这类洋词不加讽刺就写进诗里的做法。我们如果不是无神论者，写出那些奇怪的词才可以得到谅解。然而庞德可以写中国的人物和故事，我们为什么不能写西方的人物和故事？这里涉及目的和写法，涉及希望的文本的类型这个容易遭忽略的问题。正如那些模仿普拉斯的诗人，在他们被普拉斯的作品征服的时候，已经被普拉斯给毁掉了，因为他们没有在多种文本类型之间进行斡旋和较劲的才能，更没有为此给自己配备自白派的彻底性的决心。

“九叶”诗人中，穆旦最好，他胆子大，敢于使用现代词汇。他对汉语再尊重一些，就不会写“爱情的永固”这样的句子。

关于本土诗歌传统和从这个庞大的传统中挖掘有用的东西……张枣爱讲“汉语性”，他认为，中国诗歌的前景只有建立在“汉语性”的基础上，才能够从西方诗歌的方法论的系统中独立出来。也许吧。探索汉语性，得从体现汉语最高成就的古典诗歌中寻找渊源。语言学家或许会帮助我们了解汉语的优势和短处。然而现代汉语广阔、中外交叉和混合的趋势，其本身的活力和特性才真正重要。在这里，我信赖直觉和经验。张曙光在一封信里说汉语不懂状物叙事，我的看法相反，我们的小说和传奇故事确实单调一些，但我们增强现代汉语的叙述和描写手段，还是容易的事情。问题是所谓“汉语性”好像不在意汉语的长短，它之所以成为疑问，更多起因于美学上的自卑感。

对“传统”最有力的呼应，不是诗歌的语言。“中国诗歌的固有传统”主要指古典诗学，和支配古典诗学的那些精神。

太复杂了。

古诗中的有些手段倒是仍然管用。

* 尽量不用人称代词；
* 言志，但是用比喻；
* 通过用典来表示伤感；
* 长诗不超过白居易的长度。

传统会是诗人气质和才能的根据，不然，会是他的咽喉之刺。

《雨中作》是我 1986 年写的最初几首诗中的一首，至今没有谁愿意发表它。我的诗中始终有这首诗里出现过的汉语、或许汉族的观点。

有许多奇迹我们看见。
月先和迅逝的闪电
照亮江中鱼和藻类。
岸上，鸟儿落下飞起
搬运细木和泥土。
新鲜的空气，
生命和死亡
围绕着我们。

——《雨中作》

问：四川盆地是中国当代诗歌最重要的板块之一。作为一位活跃的四川诗人，你给人的印象却仿佛很少进入发生在四川的各种诗歌运动中心，换言之，就是“在又不在”。你如何看待“蜀地多诗才”的现象？你怎样认识你在四川诗人群体中的位置？那些名噪一时的诗歌团体，诸如“莽汉”“非非”，他们和你当时的写作发生过什么样的联系？你认为当代诗歌史上的四川轰动效应是不是还在延续，或者说是否还能重现？

答：四川封闭而贫穷，人口超过一亿，语言多变，盛产烟草和美酒；四川人自由散漫，喜欢喝茶和交谈，女孩附庸风雅……当然，那是一块肥沃的土地，空气潮湿，阵风轻快……诗人辈出……

80 年代的四川，多少诗人！我和好些诗人很熟，有着不同形式的交往。我也尊敬他们的诗歌理想，虽然我没有参加他们的运动。对于这些流派和它们的代表作已经有很多异议了，其中大部分是公允的，但是它们的历史性的贡献还是被低估了。我的写作受限于我的文学趣味，我忠实于我所受到的吸引，所以我跟他们的交流洋溢着存在于古典诗人之间的那种深邃而又超然的友情，较少诗学和写作上的相互感染。我才写了一篇文章（《南方诗》）探讨南方诗，可是我的写作一直在回答广袤北方的地平线的召唤，我喜欢托马斯·特朗斯特罗默和超现实主义的洛尔迦，因此，我的诗风与四川诗人（包括非凡的五君）的诗风存在着距离，我的诗确实复杂，但是有着简洁和简单的一面。生活在那样的节日般的写作气氛之中，我得到了激励和磨炼。好些四川诗人至今和我保持着亲密的友情，在通信中交流诗艺，见面时彻夜谈诗，假如没有来自他们的作品的鼓舞和来自他们的洞察力的期待，我的写作一定会失去很大一部分动力。

80 年代那样的激动人心的（学习的）局面，结束了。四川诗人的写作，也许刚刚开始。他们有些已经离开四川，有些可能永远留在那里。

问：王安忆曾经有一个刻薄的说法，她认为上海的诗人想象力低下，即使有想象力，那也只是水泥路缝隙中长出的小草。你定居上海已经有好几年了，就你了解的情况，你认为这个城市是否有可能成为类似北京、成都那样的诗歌中心？和四川相比，你来上海后，地域的变迁、生活环境的改变，给你的写作带来了新的激情还是障碍，或“无动于衷”？你觉得目前中国最适合诗歌写作的地区（或城市）是哪儿？

答：我不知道她掌握了什么根据，讲这样的话是需要根据的。诗人中间流行着“气场”理论：今天派是北京时代，80 年代的现代诗运动是四川时代；北京和四川两个地方的“气”已分别被两批诗人采光、耗尽了，下一个诗歌高潮的中心应当是在江南。上海地处江南，兼集秀丽风光和现代城市的美德与污秽，这个意料之中的高潮如果出现在上海，当非常恰当。上海的庞大和秩序，上海的挑剔和个人化，上海的物质、机器和肉体……这个面向未来、也许会在空间上有所突破的诗歌高潮，谁也不知道什么时候诞生，诗歌是必然的，却又总是突然的。眼下，在上海，一点迹象也没有。

幸运的诗人有他心目中最合适的城市和实际上他离不开的城市，在其他城市处于耀眼的位置时，他生活在他的暗淡、寂寞的城市里，而他的作品恰好获得别人没有追求到的独特性、甚至边缘性。一个好诗人大可不必 70 年代生活在北京，或 80 年代生活在四川。他可以生活在哈尔滨、南京，随便什么地方。我在四川生活了 32 年，我喜欢四川，用四川话思维和写作，但我好像更喜欢上海一点。刘漫流说我和上海一拍即合。上海如此充分地让中国的事物吸收外来的刺激，而在接纳外来事物时又能保持儒家风范。我和某些人对上海的评价不同，我对上海人身上的坏毛病一点也不在意，哪里人没有坏毛病？来上海后，我的写作比原来要少，可是在文体和可以左右文体的其他方面，我获得了我奢望的进展。

我对上海诗人怀有深深的敬意，他们的想象力不是暴露、粗鲁的，而是专注的。

问：你的诗风多变，往往令人猝不及防。你认为到目前为止你的写作可大致分成几个阶段？你觉得近几年来的写作有没有进入一个相对平稳的时期？

答：变化！

1988年前我写的那些相对短小的诗把我的情感、我的生存焦虑和我的玄学趣味表现得比较充分，作品带有浓重的超现实主义色彩。《通达街31号》和《雨中作》就是那个时期的作品，那时写得多，较好的有《死亡之诗》《一张电报》和组诗《现实的节奏》。1988年我经历了一次考验，我写得太多了！我的古文爱好达到了我被淹没的程度，写了一个组诗《汉人二十六首》，写了一首两千多行的长诗，还写了一首浪漫的、怪异修辞的长诗《海上花园》，也许吧，了结了我的海洋文明情结。诗都不好，像是献给现代诗运动尾声的一个歪礼。这一年终于结束了。1989年，我回到在写作中去发现自己在现实生活中的经验的道路上。我写了表明当时我的文学理想的诗《原则》；写了我个人心目中的史诗《公社》；写了一组多向度的十四行；写了短诗《舞台》。1990年我写了《葡萄酒》……1992年写了《台阶上》，之后就到上海了。1989年到1992年算一个阶段吧，期间作品的风貌还是"变化多端"。我崇尚充满活力的探索，而不是变化，变化是必然的。

这几年我在写两本小诗集《地方志》和《向杜甫致敬》，还写了《动物园》及一些短诗。整个显得稳定一些，写集子嘛！《地方志》和《向杜甫致敬》的写法不同，有些像牛和马，目的不同，跑的步幅和道路也不同。你考虑一本诗集而不是考虑一个组诗，"稳定"的含义就尤其是指确定一个容量很大的工作范围。

问：不少曾经产生重要影响的诗人迁居海外。显然，这和俄罗斯人流亡西方的成功神话不可相提并论。就我阅读的有限资料，他们在海外的写作存在普遍性的失语现象，单调、枯燥、重复。没有基于文学史惯例而预料的别开生面的"惊喜"。你的意见如何？能否结合你熟悉的朋友，具体谈一谈？如果有可能的话，你是否愿意去海外？

答：我也觉得好些诗人脱离汉语环境后写作出现了困难。不过个别诗人写得更好了。是不是写得更好的诗人飞快地趋于风格化？而这是海外汉语诗人一个主动的美学转变呢，还是不由自主的压力使然，有些诗人之所以写得更好，是因为他们的信心和他们的写作才能相称。他们之所以在西方、在任何地方都能够取得写作进展，是因为吸引他们的文学注意力的是主题和文体，是诗歌的可能性，他们的诗敢把吸管插在生活的个人经验之中。而那些明显针对中国现实进行写作的诗人离开中国后，丧失了写作的源泉，所以“失语”。

俄罗斯诗人倒是能真实、尖锐地写他们在国外的经验，中国诗人总是写他们已经十分陌生的祖国，写国外生活时总是纪游味太重。文学基于经验而又高于经验的起点，就是经验。

所以出不出国不要紧，制约诗人的写作前景的是写作才能。

问：当前，不少诗人写起小说，成功者一夜之间变成了著名小说家。除了显而易见的诱惑外，在从“诗”对“小说”的转换过程中，是不是也包含纯粹写作意义上的内容，或者说这是不是有关诗歌本身的一种病理反应？你也写过小说，会不会再尝试一下？

答：耿德、里尔克、沃伦、博尔赫斯、卡佛都写过小说。诗人写的小说热情而离奇，和小说家的小说相比很不像小说。诗的选择性满足不了诗人的叙述渴望，他就只好写小说作为补充。小说的容量毕竟足以引诱诗人一逞铺张、诱捕的雄心。有些东西不能写进诗里，写小说正好。当一个诗人写的小说不像诗人的小说，这个诗人本来就是小说家，不应当写诗。诗和小说都像哈代同样写得出类拔萃，那是每一个两栖写作者的目标。

我最初试写过小说，不成样子，就不写了。

问：在一篇文章中，你认为关于写作的材料，“诗人的桌子上往往只有不得不利用的一个”。你的意思是否就是对一个诗人而言，在写作内容上往往没有很大的选择余地，没有小说家面对许多素材时所拥有的自由？这也许是一个关系写作发生过程的具体的技术性问题。对具体的一首诗或一个写作计划来说，往往是什么引发你最初的写作冲动？你会不会为了一个特定的写作内容制订详尽的阅读计划，或做其他准备？

答：那些伟大的诗人，他们写《埃涅阿斯记》或《神曲》那样的大型作品，其他诗人写诗基本上是即兴的，或者带有即兴色彩，把一个萦绕心头的写作动机化作短促的、仿佛轻风吹来的文字的奇迹，或者整个写作的因素都是得自偶然，作品的逻辑和作品的必然性从而显得孤立、耀眼。抒情诗人手头有现成、多余的材料的话，对他们的作品就等于有疑问。有的写作材料来自写作过程中的临时挖掘，诗人挥动想象力那把铁锹。仅就写作材料而言，诗人的自由跟他的盲目正好成正比。小说家的自由是挑选和处理材料，而诗人的自由是选择词汇，用他“灵魂的火焰”冶炼构成诗作的语言。这是传统的、有效的解释。当代诗人选择词汇时偏爱中性的、意思可以替换的词汇，语言多少带上了一点材料性。

我写《地方志》，涉及中国政治史、民俗和城市演变的历史，不进行阅读和材料分析，写作就会沦为愚蠢的恶作剧。我写诗，而不是历史研究报告，但这本薄薄的诗集一定会自动体现出一种历史观。为此我得做我的历史梦，感性的、联想的，综合我的旅行记忆。这本薄薄的诗集算不上大型，却要求我搜集尽量多的材料。写《传奇诗》的时候，我重看了《西游记》，熟悉材料，但是材料只有一个。

一个好题目可能诱发写作冲动，一种特别气氛可能诱发写作冲动，一个陌生人可能诱发写作冲动，一个字可能诱发写作冲动……这些是短诗的诱因。长诗的诱因可能是大诗人的抱负，是结构、题材或主题，或二者的联合幻觉。

问：你的诗作中经常出现与“口腔”有关的意象，这是性或欲望的隐喻，还是行医经历留下的无意识的职业习惯？我发现一个有趣的现象，你诗篇中一些精妙的语句往往和人的躯体（部位或器官）有关，你能否解释一下？

答：“嘴巴”暗示性和欲望。我常常使用，是因为“说”和“饿”是我在任何时候都留意的主题。说话和进食在我们的生活中是关系到权利的处境问题，轻一点讲，关系到我们的生计。诗人，要说动听的话，要糊口，既要节制又要浪费，既要奢侈又要吝啬，全都表现在嘴巴上。我写过这么几行诗：

呵，朋友，嘴巴依然能够左右我们，
饕餮或是绝食，发言或是沉默，
或是吐露轻蔑的微笑，
使你看上去像一个无礼但确实的人。

——《一些事》

嘴巴，舌头，喉咙，是诗歌、是我们的声音的保证（堡垒）和障碍（囚室）。是的，是“欲望”的权利问题。80 年代的诗歌狂欢和现在的诗歌冬天，都起源于生命的饥饿状态。

迷信人体、机能、生命活力，所以写躯体和器官。我想要使用与生理有关的名词。

行医经历一定起着作用。你不说，我也想不到。

问：《西安附近》是你《地方志》中的一首，我记得你还计划写其他一些城市，结果如何？你曾经说过在这一批诗中有你自己的历史意识的内容。在《西安附近》中，可以看出这方面的努力。能否具体谈一下你写作《地方志》的意图？

答：我计划《地方志》一共写九首诗，已经完成了五首，另外四首放下了。历史上的人物和事物受到狂风般的力量的摆布，连同时间本身也受到支配。我不知道那种力量是不是一个巨大的欲望，是不是一个来自更广的人的空间的坚定的意志。在这种力量的滚动面前，生命渺小而偶然，可是生命肩负着可疑的使命。诗里的政治家构成了一个族群，他们的面孔消失在整体之中。历史是一个趋势、一个不可抗拒的欲望。一个必然？抑或所有存在过的那些荣耀、灾难或平庸，相反，出自偶然？我像历史作家一样拘谨地处理材料。可是我的文字之间隐隐可见的，是历史作家要嘲笑的那些怪异的龟纹。我要求自己摆脱感伤情绪的缠绕，往后写，感伤气氛还是很浓厚。

17 年前，我曾参与家乡地方志的编纂，搜集一个部门志的史料，得到一点启示。我们没有神学，但是我们有类似神学的历史。无神论者的历史无法不是复杂的和鬼魅的。

问：你的语言利落、干净，除了节制和锤炼，是否和你的家乡话（方言）有关？我不时从你的诗行中看出一些略微偏离现代汉语规范的句法（它们往往达到了凝练的结果），是不是来自四川话？你觉得用隐藏的方言写作有什么意义？我觉得如今大部分诗人已经丧失了这样的语言能力，而中国古典诗歌恰恰与方言有密切的联系。

答：我用四川话思考和写作。

四川话属于北方语系，四川话的方言特点却与所有方言的特点一样，绝不自动支持书面语言的简洁。四川话的灵活和粗糙、琐屑和繁冗在所有方言中最为突出，造就了四川人滔滔不绝的雄辩的嘴巴。而四川有一亿多人，时刻在消费和发明新的辞令。四川话堆积辞藻的方法繁复到使四川人容易警惕语言稀少的人，四川人对沉默（对简约派作家）的态度差不多有些反常，不是夸张地好，就是夸张地坏。在四川籍诗人的作品里，要寻找表层的、语音的、形式上的间隙和沉默，几乎不会有多少结果。我开始写作之前已经树立了文学理想，一开始就追求直接、简洁、跳跃的写作语言，可还是有一个短暂的时期写得信马由缰，那么“豪华”，像一个典型的成都诗人写的。

也许，节制的语言来自坚定的文学态度，来自矜持的写作风格，来自通过学习才能够增长的写作才能。我忍不住想说，其实我偏爱搽脂抹粉的戏剧化的语言，等到合适的机会，四川人的天赋就要派上用场。我一直在学习怎样使用语言。

用方言写作是我个人的天性、习惯和局限使然，当我意识到我是用方言在写时，我很担心。方言的特别词汇和特别修辞技巧引起阅读恶感的概率是极高的，所以作品完成后我总是用普通话读一遍，有时得作修改、调整。记得有一首诗我用了一个在四川话里十分形象的俚语“打滚”，孙文波大为称赞，后来我还是割爱了，换了“滚翻”，黯然失色，但易于理解。现在我说普通话时间久了，挑选方言语汇的尺度更严格了。使用或者参考方言，是不是可以在较大的交流范围内偏离甚或打破格式化的沉闷倾向？是不是更准确的语言有利于诗人和现实的世界建立多样化联系——我从没想过。我一直在想，增加写作词汇量好，还是减少词汇量好呢，时此时彼，倾向于增加词汇量的时候好像要多一些。

问：《台阶上》未能在《大家》上发表，我一直认为这令人遗憾。1993年我读到它时，就感到它是一种总结。我觉得这首诗在你的诗歌作品系列中占据着不可重复的位置。你的看法如何？

答：我写的诗都跟经历有关。

那首诗的场景比较讨巧，图书馆和台阶。图书馆是那些不朽灵魂风云聚会的场所，是名声给激情和才智颁奖的宴会厅。高高的台阶上，上和下正好代表了青春和衰老两种生命的趋势。年轻人的愿望迫使我写一首关于不朽、关于知识、关于青春、关于衰老——其实就是关于学习和虚荣心——的诗。诗的内容因为陈述、联想、潜在的对话和讥诮的评论变得错杂、晦涩、荒谬和稍稍的忧郁。在台阶上老者和孩子擦肩而过。当时我刚在一所山坡上的大学里住过，一切历历在目。

问：目前的诗坛已无前几年声势浩大的集团和流派，但保持着紧密关系的写作群体仍然是存在的。和你的写作存有密切关系的诗人是哪些？能否简要地评价一下他们？你们之间有什么样的实质性的交流和影响（观念、诗艺等）？你对目前的互相交流的状况是否满意？

答：诗人之间如果不能谈诗和写作，他们的交往是值得怀疑的，但是真正能够谈诗、讨论诗学的人不多。有些诗人诗写得不错，眼光和洞察力却很糟，跟他们在一起你无法达到共同分享诗的清晰、深邃的奥秘境界。

我和很多朋友保持着友谊，我从他们的友谊和慷慨中请教，获益无穷。这里我就不说他们的名字了，让我们保持密友的温馨状态吧！

问：在我的印象中，你对自己作品中的抒情诗部分并不重视。在你的写作中，怎样看待“短小”甚至“优美”的抒情诗，它是一种调剂、诗情的训练，或职业性的消遣？你认为目前乃至以后纯粹的抒情诗有无存在的必要呢？

答：常常有人说某某是最后一个抒情诗人，哪儿会出现那么悲惨的奇观！哪个时代缺少了抒情诗人，哪个时代就是荒芜、冰冷、死气沉沉的。问题不在于抒情诗有无存在的必要，而在于抒情诗的形式和高度是否和它的时代相称，在于抒情诗人是否在传统的领地之上拓宽了抒情诗的范围。那种老一套的抒情诗，那种陈词滥调，那种迂腐的优美，在一个当代人的眼里粗俗不堪。正如许多洋派的作品，你用独创性的标准去检验，它一下子显现出真正的土气。单纯从时代的巨变的性质来讲，从世纪末的焦虑感和电脑带来的空间革命，从生存压力和文学的接受危机几方面为诗人创造的气氛来讲，我更相信目前是抒情诗人的时代。抒情诗人的缺席会给时代戳上麻木、耻辱的印记。

我的兴趣不在写抒情诗方面。像《傍晚，他们说》貌似抒情诗，实际上是一首戏剧独白诗。犹如一台很多人参与进来的亲密正直的晚会。我长时期地训练各种手艺，就是希望培养综合写作的能力，为写一些大型的题材做准备。有些抒情诗我比较满意，它们的狭隘不至于萎靡不振，像《呵雾》《舞台》；有些抒情诗比较讨人喜欢，靠的是它们的优美、和谐和愚蠢，写这些诗的动机正是你所讲的，是调剂、诗情的训练，又是职业性的消遣，有时是主动的揶揄，有时是我自己受到揶揄。

问：你认为在你们之后的一代诗人应该或已具备了什么样的特征或素质？在相同的年龄档上你们这一代诗人早以“第三代”“新生代”等称谓“崛起”，而他们仍然处于写作学习的零散状态，你觉得他们能否形成“一代人”的冲击力？

答：你知道，至少在上海，我主要和更年轻的诗人交往。他们起点高、学历高。他们的处境比 80 年代青年诗人的处境健康。

80 年代的诗人必须开辟本体论意义上诗歌写作的天地，为“个人写作”扫清道路，今天的青年诗人不需要干这个，他们不必重复上一代诗人的成长模式。上一代诗人把集体成功的模式改写成了个人写作的漫长而孤独的探险之路。今天的诗人如果不能选择个人写作、追求独立意义上的成功，那也许意味着他还沉浸在 80 年代诗人立志粉碎的那种集体进退的模式中。我不否认一种崭新的美学依靠一代人的共同贡献，而是认为更年轻的诗人在生存和写作两个方面，本质上和我们同属一代人。而现在，像庞德在《瓦尔特·惠特曼》中所说，“是雕刻的时候”。

当然，越是年轻的诗人，越是新颖，他们意味着未来。

返本续慧命

——访蔡仁厚先生

[**学者简介**]

蔡仁厚，1930 年生于江西省雩都县，现居台中市。1970 年起历任台湾文化大学、东海大学哲学系教授，2000 年退休，2004 年特聘为东海大学首届荣誉教授。为新儒家代表人物之一。代表作有：《牟宗三先生学思年谱》《王阳明哲学》《新儒家的精神方向》《中国哲学史大纲》《孔孟荀哲学》等。

问：蔡先生，您首次来北京，首次来北大，有何感想？

答：这次欣逢北大百年，我作了一首古诗（见附），也算是感怀与庆贺吧。北京大学上承太学传统，下开新风气，在我们的近代史上有着举足轻重的地位。“五四”运动诚有开新之功，但西化倾向太重，几乎使我们数千年文化命脉之根土失去保全。虽然我们并不怀疑西化派的良苦用心，但相比之下，在激烈反传统的潮流和风气之中，像熊先生（指熊十力）、牟先生（指牟宗三）等特立独行地奋起续接中国文化之命脉，显发仁心，承继道统，为中国文化未来的复兴护持和培育根基，实在是相当难得的。

问：您能谈谈牟宗三先生的学思经历吗？

答：好的。我这次来，就是为了向大家表彰这位杰出的北大校友。牟先生出生在山东农村（栖霞），来北大读了两年预科、四年本科，共六年。牟先生在北大读书时非常用功，也非常用心。他每天拿两个馒头、一个水壶，在图书馆里一泡就是一整天。据图书馆的记录，他是当时读书最多的学生，并因此还得了奖。在大学期间，牟先生就完成了《周易的自然哲学与道德涵义》一书。对于牟先生，影响最大的两位老师是张申府和熊十力。他从张申府先生学西方哲学，从熊十力先生学中国哲学，最终由西学回归中学，反省中国文化，重建道德理想主义。

大学毕业后，牟先生回山东教书，后赴天津、广东，1936 年经熊先生介绍去山东邹平梁漱溟先生创办的“乡村建设研究院”，与梁先生不能契合，随即离去。抗战时期，由湖广转云南，在昆明绝粮，得张之洞曾孙张遵骝之济助。1940 年入张君劢在大理创办的民族文化书院。1941 年，《逻辑典范》出版。次年起，先后任教华西大学、中央大学、浙江大学。1948 年，写《重振鹅湖书院缘起》一文，首次提出儒学发展三期说。1949 年只身去了台湾。

在台湾地区创办“人文学社”(1951 年)、“人文友会”(1954 年)，辗转任教于台湾师范大学、东海大学，后离台赴港，任教于香港大学、香港中文大学、新亚研究所等。

牟先生一生勤奋著书，著作等身，学与思都非常严谨。比如《佛性与般若》，酝酿了很长时间，但在 60 岁以前从未写过关于佛学的文章，非到了酝酿成熟时从不轻易动笔。

问：以牟宗三先生为代表的新儒家为中国的文化生命指出了怎样的方向呢？

答：当代新儒家的精神方向概括起来主要有三项：一是道统的肯定——重开生命的学问，二是政统的继续——完成民主建国，三是学统的开出——转出知识之学。第一项是内圣成德之教，是文化传统承续光大的问题；第二、三项是文化生命的充实与开扩，从儒家内部说是“新外王”，从中华民族说则是“现代化”。

［至于牟宗三先生的主要贡献，蔡先生在应台湾“国史馆”之邀所撰《牟宗三传》中有简要的概括，兹摘录于此以飨读者诸君。——记者

宗三常云：从大学读书以来，六十年中只做一件事，是即“反省中华民族之文化生命，以重开中国哲学之途径”。宗三逝世前数月，垂示门弟子之语，有云：“我一生无少年运，无青年运，无中年运，只有一点老年运。无中年运，不能飞黄腾达，事业成功。教一辈子书，不能买一安身所。只写了一些书、却是有成。古今无两。”“古今无两”。谈何容易！兹略加说明，以为注脚：

(1) 对儒释道三教之义理系统，分别以专书作通盘之表述者，宗三实乃古今第一人。（以《心体与性体》四大册讲儒家，以《才性与玄理》讲道家，以《佛性与般若》上下册讲佛教）

(2) 宗三所著新外王三书：《历史哲学》《道德的理想主义》《政道与治道》，乃真能贯彻明末顾、黄、王三大儒之心愿遗志，而开出外王事功之新途径者。自古迄今，亦不作第二人想。

(3) 以一人之力，全译康德三大批判，宗三乃二百年来世界第一人。其所作之译注，尤其慧识宏通。而又履及剑及，随译随消化；以《现象与物自身》消化第一批判，以《圆善论》消化第二批判，以《真美善之分别说与合一说》之专论长文消化第三批判。此亦中外译书家所未能也。

(4) 宗三对中西哲学会通之道路，亦已达到前所未有之

精透，并持续从事基本之讲论与疏导。（见《中西哲学之会通十四讲》以及《四因说演讲录》二十讲）

（5）对中国哲学所蕴含之问题，进行全面而通贯的抉发与讨论，（见《中国哲学十九讲》）使中国哲学得以真正进入世界哲学之林。此项工作，亦未见其匹。]

问：在大陆学界，常常听到议论牟宗三先生举止行为似乎缺乏儒者风范，于其所倡之学问不能身体力行。您作为牟先生的弟子，对此有何看法？

答：对牟先生为人处世的传言主要是因他评价别人时不留情面而引起，这恰恰反映了牟先生坚持原则，对于学问之严肃态度。孔子说：不得中道而行，必也狂狷乎。狂者进取，狷者有所不为也。牟先生确有狂者胸次，即使对挚朋好友，在学问的评价上牟先生也是从不含糊的。梁漱溟先生曾对熊十力先生如此看重牟先生颇不理解，熊十力先生答曰："宗三有神解"。牟先生讲课从不用讲稿，当有人问及他怎么不做准备时，他答道："我一生都在准备。"流行于学界的传言恐怕掺杂了各种各样的因素，不足为信。

问：请问您对牟宗三先生的思想有何发展？

答：我主要是阐释牟先生的思想。儒者以持守"常道"为本，不以立新说为贵，当然，我在讨论哲学、文化问题时也有自己的侧重。

问：有一种看法，认为儒家是文化保守主义，大陆有学者对文化保守主义持批评态度（如方克立先生），您对此有何看法？

答：我们以前把"保守"视为贬义词，这与20世纪中国的文化处境有关。这一点在西方也已经开始反省。革命并非就是好的，保守并非就是坏的。唐君毅先生就曾写过《论保守主义》的文章，指出：该保的就要保，该守的就要守。20 世纪中国的知识分子过于注重应变而忽视守常。儒家想要维系的是鲜活的文化生命，强调的是“守常以应变，返本以开新”。《中庸》讲“君子而时中”，“时中”有三层含义：（1）时中的“中”，是不变的常道的豁醒。大中至正，不偏不倚，而又无过无不及。这样的道理，当然是天下的大本、永恒的真理，（2）时中的“时”，是应变的原则，《礼记》云：“礼，时为大。”典范制度，生活规范，都是礼。礼以时为大，表示儒家之礼并非一成不变，而必须应时而作，随宜调整。（3）时中之道，虽是常道，但却不是固定的。固定的中道，是死中，不是时中。只有顺应时宜，日新又新，才能随时应变以得其中。

因此，就与进步相对的保守而言，儒家绝对不是保守的。

当代新儒家通过文化的反省和观念的疏导，认为科学民主都是文化价值的内容，是中国文化生命、文化心灵发展内在的要求，所以有“开出”之说。中国传统文化中没有近代意义的科学与民主，这是事实，但文化不是静止的，它永远在发展中。以往没有的，今天、明天可以有，而文化价值的完成，也本是一种创造活动，每一个民族的文化生命必须在其自觉实践中来完成。儒家学者只是做一个观念疏导的工作，至于现实层面较为具体的问题，则须尊重客观的学术，尊重各学门“专业性、专技性”的知识。

问：麦金太尔曾认为儒家也像亚里士多德主义伦理学一样在现代会面临一种一再出现的两难困境：要么将自身附着于中国传统社会关系的特定形式，不必使其道德立场经常随剧烈变动的形式而转；要么令其自身与各种社会秩序的诸多类型保持相关性，但这样却会抽空了特定的道德内容，只剩下空洞的普遍性而削弱了其德性理论。张岱年先生也撰文认为儒学作为一个整体过时了。持类似观点的人大都认为，儒学是适应于传统社会中的社会关系和社会秩序而发展出来的文化技巧，而传统的社会关系和社会秩序不复存在了，所以儒学就无法适应了。您对这些观点有何看法？

答：儒学所要护持的是一个鲜活的文化生命。首先是常道，这种常道本来就是用以应对变化多端的命运的，只不过在不同的时期，面对不同的命运，常道的落实方式也不同，这就是应变。只有常道才能有强的应变能力。儒学产生于旧的社会关系和社会秩序的时代，这是历史事实，但是，儒学所要执守的常道却可以适应于一切时代。只不过落实起来可以不同，如礼的层面。

问：这有点类似于杜维明先生所说仁与礼之间的创造性张力。

答：而且，儒学作为文化生命不仅要保存，而且要发展；不仅要执守常道，而且也讲权变。我们完全可以发展出一套既符合常道，又适应于新的社会关系和社会秩序的具体文化形态。

问：有人认为儒家和基督教一样都是尼采意义上的弱者道德。请问您对此问题怎么看？

答：首先，用西方某一观念（比如尼采的弱者道德或奴隶道德观念）来看待中国传统哲学思想本身就是成问题的。尼采的观点可能有其自身的语境。但从一般意义上看，儒家教人见义勇为、做大丈夫，要修养智仁勇三达德。可见儒家道德绝不是弱者道德。再如《中庸》中一连串的“强哉矫”，孟子“善养浩然之气”，皆为明证。

问：换句话说，同情心的道德价值到底有多大？尼采认为同情心只是一个病理学问题，这很像《尚书》中所说的“若有疾”，新儒家认为良心是先天就有的，而且是当下呈现的。这种“当下呈现”是不是属于东方式的“神秘体验”？如果是这样的话，从学理上讲，良心不就等于一个理论预设了？

答：儒家的良心不等于同情心。良心是心体性体合一的，是纯然至善的本体，道德情感只是本体落实的一个层面，因而良心并不等于一个理论预设。

问：您对中国文化未来之命运有何展望？

答：20世纪以来传统文化在中国遭到的破坏很大，相比之下，从器物、仪式上看，韩国、日本保存得要好，比如我们现在的住房设计，有客厅没有堂屋，以前的堂屋是供奉祖先的地方。我们现在的住房设计根本没有祖先的位置。人的生命就是要自觉自愿地汇入自己的本源中，这就是报本返始。天地养育了万物，养育了人类，是我们生命的本源；祖先养育了我们的民族，是我们生命的本源；圣贤给予我们文化生命，也是我们生命的本源。现代家庭不能够采取传统的祭祀祖先和圣贤的方式了，但也可以采取一些简化的形式，以保持自己的心灵与天地、祖先和往圣先贤常相沟通，比如我就在自己家里安置了一个“天地圣亲师”的神位，并配上一副对联：“天生地养，盛德广大；圣道师教，亲恩绵长。”“道在日用伦常中”，我们应当保持一些能体现传统的形式和仪式，使大道深入人心。从个人角度看，就是化小我为大我。对于中国文化未来之命运，我是很有信心的。当然，文化是共业，需要我们共同的努力。儒学要真正复兴，必须深入人心，深入实际，我认为这不是个观念问题而是个体制、实践的问题。从观念上看，无论在终极关怀还是现实关怀层面，儒家都是相当自足的，都能做得相当好。我有一本新书《孔子的生命境界》，四百多页，即将由台北的学生书局出版，里面谈了很多问题，我会送一本给北大哲学系，诸位可以阅读。

学：非常感谢蔡先生接受我们采访。

附：北京大学百周年庆（五古）

自古有太学　上下数千年
京师大学堂　新制最占先
上以接传统　下以开芳妍
外逐行且远　根土失保全
乃有贤哲起　奋力耘我田
困阻千百重　贞固志不移
仁心通理气　道义担铁肩
科学利物用　人文启英贤
苍松连翠柏　矫矫泰山巅
史页开新纪　北庠庆百年
浩气连天枢　溥博出渊泉
返本续慧命　缉熙太和天

诗呈

诸方贤彦　政之

蔡仁厚于北京，时正出席北大“汉学研究国际会议”

学术史·学术转型·北京大学

——访陈平原教授

[学者简介]

陈平原，1954年生于广东潮州。1978年入中山大学中文系，1984年获中山大学文学硕士学位，1987年获北京大学文学博士学位，曾任北京大学中文系系主任，现为北京大学中文系教授，博士生导师。著有《中国小说叙事模式的转变》《千古文人侠客梦》《中国现代学术之建立》《中国散文小说史》《中国大学十讲》《触摸历史与进入五四》《大学何为》《北京记忆与记忆北京》等。

问：陈先生，去年您将您的小说史研究方面的成果汇编成三卷本的《陈平原小说史论集》出版，请您简单谈一下您在小说史研究方面的主要思路及研究成果好吗？

答：大致说来，我的小说史论集里体现了三种研究思路：一是从叙事学角度探讨中国小说的转变，如《中国小说叙事模式的转变》；二是试图寻找一种文学史的研究与写作模型，如《二十世纪中国小说史》第一卷；还有是小说类型研究及探讨古今关系，如《千古文人侠客梦》和《小说史：理论与实践》。总之，我希望借助小说史打通古代和现代，借助类型研究打通文学与文化、历史。古今与文史的沟通大致是我前面十年的主要研究思路。

问：您的小说史论集的出版，是否意味着您在这一领域的研究计划已经完成，带有阵地转移的意味？因为我们知道，今年您有好几种学术史方面的专著即将出版。

答：只是告一个段落。我做研究有一个思路，就是我认为，长期在一个领域内从事一种工作，往往以后会很难跳出原来的圈子、上一个台阶。所以我的研究过一段时间，如果感到我的思路到了极限，我就会转移阵地；我还会回来，但我要找到另外一个切入的姿态或者有更大的“野心”才回来，而这时已不是原来的“我”了。我的“野心”是“发凡起例”，即建立研究模式，很多工作都是到了一定的层次就会平面展开，这时我就离开这个领域，我会借助另一个领域的研究给自己寻找新的方法和眼光。我现在的研究计划中还有关于小说史的问题，比如我一直在做鲁迅的《中国小说史略》的笺注工作，我希望借助鲁迅来理解中国百年小说史的研究，其后隐藏着我对小说史研究的整体思考。当我“回来”时我可能会从这个方面入手。

问：近几年来，您已发表了一系列学术史方面的论文，刚刚出版的《陈平原自选集》中就收入了好几篇，能谈谈您是怎样介入这一领域的吗?

答：我的自选集是前几年就编好的，序言“四十而惑”也是当时所写，由于一些具体原因未能出版，直到最近才出来。1994年我40岁，也正好是在北大的第十年，编这本书无非是给自己留个纪念。书中所选的文章并不一定是自己最满意的成果，但是覆盖了我的几个研究领域，可以显示出我的学术兴趣的变化。

学术史是我很早就关注的问题，我的小说史研究就有偏于文化学的一面。但我更看重的是一种学术史的眼光，每个学者都有自己的学术眼光和判断，因为当他进入一个研究课题时都要首先清理前代人的成果或问题，然后才有自己的定位，这种清理本身就是学术史的思考。我曾在《学术史研究随想》中说过，每个成熟的学者都会讨论学术史问题，只不过是自觉或不自觉、专业或不专业的区别，每个做学问的人都必须有起码的学术史的眼光。80 年代我自己的研究已逐渐显示了这种思路，到了 90 年代《学人》的创办，我们开始有意识地从事学术史的研究和整理工作。在学术转型期有意识地把它作为一个话题来提出，这包含了我们对 80 年代学术的反思和对 90 年代学术的期待。而且，就我个人的学术兴趣而言，我也不愿意局限于“纯粹”的文学研究范围内，我本人对文化史、思想史很感兴趣，很自然地会走到学术史研究的路子上来。

问：近几年您以中国现代学术的建立作为您的研究课题，可否谈一下您的学术史研究大体上的治学思路是怎样的？

答：当初我跟王瑶先生读博士时，曾与先生谈及今后的设想：一是要走出现代文学；二是要走出“纯粹”的文学研究。王先生为大家所熟知的是现代文学研究，但他的真正兴趣恐怕还在魏晋文学、中国古代文学。40 年代王先生的主要研究领域在古代文学，有《中古文学史论》这样的名著，尽管名气不如后来的《中国新文学史稿》大，但学术水平其实远高于后者。在现代文学研究领域，从 50 年代的《论鲁迅作品与中国古典文学的历史联系》到 80 年代的《〈故事新编〉散论》，都是只有先生才能写出的大文章，这得益于他兼通古今的文学修养。先生晚年主持了“近百年中国学者的文学研究”这一项目，尽管先生最终没有看到这一著作的完成，但课题组同人还是写出了各自的章节并结集出版，即《中国文学研究现代化进程》。先生晚年之所以对这一课题情有独钟，在于他希望通过认真研究这百年来的学术实践，可以为今人提供一些值得借鉴和行之有效的治学方法，显然先生认为在当前是需要进行一番“辨章学术，考镜源流”的工作的。

先生的这种治学思路与学术眼光对我很有影响。

我自己做学问的思路，是“以小见大”。我不习惯像现在有些人研究学术史，总是先有一个20世纪的大概念，再去找几大特征这种方法，我谈学术史是以章太炎、胡适为中心，从晚清、“五四”两个时段来讨论现代学术的建立。我研究的路子是以问题为中心，从个案中发现一些有意思的问题，比如我从官学与私学的角度讨论学术制度问题，从魏晋风度和六朝文章切入文学史如何介入当下的文化建设问题。我认为做研究要有一种“问题意识”，才能充分开掘课题，不从问题出发的研究，很容易陷入一般化。《中国现代学术之建立》一书我从1991年开始动笔，到1997年方完成，当然这中间还插入了其他书的写作。这本书体现了我的学术思路，我研究学术史一半为课题，一半也是为了自己，因为在研究过程中培养了我的学术眼光，扩大了我的学术眼界。

问：您即将出版的《中国现代学术之建立》一书中以章太炎、胡适为中心讨论中国传统学术到现代的转型，这种写作方式似乎与以往这方面的著作不太一样，您为什么要选择这两个人？

答：我不想做成教科书式的通论性质的著作，那种“全面”只不过是整理已有的知识和成果，我相信真正精深的研究是建立在个案研究的基础上的。章太炎、胡适无疑属于两代人，现代学术建立的基础是由晚清和“五四”两代学者共同构成的。他们之间有精神上的联系，也有学术的传承关系，而他们之间的区别也是很明显的，这种差异在某种程度上代表了学术转型期“承上”与“启下”的两代学者之间的隔阂。同样重要的是，“旧的”章太炎与“新的”胡适之只是问题的一方面，章太炎对新知识的吸收和胡适对传统文化的探讨都是必须予以极大关注的。章太炎与胡适各有家法，但并非水火不相容，他们之间经学、子学方法之争以及章太炎对官学私学的思考都传递着新旧知识谱系碰撞、交融的痕迹。在我的小说史研究中，比如《中国小说叙事模式的转变》，我注意的也是新旧小说之间的微妙的关联和转换，我觉得历史中的这种信息更有意味。我不太欣赏“分而攻之”的办法，因为那会掩盖掉许多问题。

问：学术史作为一个话题是从90年代开始提出的，现在的学术史研究已形成了一个不小的群体，您觉得这种“研究热”背后是否潜藏着某种问题?

答：近来有好几个出版社希望我写中国现代学术史之类的专著，我都拒绝了。现在的知识谱系太庞大了，我只熟悉其中的一小部分，就是在文学领域我的所知也还有限，更不用说别的领域了，我觉得这类研究超出了我的能力。晚清以前的学者尚且未必有办法驾驭这么大的领域，在学科分类越来越清晰、知识生产速度越来越快的20世纪，恐怕很难有人真正有能力去进行这个工作。如果在不熟悉的专题研究领域内我们无法与这个领域最好的学者进行平等对话，如果只是引用别人的研究成果，那不是做学术研究，而是做资料汇编。学术史研究的好处在于能使人具有好的学术史的眼光，但也有可能误导人，使人养成眼高手低的习惯：把两千年的学者放在笔下纵横调遣而获得一种虚假的“制高点”，却对具体的研究甘苦没有体会。所以我对未从事具体的专题研究而直接进入学术史研究，或者“通史”性质的学术著作的写作方式，都不太赞成。我倾向于“业余”的学术史研究，在对研究专题有一定把握后再做学术史研究，也就是我说的做研究一定要从具体问题出发。

问：学术史的研究不像其他学术领域的研究那样是一个延续的过程，而是有许多中断。学术史研究成为热点大体都是在学术转型的时期，比如清初黄宗羲的《明儒学案》、乾嘉末期江藩的《国朝汉学师承记》、民国时梁启超的《清代学术概论》、钱穆的《中国近三百年学术史》，等等。50 年代以来虽有学者从事这方面的工作，但大多偏于文献学方面；而到了 90 年代，一批中青年学者介入学术史领域，这是否意味着又一个学术转型期的到来呢？

答：你的概括很有意思。90 年代学术史研究的勃兴，有对 80 年代中国学术“失范”纠偏的意图，80 年代学风的“浮躁”和“空疏”是由于旧规范的失落和新规范的尚未形成。就学术发展的规律而言，原有的学术范型在常态下发展到一定阶段，往往会出现危机，这时就需要调整，寻找新的学术典范，这种学术的自我整合是顺理成章的。就我个人而言，学术史研究既是学术追求，更是自我训练。扩大到整个学界，不管自觉不自觉，也都有这种意味。八九十年代的嬗变只是一个小的学术转型，至于是否现在正酝酿着一个世纪的学术大转型，我不敢预言。

问：您关注 20 世纪初的学术转型是否也基于某种现实背景？

答：那是自然的。历史研究的着眼点在过去，但关怀的却是现在，对现实的判断、对未来的预见其实都隐藏在你对历史叙述的背后。谁也无法对未来下命令，但可以总结过去。前几年在一次访谈中，我谈到我们这一代学者应该为这个世纪（即 20 世纪）的学术做总结，这引起了很多议论，实际上总结前代的学术成果、得失，是每一个学者的权利和责任，这是往前走的必要步骤。

问：您的《老北大的故事》将要与读者见面，这似乎又涉及教育史的问题。

答：与教育史专家的研究不同，我这本书本质上属于学术史研究。上个学期我讲授的“中国现代学术史专题研究”这门课程，也是力图以大学为中心讨论现代学术的建设。现代高校的建立对知识谱系的重构起了决定性的作用，而且大学是学术、思想、教育统一的场所，这是我关注这一课题的主要原因，当然我是以北京大学作为个案来研究的。

问：为什么选择北大?

答：首先是方便，这很容易理解，我工作在北大，图书馆、档案资料、前辈都在周围，这一条件是得天独厚的。其次是由于北大在中国文化史上的地位，它对中国教育、学术的贡献是有目共睹的，而且北大在中国现代政治中的地位也是其他大学无法企及的。从“一叶知秋”的角度来看，没有比北大更合适的研究对象了。《老北大的故事》的写作有一部分也是因为我对目前套用中国革命史、政治史的框架来写作校史的方式不太满意。我希望校史应该是一个大学发展的历史，所以我关注的校史，既有史料、档案，也有回忆录、新闻报道，甚至还包括逸闻、传说、文学作品中的北大，等等，所以我称之为“老北大的故事”。我希望能以“故事”来补充已有的校史的不足，在真真假假、虚虚实实中了解北大，标示出一种真正的“北大精神”，同时针对目前的大学教育提出我理想中的一种大学教育精神。

问：《老北大的故事》从书名看就不像是学术专著，而有关章节居然能在《读书》上发表，这真是件有意思的事。您曾提到有两支笔，一支写学术专著，一支写小品散文，这次是不是合成了一支?

答：我原来把严谨的学术专著与洒脱的学术小品作为两种文体、两种思维方式和生活态度而加以区分，因此我有了两套不同的笔墨。在《老北大的故事》里，我确实是尝试着把学术文体和小品文体融而合之，当然首先是研究对象与研究角度提供了这种融合的可能性。可能你们已经在《读书》上看到了部分章节，我这本书大体是从各个细节的考证出发，引出对高校制度的建立和变迁的思考。话说得大一点，我希望义理、考据、辞章兼而有之，同时也希望这本书有较强的可读性。

问：这本书的出版刚好赶上了北大的百年校庆，是凑巧还是有意的？

答：两者兼有吧。这本书很早就是我学术计划的一部分，另外我也有意借北大的百年校庆审视百年中国教育制度的变迁，我的很多思考都是从“百年”这个角度出发的。就感情上说，我也希望在我的学术生涯中有与北京大学直接相关的东西。当然，赶在校庆百周年出版也有出版社方面的原因，我自然很理解也很愿意赶这个巧。这本书是我所有著作中出版的运作周期最短的，从交稿到出版仅两个月。

问：这几年您在北大开设了一系列有关中国学术史的选修课，如“中国文学研究百年”“章太炎思想研究”“现代学术史专题”等，在北大学生中引起较大反响，能谈谈您设计课程的有关想法吗？

答：我从1991年开始陆陆续续地开课讲授现代中国学术史，每一次的侧重点、讲授方式都有所不同。学术史并不是一门学科，但可以通过研究它来了解历史，达到自我训练的目的。我做学术史研究是希望通过理解前人的研究思路来找到自己的研究方向，调整自己的学术思路。另外，我希望用一些具体的文本研究来理解学术传统，并寻找新的立足点。像鲁迅的《中国小说史略》、周作人的《中国新文学的源流》、章太炎的《国故论衡》，我都带领学生一起读，一起思考学术史问题及自身研究的问题。我觉得自己这个课程设计还不错，起码引起一些同学对于这方面的兴趣。

在哲学和经济学之间

——访汪丁丁先生

［学者简介］

汪丁丁，经济学家，北京大学国家发展研究院（前身为北京大学中国经济研究中心）经济学教授。美国夏威夷大学经济学博士。研究领域包括发展经济学、宏观经济学、微观经济理论、资本理论、经济增长与发展理论、道德哲学和政治哲学等。

问：汪老师，请您首先谈谈您的求学道路好吗？特别是，您如何从数学转向经济学、哲学？

答：这个问题已散见于几本书的前言之中。我的学术道路如果平铺直叙的话，大致分为几个阶段，主要是偶然因素的影响。比如说，10 岁时，跟沈昌文学电路设计，能自己做半导体。这方面的兴趣，打下了自然科学的基础。在此之前太淘气了，学习不怎么好，一二年级常受批评。四年级时遇到一位好老师，由于我作文用了一个成语，大大表扬了我一番，我很受鼓舞，语言写作能力自那时就开发了一点。在 19 世纪六七十年代，这两方面的兴趣都得到了发挥。写作能力变成了我贴大字报的能力，我的大字报思辨味道特别浓；电路设计兴趣从黑龙江建设兵团回来后进工厂时得到发挥。1969 年去兵团时我只偶然地带了两本书，清华大学出版社出版的《电路分析基础》和《反杜林论》。我那时与另一个人泡病号，他是老三届，总是拉提琴《梦幻曲》，如泣如诉，对我来说是一种艺术熏陶。他枕头底下还压着莎翁戏剧集，如《哈姆雷特》，这使我的文学兴趣进一步加深。（插话：您何时回到北京的?）说来话长，我插队到三江平原嫩江县，十分想家，曾逃回过北京一次，又给家里送回去了。回去后，便由于这事而被认为表现不好，只能去厨房，除了挑水就是杀猪，没事就看《反杜林论》。正好有个宣传干事下来讲《反杜林论》，他看了我贴的大字报，十分重视，就把我调走了，成了理论小组成员，跟着武装连执行各种任务。在这两年半里，干了许多活，下煤窑、开联合收割机、到钢厂做浇铸工和翻砂工，每个地方都不到半年（到现在，我在每个地方工作也不超过半年）。后来家里替我办了“困退”回北京。从 1971 年赋闲到 1974 年，关系仍在建设兵团，这期间都在看书。那时正是“九一三事件”之后，许多年轻人开始反省，我的理论兴趣大增，把家里所有的书都看完了。世界通史、马恩全集和列宁全集都读了，也读了许多文学名著。到工厂后就在电路车间，师傅都是大学毕业生。他们设计，我们试验。后来因表现出色调入总调试室；并解决了一个跳键问题，还获得了专利。这方面的兴趣使我很自然就转到数学方面，在工厂中把与电路有关的数学全学了。考大学时报了两个志愿，第一志愿是北大历史系，另一个是北京师范学院数学系。不知是由于年龄超过 24 岁还是其他原因，结果是录取到北京师范学院学数学。1979 年考研时，放弃了去邮电学院学超高频电路分析而选择了中科院系统所，因为那时系统科学有综合性，较合乎我的兴趣。不过，直到 1981 年我才去中科院。不久，国务院发展中心搞 2000 年规划，我去搞数学。对我来说，从那时起才碰到了经济学。这一切都很偶然，并非事先规定的，人的可型塑性总与社会偶然的机遇相连。

必然是如何通过偶然实现的呢？我想，人当然也有一定的先天精神气质，个人精神气质使然选择了一些偶然机遇，而排除了其他一些机遇。我个人气质其实是哲学的，而非其他学科的。所以，数学不是我的必然归宿，从数学到经济学不是必然的，这只是一种爱智的结果。从经济学到哲学，是符合我个人气质发展逻辑的。有些人的气质决定了他走不到哲学里去，比如发明家。许多人的先天气质因碰不到机遇而遭到扼杀，这种事太多了，所以我比较喜欢存在论的哲学。

问：汪老师，能否请您顺便谈谈数学在西方社会科学及人文学科中的作用？

答：当时我学数学，但并不知道数学的作用。现在我理解了，所有西方社会科学和人文学科的奠基部分就是数学。柏拉图学园上就写着“不懂得几何学者不能入内”；苏格拉底指出，只要你作些启示，一个牧羊的孩子就会懂几何学，这是人的天性之一。我认为数学在西方思维中具有基础的作用。这与中国思维传统有很大差异，中国不具有数学精神。为了更好地说明这个问题，我想先谈谈中西思维的差异。任何一种思想传统之所以有生命力，是因为它有内在的张力。因为人是冲突的产物，内在的冲突有正题与反题，人要生存就必须要超越出去，寻找那个合题。在我看来，中国人的文明、思想传统、国学传统，推进这些东西的两个主要力量是人文关怀和历史叙事。从轴心时代以来，人文关怀中西都有。但中国主流的话语方式是历史叙事，即讲故事。你告诉我古人就是这样做的，故我们现在就应该这样做，这点具有极大说服力。历史叙事不是西方理性，它无须笛卡尔式的反思。

还有一种叙事方式是美感叙事，东西方都有例子，如庄子

《逍遥游》中的庄周梦蝶、濠上观鱼等私人事件的叙述，这些都是和美感有关系的。推动中国文化前进的是人文关怀与历史叙事之间的冲突：人文关怀是超越的、私人性的、接近美感的，不是争夺话语霸权；后者则有进取性、侵略性。真正的人文关怀不具有说服力，而是具有感召力。这两种叙事的不断冲突，恐怕是宋明心学、理学之争的一个推动力量，汉代几次学术论争也都反映出这一点。西方学术传统则不一样。在文学式的眼光看来，西方思想传统中最重要的资源是科学叙事，是一种古希腊精神，也是逻各斯的展开过程。但西方也有很强的人文关怀，像尼采，他写了许多的杂文、札记，说服力不是很强，但却很震撼人心，这也是他死后许多年之后的事了，这就是美感叙事的例子。但美感叙事在西方科学理性话语中是解释不通的，所以不能融入科学理性中去。尼采被认为是西方的疯子。当然，不符合中国历史理性框架，也被认为是疯子，如鲁迅的《狂人日记》中的主人公。西方文化就是由人文精神与科学叙事之间的紧张关系推动其前进。我觉得，未来人类有可能进入一个美感叙事世界，当然，除非没有物质欲求等方面的冲突才可能。但是也有人认为，即便如此，世界永远有权力欲望，美感叙事占主导也是很困难的。美感叙事我是受利奥塔的启发，他用了科学叙事和历史叙事，我在其后加入了美感叙事。我个人认为，科学、历史加美感三种叙事比较完整，具有说服力。我写刘小枫《现代性社会理论绪论》的书评时就注意到他提醒“私人经验”的超验性，这即是一种美感。对“美感叙事”，我们不作文化上的区分，只作个人上的区分。人文精神在未来的表现形态应该是美感，因为康德的美就是人文。什么是文化差异？文化差异实际上是由于不同的冲突引起的文化创造过程之间的差异。冲突在美感时代并没有，我们说中西差异其实是历史叙事和人文关怀之间的冲突，与科学叙事和人文关怀之间冲突所引起的差异。中西文化差异是由历史叙事和科学叙事之间的差异引起的。而人文关怀是相通的，都是超越性的，都是以美感为基础的，不再争夺话语霸权，是一种感召，是庄子式的美。东西文化在美感叙事和人文关怀上的差异并不太大，即便差异很大，也是由于与不同的占主流的叙事方式的长期冲突所致。

现在，让我们再来谈谈数学。数学是什么？我倾向于罗素的看法，数学是逻辑的延伸，而逻各斯的话语形式就是逻辑，逻各斯理性是基本的理性形式。所以很偶然的因素我学了数学，而这就使我很容易理解西方文明、西方理性精神，虽然我是中国人。（插话：您所说的数学似乎和通常所说的数学不是一回事，比如，詹姆斯·布坎南说在政治经济学研究中必须摆脱数学观点的陷阱。照您所说，布坎南的叙事是一个非常逻各斯的叙事，虽然它没用高等数学。）那当然是了，你所指的数学其实是一种技巧，而不是一种精神。我重视数学是因为它是理解西学的基础，理解了数学精神，就可以驾轻就熟地理解西方的社会科学和人文学科。如果你不懂数学，或者对数学没有感觉，就不易于理解西方的学术。我所说的感觉不在于你做了多少道题，而是指你是否理解了数学精神。所谓的数学精神并不是精确化，而是从现象界直接抽象到超越现象界的能力。有数学精神的人，可以口中一大堆数学符号，心里想的却是现实世界的例子。比如在经济学高层次的讨论中间，你经常发现自己跟不上，你参加芝加哥大学或哈佛大学教授们的对话，你有时跟不上，因为他们论述的都是一些经济学中的数学模型，心里想的都是现实中的例子。我们很多中国人也可以在这方面很强，比如钱颖一、杨小凯等人都是不错的，他们可以在数学与现实之间跳来跳去思考。这是一种能力，是一种西方理性，能从现实中间抽象出一个超越现象的模型。它显然不具有历史性，因为我只要谈数学符号，那搬到美国、印度都适用，一下子就超越了。历史叙事不具有这种情况，如《资治通鉴》拿到印度肯定不适用。所以深受历史叙事熏陶的人很难接受西方这种理性，以及承认这种理性的合法性。同样，习惯于西方理性的人也很难理解中国人的历史理性，觉得它不自洽、不符合逻辑的一致性。为何今天这样做、明天又那样做？这显然互相冲突、不符合利益最大化等。当然，“历史理性”是中国人说服自己的一种方式。中西这种差异的确存在。在这个意义上，即使正规学过数学，成了数学家，但也并不一定理解了数学精神，这与先天气质有关。所以数学在西方社会科学与人文学科有奠基性作用。（插话：因为语言是比较模糊的，所以会产生歧义性，而数学比较精确。请您谈谈数学在经济学中工具性的作用?）如果你所讨论的问题具有对工具的某种要求，比如数学，如果理解为逻辑的延伸，那无非是 dialogue，逻各斯包含的多重意思之一就是对话，要求处于两端的人两个人对话，如果对话者要求更清晰的语言，那么就逐渐进入了数学的语境了，这是一个自然的过程。工具的选择我总认为应由人来决定，也就说是你把它放在那儿就可以了，中国的学者因为处于历史叙事的传统中，缺乏那种数学训练，当对话进入数学语境以后，他觉得很难、不能适应。在西方语境里，人们从小养成的思维习惯都是和数学密切相关的。不用再去现学数学，有了工具拿来用就可以了。这如同西方人不如我们那样具有历史感一样，我们对这套东西倒是很适应的。我认为工具的使用是个比较自然的过程，到时候该选择哪个工具就选择哪个工具。有时我的文章也用一些数学，但是我基本不太用，要用也是很细致的，如博弈论的产权博弈，说明产权是如何构造出来的。我认为，数学作为一种工具，和其他工具一样，没有什么特殊性。如果你沉浸在本应为你目的服务的工具当中，沉浸于奇技淫巧，那就很讨厌。这正好是被批评的西方技术的工具理性和压抑性。你忘了你的存在了，你的本真的存在被遗忘了。数学是容易造成这方面的问题，因为工具越精致、越容易如此。当钟表刚出现的时候，很多人沉浸在制造钟表当中，在这种精巧的结构中玩物丧志。数学这种东西很容易让你忘记你的本真，而变成对数学的滥用，那就是我反复批评过的，只是用数学重新描述了问题，而没有解决那个问题，这就没有意义了。

问：能否谈谈奥地利经济学派，它对您的研究有什么影响？奥地利经济学对中国的经济学研究和中国的经济改革有什么意义？

答：奥地利学派源于康德思想，像门格尔、米瑟斯是讲究先验理性和逻辑的，他们试图由先验的逻辑推导出人类行为法则。他们反对庸俗地把市场看成静态的一般均衡。奥地利学派最大的经济学贡献就是注重时间因素。奥地利学派认为，如果静态地把市场用数学方程描述出来，那时间消失后，过程就没有了。奥地利学派把市场当做一个过程。这个浅层意义上的经济学思想，我可以把它提升为柏拉图洞穴隐喻所具有的意义。这个隐喻在我看来是，人运用理性的过程就是逻各斯自我昭示的过程，也只有通过运用理性的过程才能解释 idea、共相，揭示真理。奥地利学派深受康德哲学影响，奥地利经济学家认为市场过程或作为过程的市场非常重要，实际上任何其他过程都是不能取消的。我们曾经听人说，目标微不足道，过程就是一切。我认为这句话还是有一定道理的。最近，一位朋友告诉我，左右派争论并不重要，最重要的是争论过程本身，他的这句话很有奥地利味，我们都认识到实际上人的理性只有通过一个过程才能接近真理。这是哈耶克反复强调市场不是一般均衡，而是信息交换、收集和理解的过程。如果取消过程，就没有市场了，新古典的一般均衡模型就不能容纳信息不完备、资本品和利润，这就只能回到熊彼特所说习俗经济中去了，我对它的批评是自洽的，因为它已取消了市场过程和市场本身。奥地利经济学家的这些批判深植于柏拉图、康德哲学系统。门格尔当时要同德国历史学派辩论，他不愿用历史过程这个术语，所以他绕开历史过程，只谈市场过程。另外，他批判纯粹历史主义看法，因为纯粹历史主义就等于取消康德哲学，而人的先验性非常重要。我始终相信英美的传统经验味太浓，不能提供这方面的资源。

奥地利学派，它给我的影响只有两个：一个是坚持个人主义的立场而不是集体主义的立场，这是奥地利学派的特征。在个人主义的立场里，奥地利学派告诉我，核心的问题是个人的自由，而不是其他的自由。奥地利学派对我的另一个影响是它彻底的主观价值论。方法论上坚持彻底的主观价值论，这是从康德哲学来的。康德认为，人是天地间唯一同时存在于现象界和超越现象界的东西，他是物自体同时又是现象界的存在物，所以只有人有这样的一种超越性。人的超越性最先就表现为先验理性，然后从先验理性到现象界，才推出为实践理性。这套东西是非常彻底的主观价值论，因为从这个立场出发，你已经可以否认其他的人能够知道我的价值，因为我是物自体，是超越现象界的。人的主观价值、我的主观价值，跟你没有关系，你在经验当中不可能知道我，我是一个物自体，自我存在着。这些和自由意志是很有关系的。所以彻底的主观价值论来自康德。奥地利学派的贡献或者说由此导出的贡献之一就是个人主义立场，因为主观价值论一定是个人的，个人才是物自体，集体就不同了，有很多派生的东西。这里又有一个问题，即自由是什么东西？自由主义者始终有一个困惑，不知道如何对待康德的自由意志或康德意义上的自由和英美传统里的自由（古典自由主义意义上的自由，在现实的政治、经济这个层面的限定的自由）。这似乎不是一件事，我觉得是一件事，只不过我现在没想好怎么说。顺便说一下奥地利和芝加哥学派方法论上的差异之处，这是很显然的。芝加哥学派和奥地利学派方法论上的差别就是经验论的和先验论的差别，而它们的"一致之处"就是建立作为逻辑一致性的理性选择的模型，建立这样的模型来解释人类行为。奥地利经济学派对中国经济学的意义就在于对市场过程的信仰，对作为过程的市场的信仰。我老说："你怎么信仰，你就怎么生活。"如果在一个社会里，人们都不信仰市场，市场就没有机会在这个社会里发展，这也是奥地利学派的思想对我们经济改革的意义。

问：在您的学术生涯中，哪些学派和人物对您的影响较大？在您的思想背景中，是否有一些可称为哲学基础的东西？

答：就个人而言，我读大学数学系的时候，哲学方面主要看的是黑格尔和罗素，我当时的选择很偶然。黑格尔中国人都知道，因为当时马恩全集、列宁全集都读完了，再要看就只能看黑格尔了，我们这一辈的人都知道这个道理。数学系讲究读罗素。但是很偶然的，罗素是英美传统里的思想家，黑格尔是欧陆传统里的思想家，这就造成了在我一开始的哲学训练中，就同时有两个传统。不仅仅是西学，而且是西学的两个传统都具备。在这两个传统里真正有代表性的人物是我后来通过罗素找到了休谟，通过黑格尔找到了康德，到了这两个人那就不能再走了。再到柏拉图、亚里士多德、苏格拉底和前苏格拉底这些人，实际上都是为了再好好理解康德和休谟。这是我的看法，这是两个里程碑。所以对我而言，休谟、康德对我思想影响最大。

问：我们注意到，您的文章采用了一种特殊的论说方式，既没有采取主流经济学的范式，也没有采用通行的社会理论的某一派。为何如此？在多大程度上是一种自主的选择？

答：我的叙事方式没有自主选择，只是在哲学视角下来叙述社会科学，这是我所有叙事的特征。我讲数理经济学第一堂课就讲哲学框架内的数理经济学；制度的分析基础第一堂课也是有关方法论的，先从哲学角度整理出不同的方法：演进的与理性的，然后从方法进入理论层面再进入现实世界层面，这可以说是高屋建瓴的方式。你当然可以从草根层面出发，也可以有伟大的叙事，这只是视角不同，没有高低之分。这是我语言的特点。

问：在您的学术历程中，有哪些问题是您最为关注、萦绕于怀的？

答：在现象界没有我最关注的、萦绕于怀的问题。现象界的问题总是现象界的问题，浮起来又沉下去，总是短暂的。当然我们积极的关怀总是要落实在短暂的、现象的问题上，这就是为什么我每次在海外读书时总是情趣很高远、很优雅，到国内没几天，就有人说，丁丁你越来越激烈。连着好几年都是这样，因为现实的问题让你关注、让你愤慨。但这是现象界的问题，不是萦绕于怀、挥之不去的问题。你带着更高远的关注回到现实里来，你看到人们在麦当劳不排队、在不许抽烟的地方抽烟，乃至政府的腐败，你能不愤慨吗？所以言辞越来越激烈，所以我必须远离现实，才能变得平和起来。（采访者插话：那么真正永恒的问题是什么呢？）我觉得没有，没有永恒的问题，只有永恒的好奇心、就哲学气质的人而言，他的好奇心是永恒的，他的那种好奇、那种惊讶、那种感觉是能永远在那里的，而且能保持终身，其他的都是短暂的，这就是我对这个问题的回答。

问：我们注意到哈耶克在您的知识背景中有相当重要的地位，但同时您也提到对哈耶克的超越。能否请您谈谈为什么要超越，以及如何实现您的超越？

答：我肯定是要超越，不仅我要超越，任何人都会如此。前人把现成的知识告诉你了，那么你的贡献是什么？别人告诉你的知识、经历过的东西是他们用一生的时间积累下来的，所以你获得这些知识所花的时间肯定要少于他人积累这些知识所花的时间。那你总要超越了，否则你的时间干什么用呢？所有人都有这种天性，试图超越现有知识的限界，即对他的视域 horizon 的限制，看到地平线之外、视界（胡塞尔的那个视界）之外的事情。每个人都会有超越，我当然也是如此。因为我的知识结构是新制度经济学或制度分析和哈耶克，所以我只能从我的这个视野或传统中去超越。如果我是一个当代自由主义者，那么我也许会去超越罗尔斯；是批判理论家就要超越哈贝马斯。你是处于哈耶克传统中的人，你的知识结构如此，你总试图超越你的知识结构，所以你就得超越哈耶克。批判哈耶克的人不是超越哈耶克，而是企图超越他所据以批判哈耶克的那派理论，这是不一样的。综合就是这么一个超越的过程，综合就是处于对话的过程中。在争论中，双方都超越了自己就达到了新的综合。所以要求对话是我们永恒的主题。一定要有对话，才能有学术思想的进步。（采访者插话：您在这种超越的努力中感到压力和紧张吗？这种超越是不是就是您所提到的打通欧陆和英美两大思想传统呢？）感到压力和紧张，是肯定的，因为所关心问题的根本性。哈耶克有他的内在的紧张，他一脚踏在欧陆传统上，一脚踏在英美传统上。我试图超越，就是试图打通这二者的紧张关系，很多人告诉我这不可能，几乎不可能，但我现在找到了以存在哲学作出发点。

我认为，海德格尔和维特根斯坦的论述已经说明了这种相通性、相亲性。再往下走一步就说明了这种相通。再往下走一步，是法国的存在哲学，就是萨特。我有一种感觉，来文学式地描述吧，德国哲学家关心的是死亡的问题，他们的叙事是面向死亡的叙事。凡是受德国哲学影响很大的人，如克尔凯郭尔，关注的焦点是死的问题；法国哲学家关心的是生的问题、生得如何荒谬，以及活得如何自由。那么如何沟通呢？对于一个处于西方之外的中国学者来讲，认识到他们的差异不一定是最重要的，重要的是认识到他们的类同，因为中西之间的差异更大。他们都是在科学叙事当中长大的，而我们是在历史叙事当中长大的。对我们来说，注意到他们的共性，对我们的帮助、对我们思想的启发更大，因为一定有某种更根本的东西决定了他们的共性。而他们之间的差异性，是他们内部的东西，是派生出来的差异。我先注意到他们的根本，再注意到他们的差异，然后求得综合，这样才收获大。法国那一脉络的存在哲学，目前是我思考的一个重点，因为它似乎介于德国哲学和英美经验论之间，它虽然属于欧陆哲学传统，但毕竟谈的是生的问题、生活的问题，也可以说是向死而生。所以德国人不认萨特，说他不是一个哲学家。但萨特正好沟通了，或有可能有这样的机会去沟通这两个传统。我写的《哈耶克扩展秩序思想初论》下篇，主要引的是海勒（Heller），一个女哲学家的存在论思想。总之，打通是很重要的，否则就会而临困境——当代自由主义的困境。你光谈自由而没有解决生活层面、现实层面的问题，如经济的、政治的不自由，法律的非普遍主义。西方的自由主义是个自然的过程，中国的自由主义不是一个自然生成的过程。西方有古典自由主义、当代自由主义。当代自由主义在中国可能影响大一些，因为它是当代的，感觉更切近。实际上当代自由主义思潮是西方当代问题引发出来的自由主义的回应。而西方原初性的问题经过长期的历程，就好像语言似的，被遮蔽了。海德格尔为什么要回到前苏格拉底寻找本真呢？因为那时语言没有被遮蔽、没有被污染，那时候人们的生存问题就是真正的生存问题。演变出来以后，积累了那么多现实问题的纠缠，向死而生吧。到了晚期，等到现代人再看他们的语言，就什么也看不出来了，里边本真的东西都被遮蔽了，生存被忘记了。所以对自由主义的论说，似乎这种说法是中肯的，如果你仅仅看当代自由主义的论说，他们关心的都是当代的问题了，像福柯式的关心，反省的主要是制度对人的压抑；而古典自由主义，自由主义创始期的问题，可能是本真的问题。在中国，自由主义是个后发性的过程，自由主义思想是无根的，所以首先关心的应是本真性的问题，即当时古典自由主义者关心人类生存的问题。这就是为什么我认为我自己仍然是一个古典自由主义的立场，不过我在一个次要的程度上，同情福柯、德里达的态度，但主要地还是古典自由主义。我之所以想打通这个、打通那个、主要还是同我对这些问题的关心有关系。在西方，自由主义是个现实过程，因为在西方，政治、经济、文化发展同自由主义思想的形成是同步的，没有一个理论先于现实，或现实先于理论的问题。在我们这里，你没有这个现实，它是一个后发的过程，你要创造这个过程。从中国传统中创化出来一种个人自由的政治经济形态和个人自由的“主义”，都是一个后发的过程，也就是一个你要去建立的过程。这就面临一个问题，就是不落实。你从西方拿到一些主义，中国没有这个现实，这就需要重新构造。重新构造就很麻烦，因为你要从传统去构建一个理想世界，这就是牟宗三等新儒家和很多人所做的努力。你怎么“坎陷”呢？一方面你在西方传统中看到许多好东西；一方面又苦于在我们的传统中没有这方面的现实。于是有一个“曲通”，也就是连接的问题，要是直接生造，也就是“直通”，那肯定是不行的。曲通就要有一个根基、有一个脉络，这样它就能自己生长出来，这就是中国自由主义知识分子努力的苦心所在。这是一个问题，也是我始终面临的不知如何解决的问题，这是中国古典的自由主义的困境。但是，中国非古典的自由主义者也有困境，这种困境就是如你用迎头赶上的方式，直接从西方批判理论家那里拿来后现代文论里的批判理论，那我已说过，你连脚踏实地的工夫都还没有。中国古典式自由主义知识分子还知道在政治、经济的层面上来考察自由主义的含义和个人自由的形态，并来营造这种形式。那么你要从文论里接过批判理论思想，后现代如德里达那种文论，语言式的解构，那你对现实问题根本没法关心。因为他们本身已经从现实层面上抽象出来了，已经在语言的层面上讨论问题了。但对他们而言并不意味着就不关心现实问题了，因为原来的问题已经解决了，有新的问题积淀下来遮蔽了原来的现实的问题。现在你直接把那个东西拿出来放在中国的论域里，那个本真的问题你没看见。人家当初那个本真的生存状态是我们现在本真的生存状态。现在你直接拿被遮蔽的状态去思考的时候，就会遇到这个问题，你就不能脚踏实地了，因为你失了本真嘛。在中国的语境里，就更不好用了。这是我对新左派知识分子，或认为西方后现代理论适应中国现状的思潮的一种批评，我认为这更不适合中国现状。中国的现实是需要回到我们那个生存的不加遮蔽的状态，来建构（可以用建构这个词）一种个人自由的政治和经济形态，以及相应的“主义”——“自由主义”。（采访者插话：这同你所说的打通的工作有什么联系？）这就是一件事的两面，同一件事，对此我现在并没有彻底思考清楚。我认为存在哲学有一个好处、有一个重要的启发。自由，如果我们承认是所有人都生而要求的最高价值，那就是不论中西，都是“个人自由”。生而自由的人被抛入这个社会——中国这个社会，那我们怎么办？这个出发点本身就切近法国存在哲学讨论的出发点，这就是我为什么对海勒的著作非常感兴趣的原因。然后我们创造我们自己的历史，个人的历史。我们创造个人史，就是试图去沟通，个人自由的诉求同我们所处的这个社会使我们被抛入了社会历史的鸿沟。我就试图去打通这个鸿沟，打通的方式当然就是海勒所说的双重的历史性：一种就是我同化进去，服从这个社会，放弃我的个性，把你的文化内生到我内心中去，变成一个中国人——一个传统的中国人。还有一种方式就是我反抗，我觉得在某种程度上我不属于这个传统，所以我就反抗。所有的人在某种程度上都不属于一个特定的传统，他都要反抗，这就是创造文化。反抗的过程就是我要创造新的符号，用新的语言写成新的文章，重新阐释这个传统。这就是为什么我写了许多文章，你看都是用中文写的，但有新的东西在其中，有我心灵的激情在里边。它是一种对中国文字重新运用组合，它运用新的语言、新的符号，注入新的精神，重新解释、唤起一种新的精神。这种精神是我希望看到的，这就是人文关怀对历史叙事（在这个社会里）的一种反抗。那么，通过这种反抗，我创造了属于我的文化——个人的文化。这样我就实现了一部分我的自由诉求。而这个过程就是法国存在主义哲学家所描述的那个过程，我们不能肯定我们为什么生，但我们毕竟已经被诅咒了自由地去决定我们如何生。我看他们的东西很受感动，一定要这样，才能沟通起来。这是一种向着生的哲学、关注着生活的哲学，而不是仅仅关注死亡的哲学。这是我文学式描述德法两派哲学家的差异。这是我个人的思路，本质上还是个人主义的，本质上是求我个人心灵的自由，然后创造出来这么一大堆东西。你们每一个人实际上都是个人的，你的道德诉求、你的其他方面都是同个人联系在一起的。这一点是很重要的。

问：主流经济学和其他社会科学能否展开对话？

答：刚才我说过，在主流经济学同人文关怀的冲突中，主流经济学是处于霸主地位了，因为经济学是一种高度理性化的学科，它最接近于数学和物理学。它进步太快了，所以很多人说经济学帝国主义，其实不是经济学的问题，而是其他学科的问题，因为其他学科进步太慢了，所以经济学倾向于霸占其他学科的土地。但这又说明一个问题，如果要说经济学和其他学科的冲突，那在这儿表现为经济学家往往忘记了对人类的关怀、人文的关怀。因为经济学是一种主流的科学叙事话语，是处于霸权地位的，所以它往往忘记了，不去注意、压抑了其他学科中的人文精神。而其他社会人文学科往往更倾向于强调人文精神，像福柯、德里达等，更强调人文的诉求，美学家们都是这样。这使得经济学和其他社会人文学科间的话语的冲突实际上变成了西方科学叙事和人文诉求之间的冲突，这是很可悲的一件事。最后它的综合形式应是经济学向人文学这边靠一步，因为正题和反题之间的综合，往往是综合了二者的。所以将来的经济学和其他社会科学，我不知道到底是什么样，但我倾向于相信按照正题、反题及合题的辩证逻辑。未来的经济学将更多地带有人情味、更多的人文关怀；未来的其他社会、人文学科，也将较多地采纳经济学理性主义的看法，比如现在理性选择对社会学的渗透。这是一个综合的过程，因此我们应展开对话，有紧张就有对话，要不然它的系统就崩溃了。

问：如果社会科学工作需要一个学术共同体的集体努力，那么它如何形成？面对不可避免的学术分工，学者们应如何把握？

答：最好是有一个学术共同体，但是它很难形成，而这正是我的目标，自 1993 年以来，我就努力试图重建中国社会科学研究的传统。因为没有这样一个传统，就不可能找到什么学术共同体，而有这样一个传统，在学术研究传统内部对话，就非常省劲，分工也非常自然；没有这样一个传统，我们就只有低水平重复制作。很多人在创建自己的小传统，而没有大传统，所以需要规范性的努力，如《中国社会科学季刊》这样的努力，但也需要反规范的努力，比如说那些思想性更强的努力。上海的一些学者，批评《中国社会科学季刊》的做法，说它用规范在扼杀思想。双方的努力都是重要的、都有道理，然后通过对话，大家都注意对方所批评的弱点，努力去纠正，最后不就综合了吗，都达到了新的高度。当我说我要重建中国社会科学研究传统的时候，我只是说，从我的角度来影响它的重建，能否重建起来，我不知道，那是偶然的东西。我写过一篇在《读书》发表的文章，谈香港为什么不能成为学术中心。那里面提出学术中心的三个条件，除了经济、社会的条件，最重要的是一个学术群体的精神气质（ethos）。群体的精神气质如果属于那类比较根本的，比如说有哲学气质，更倾向于基本问题，那么你的关怀就是更根本的关怀。在这种关怀的视角之下，在这种哲学的视角之下，你对现实问题如经济学问题、社会学问题、法律学问题的关注可能把握在要害的、核心的问题那个部分。然后就是人们的认同，那就很容易形成一个学术中心，学术中心的前提就是要从事根本问题的研究和开发。其他的次要问题另外一些人会去研究，他们很容易依附你这个中心。学术中心是种霸权地位。如果没有这种问题意识，没有对于根本问题的问题意识——那需要一种精神气质、根本关怀的养成，那你不管怎么批评，西方文化霸权也好，文化殖民地也好，你还是免不了成为文化殖民地，因为你接过来的问题都是别人已提出来的问题，原创性的问题都是别人已提出来的。原创性的问题都不在你这里，你都是些次生性的问题、技术性的问题，所以你只能是文化殖民地。现在我们中国社会科学确实很弱，我说社会科学是西学，因为我们的社会科学还处于很幼稚的阶段，很难避免成为西方某一个学术中心的殖民地。比如说西方马克思主义进来了，马上北大流行西马；福柯进来了，北大马上流行福柯；哈耶克进来了，马上流行哈耶克。这样北大就成为各种学派、思想的风行地，风行地就是殖民地。什么时候你不跟风了，进来任何一个学派、思潮，你都有很强的定力，都能容纳进你自己的体系里来，那才叫真正的北大。蔡元培的“兼容并包”理想没有实现，兼收并蓄、兼容并包，没有包进去，没有那个学术根底去包人家，你只是跟着人家，所以北大在这个意义上还不是理想的北大吧。学术中心的内部不可避免地要有学术分工，我也说过这件事。有三类学者：一类是专家型的、专业型的。任何一个人，在社会分工制度下，很容易培养成一个专家，只需收集和理解他那个专业领域的信息就行了。另一类是天才。天才可能只局限于数学、只局限于经济学或者是法学领域，他也可能通通走一遍，这完全是偶然的。天才是天生的才能，那种气质极强烈，所到之处，他只要把他感受到的东西及时写下来告诉世人就够了。天才和专家们不一样，专家是兢兢业业地把天才们开拓出来的领域用知识给充实起来。对天才而言，知识本身并不重要，悟性和洞见更重要。天才人物总是拥有那种超常的洞见，一下看到了一个新的问题、新的领域，把它们记录下来，然后就走过去了，进入另一个领域。天才在沙漠荒芜之地，留下他的足迹就完事了、就消失了。天才后面跟了很多人，不能说是庸才，他们都是专家。专家们来补这个空子、添砖加瓦，一块一块地砌起来变成一个完整的知识体系，这是知识的生产过程。第三类人物就是通才。通才也可以说是二道贩子，分工去做专家专业以外的事情，去收集专业以外的知识和信息，为什么会这样呢？哈耶克说在分工社会中知识是分立的，每一个人都只能研究一小块知识。因此需要有一个信息交流过程，形成一个社会整体性的对知识的运用，这样才能有学术分工，才能有学术进步。由于这些通才，把专家们的知识企业家式地串到一块，然后如哈耶克所说的“知识在社会中的运用”，就可以运用起来了，这是知识社会学的问题。理想的学术分工是每个人按照自身的气质、机遇、经历、才能不同，分工做这三类事情。

问：对于有志于社会科学研究的年轻学子们，您有什么最关键的建议？

答：对于有志于社会科学的学生，我最关键的建议就是像哈贝马斯那样，把哲学掌握了，把哲学学好了。哪怕不搞通呢你也要去听一听，知道哲学是什么，找到那种感觉。因为社会科学来自西方，你先去把西方的哲学搞通，然后再去做社会科学的研究，你就会有收获了。我的感觉就是这样的。

价值形而上学·儒学·新儒学[①]

——访黄克剑先生

[学者简介]

黄克剑，1946年1月出生。1969年毕业于新疆军区兵团农学院水利系，1981年毕业于武汉大学哲学系，获哲学硕士学位。曾任教并从事哲学与文化研究于华中理工大学哲学研究所、福建社会科学院哲学研究所，现为中国人民大学中文系教授。著有《两难中的抉择》《挣扎中的儒学》《人韵——一种对马克思的读解》《心蕴——一种对西方哲学的读解》《由“命”而“道”——先秦诸子十讲》《论语疏解》《名家琦辞疏解——惠施公孙龙研究》等。

问：克剑先生，我受《北京大学研究生学刊》的委托对您作学术访谈。我想从这样一个话题谈起：从您的《自选集》的目录看，您把您的有代表性的著述分作“中学”“西学”“马学”“困思”等篇，依我看，这样分篇本身就体现了一种治学风格。您是否可以先就您的这一治学格局说说您的治学动机？

答：简括地说，我选择治学这条路，首先是为着自己心灵的安顿，此外，也对民族的学术命运有一份承担。我想在一百多年来西学东渐的背景下，以自己的方式，以一个中国学人的姿态，对纠结中的民族文化出路和世界文化危机问题作些有价值、有担

① 本访谈根据录音整理，经黄克剑先生审定，略有改动。

当的思考，所以我在学术上兜的圈子比较大。

应该说，我对人文学术的独立价值十分看重。学术成其为学术，它一定有自己的价值依据，一定有内在于自己的价值重心。它当然同诸多经验的文化领域有种种关联，但它在这关联中不能只是扮演一个仆役的角色。真正说来，人文学术是民族和时代的良知所在，它的归本性的使命是对人类命运的关注和对人生境界的提升。“境界”和“命运”是我近几年来的常用词，我用这两个概念把不同向度上的现实关切收摄于一种终极眷注。

我从来没有把博学作为我的目标，奔忙于“西学”“中学”之间是想提炼一种智慧，一种与我养润中的生命状态相契合的智慧，以便借着这智慧的可能大的穿透力，去解决横在我胸中的人生和文化难题。我以为，到目前为止，我们这个时代的中国学人，在人文致思的水准上是低于时代的等高线的，而且也绝难同我们的古人相比。承认这一点心情会很沉重，但也会激起一种富有悲剧感的挣扎的渴望。

问：我想，您说的“挣扎”可能正是您自己在治学中的一种体验。一百多年来，尤其是20世纪以来，不少中国学人都曾作过学贯中西的努力，希望您能简略地介绍一下您是如何处理这一时代性的大课题的。

答：我也是从前辈学人所说的“中西之辨”处开始自己的思考的，但我没有兴趣纠缠在繁杂的比较和品评上。我看重的是文化中所涵贯的价值神经，从这里可以更真切地感受一个民族在某一时代的生命的脉息。

价值的问题，直白地说，是对于“好”——涵括正义、和谐、真、善、美、大……——如何认定的问题，它意味着人在他的生命活动中对于在他看来的“好”的动向的抉择。人大体上不做对自己毫无意义的事，他的行为总有价值决断，总有这样“好”、那样不“好”或不那么“好”的判别，他就在这样的决断和判别中谋划或安排自己。当然，除开值得（“好”）不值得（不“好”）的权衡外，人在他的活动中也还有对他的期待能否如愿以偿的考虑。但一般说来，可能与不可能的斟酌总是在对一个“好”或次“好”的目标有所选择的前提下。一个民族的历史活动不像一个人的生命活动那样意向明确，而且愈是向更早的时代做一种追溯，愈显得没有清晰的、可认为是整个民族自觉认可的那种东西。但浑全地看，在一个拉开了足够大的时空距离的位置上做观察，又可以说一个民族终于是以自己的方式把自己塑造得依稀可辨。这自我创设过程中一定有某种大致可以指认的价值上的祈向隐伏其中。譬如神话，你可以说没有任何一个民族的神话是这个民族的哪一个人或整个民族在某一时期的有意识的创作，但你不能否认这个民族的神话的某些细节的演变无不与这个或那个个人的或隐或显的意识的参与有关，更不能否认从这一民族神话的总体看去，它所以是这种形态而不是另一个民族那样的形态，不可能没有这个民族的一种独特精神贯注其中。在我看来，在一个民族的独特精神中起辐轴作用的正是一个民族的相对稳定的价值祈向。这种价值祈向集中凝聚在这个民族的宗教或哲学所承担的那种“教化”上。

我所着意的“中西之辨”，不在于更多地凸显中西之同或中西之异，而在于同异分辨所必要的那种思维张力下探悉“人类”意义上的文化。我曾这样说起民族文化的可比性问题：如果说某个民族的文化变迁同海王星的运转不同，这“不同”是简单明了却又十分乏味的，因为这个民族的文化同海王星之间的共通之处毕竟太少，或者说它们之间的可比性实在不多。然而，如果说某一民族的文化同另一民族的文化不同，人们则往往会有说不完的话题。这些由“不同”引起的探赜兴味为什么会如此浓郁？除开其他原因外，一个不可丝毫忽略却又常常被人们忽略的原因是，两种民族文化间有着更多的“共通”的地方，因而有着内涵充盈得多的可比性。从这里，我们可以得到这样一种启示——如同“共通”要从不同那里获得丰沛的内容一样，“不同”只是在“共通”的网络上才展现出斑驳的色彩：“共通”的纽结愈稀少，“不同”的蕴含便愈淡薄；反之，“不同”的分辨愈深微，“共通”的经纬必当愈细密。问题不在于应当更钟情于文化的民族个性的“多”，还是应当更经心于诸民族文化的通性的“一”，而在于如何把握这意味深浅差不多总是成正比的“多”与“一”的相贯互涵。

不过，无论如何，“中西之辨”对于我来说并不就是学思的归宿，我分辨中西是想从不同民族文化引出人类文化的概念来。我所说的“人类文化”不是抽象的不同民族文化的“共相”，它有着一种从民族文化殊异性的“多”与共通性的“一”的张力中超越出来的“应然”的意义。我不讳言我的文化理想主义情怀，不过我的理想主义是以价值形而上学而不是实体形而上学为凭借的。

问：您说的“价值形而上学”，使我想到新儒家学者常说的“道德形而上学”，我很想由此知道您同当代新儒学思潮的学术分野。不过，还是让我先岔开来问这样一个问题——就我所知，韦伯对儒教的研究作为一种典范，把儒教的理性主义界定为现世调适的理性主义，区别于那种具有宰制外界力量的新教伦理。韦伯用之来回答一个否定性问题：儒教何以不能滋养出资本主义精神。而当代新儒家则多极力强调儒学一些核心价值的普世性，特别喜以东亚经济中的儒家伦理精神来反证韦伯的命题。您对这两种谈法有何评论?

答:这个话题我想按我的方式来谈。

我把儒学看作为己之学、安身立命之学、成德成圣之教。在生命境界意义上理解儒学,最重要的就是"无待",无待即对外部条件无所依赖。孟子讲:"求则得之,舍则失之,是求有益于得也,求在我者也。求之有道,得之有命,是求无益于得也,求在外者也。"这里,"求在我者",即德性、人格、境界,只有求才可得,舍便会失去,所以"求有益于得",求和得成比例;另外一层是"求之有道,得之有命"即追求富贵长寿要求正道,求得还因许多机遇,这里求和得不成比例,这里所谓"求在外者"即"有待"。我觉得儒家在德性"无得"境界方面的启示不仅是超时代的,而且是超民族的。

问:通过参悟天理地达于这种境界的儒教式的内在超越和基督教式的以上帝为一伦理位格的外在超越之间有什么关系?

答:我还想用这些概念,我想用价值形而上学①的方式来思考这个问题。我也想借此申述一下我所谓的"价值形而上学"的命意和它同"实体形而上学"的差异。

儒学是一种"教",一种教化,它对人生意义或价值有一种出自终极眷注的指点。说它缺乏形面上的旨趣,这与儒学的理境不合。但儒家的形而上学主要是"境界"形态的,它不同于西方某些以认可实体的彼岸存在为特征的形而上学。我举个例子来说明儒家的形而上学何以是境界形态。《礼记·中庸篇》引有孔子

---

① 关于价值形而上学,黄克剑先生有专论,访谈者有幸读到未刊稿,因篇幅关系这里不能展开。《价值形而上学引论》已在《论衡》1998年第一辑上发表。读者有意可留心。

这样一句话："天下国家可均也，爵禄可辞也，白刃可蹈也，中庸不可能也。"孔子这里所说的"中庸"便是通向形而上境界的。人们通常把那种在既得境况中选择一种居间位置的态度称作"中庸"，其实这态度同"中庸"的本始意味毫不相干，用孔孟的话说，这是对"中庸"的"乡愿"化。如果"中庸"果然是指在现实境遇中的居间选择，那是任何一个平庸的人每日每时都在履践着的，孔子为什么还要说它难于足蹈白刃、难于辞去爵位俸禄、难于均平地治理天下，以至于说它"不可能"呢？儒家教化中的"中庸"是指德性，行为的一个绝对的、极致性的标准，这标准永远不可能在经验世界中达到，但经验中的人们却不能不借这理想性的范型以提升自己、策勉自己。譬如医师的对症下药，一定配方的药剂总是针对某种确定的疾患的，药或稍有过量，或稍有不足，这过量与不足或所谓"过"与"不及"作为一种并非随意的评判，其评判标准严格说来只是绝对"对症"的那一度。经验中的对症下药是不可能做到绝对"对症"或绝对地恰到好处的，但衡量经验中对症下药的状况却不能没有那个如如而在的虚灵而应然的标准。严格说来，"中庸"的那一度是超验的，但人们在由"过"或"不及"兴趣向"中"的经验的努力中可以真切地体会到它。它是不同于感性真实的又一重真实，我把它称作"虚灵的真实"。这虚灵的真实存在于价值祈向所指的"形而上"，所以如此肯定这种真实的形而上学是价值形而上学，而不是那种确认其在彼岸有实体性存在的实体形而上学。

问：您的这个例子很有趣，我能从中体会出您为什么不满意"实体"形而上学而要去探索一种"价值"的形而上学。显然，您着手创设的"价值形而上学"受中国古代智慧的启迪更大些，现在正好可以接下来谈谈您的儒学观，并且也就此谈谈您同当代新儒家学者间的学术分野。

答：在我看来，儒学可以说是一种“成德之教”或“为己之学”。所谓“成德之教”，是说它是一种成全人的道德品操的教化；所谓“为己之学”，是说它是一门为着人的本己心灵安顿的学问。它的经典命意在于人生“境界”的自律性提升，所以孔子有“为仁由己，而由人乎哉”之说。“境界”的高下对于外部遭际是无所依待的，儒学的生命智慧就在于对这“无待”的人格境界的自觉。

孔子说：“三军可夺帅也，匹夫不可夺志也。”“帅”之所以“可夺”，是因为它“有待”。任命你做“帅”的人不再任命你了，你这帅就被夺了；你率领的三军被打垮了，你这帅也就被夺了。“志”之所以“不可夺”，是因为它“无待”。一个人心存高尚的志节，他不幸沦为奴隶（像《伊索寓言》的作者伊索那样），他也会是奴隶中的高尚者，他不幸沦为囚徒（像文天祥那样），他仍可以是一个宁死不屈的高尚的人。这“志”，只要有志者自己不放弃，任何外部条件的改变都不能夺走它。儒家学说教人“立心”“立命”，就从这“无待”处说起，一个人一旦在这里立住了，不论他从事什么职业，不论他遭到什么境遇，他都会是一个堂堂正正的人。

我年轻时读到《论语》中“死生有命，富贵在天”这样的话，非常反感，以为那是一种宿命的说教。直到我有了几十年的人生坎坷之后，再读这句话就觉得分外亲切。“死生”“富贵”是“有待”的，而且在儒者看来，这虽然也是人生的一重价值，却并不就是人生最重要的价值，人生最重要的价值是以“仁”“义”为内涵的那种高尚人格，而这又正是“无待”的，是要由自己去做而不能推诿于外的。依孔子的本心而论，既然高尚人格是人的更高价值而又不可推诿于外，人便应该孜孜求取而毫不放松，至于“死生”“富贵”对于一个志节高尚的人来说则尽可以任其自然（“有命”“在天”）。我年轻时反感这句话是因为那时我还在“死生”“富贵”的执着中，现在我终于读懂了这句话是因为我松开了这一层执着，我以切己的人生苦厄开始体会到了前圣前贤不以“死生”“富贵”为念的那种生命的潇洒。

儒家并非弃绝“富贵”或不顾念“死生”，但“死生”“富贵”对于儒者来说只具有次要的价值，而且对这一层价值的求取也须“求之有道”。孟子说：“鱼，我所欲也；熊掌，亦我所欲也。二者不可得兼，舍鱼而取熊掌者也。生，亦我所欲也；义，亦我所欲也。二者不可得兼，舍生而取义者也。”对于“生”和“义”，儒者都是“所欲”的，但如果“二者不可得兼”，儒家的“成德之教”则诲示人们“舍生而取义”。两难选择中的“舍生而取义”是儒学在价值取向上的最高断判。

问：克剑先生，原谅我插句话。您的这段话说得很精到、很耐人寻味，但您以“成德”“为己”方面评说儒学，不正和当代新儒家的观念相通吗？

答：当然是相通的，尤其是同第一、第二代新儒家学者。所谓当代新儒学，是指继先秦儒学、宋明儒学之后试图在20世纪的中国再度复兴儒家之道的一种文化思潮，这个思潮的宗旨可以一言以蔽之为“返本开新”。“返本”，是指返回孔孟的“成德之教”；“开新”，则是要从儒学的道德教化那里开出所谓“科学”和“民主”。新儒家学者——我再说一遍，我指的主要是第一、第二代新儒家学者——所做的富有悲剧性的努力是令人钦佩和感动的，但他们是道德价值一元论者。所谓“道德形而上学”，是他们学说的精要所在，也是他们在“开新”向度上可能致误的原委所在。

唐君毅在他的《文化意识与道德理性》一书中曾说，一切文化活动，皆不自觉的，或超自觉的，表现一道德价值。道德自我是一，是本，是涵摄一切文化的理想的。文化活动是多，是末，是成就文明之现实的。这观点极有新儒学特色，是典型的道德价值一元论。道德价值是“无待”的，这一点我在前面已经说过，而其他诸多文化价值，诸如科学、民主等，是“有待”的，如何从“无待”的道德价值开出其他“有待”的文化价值，这显然是一道难题。牟宗三为了解决这难题，发明了“曲转”“曲通”“自我坎陷”等概念。但这与其说是一种创见，不如说是新儒家学者为了既认理路的自圆其说而作的一种逻辑姿态。新儒家以道德价值为本，以其他文化价值为末，并一再宣称从那个“本”里面可以开出科学、民主之“新”来，一个根本性的失误就在于，他们将不同向度上的人文价值，归置在一个单一的向度上了。

牟宗三在《中国哲学十九讲》中说过一段话，这段话可以看作是新儒学的泛道德论或道德价值一元论的点睛之笔。他这样说：“创造所以为创造的实义要从道德上见”“道德性的‘创造性自己’人格化就是上帝”“上帝创造这个世界是由于上帝意欲这个世界；为什么意欲？因为爱这个世界；为什么爱而意欲？因为这个世界是最好的。如此说来创造性的原理还是Good，这是道德的”。其实，道德固然可以说是Good（“好的”），但Good（“好”）并不尽于道德，它也涵括“富强”“正义”“和谐”“真”“美”……价值。况且“创造”也还须有相当的能力，否则它便不能成为现实的或对象化的创造。

我同当代新儒学的分歧，倘用一句话说，也可以说是“价值形而上学”同“道德形而上学”的分歧。“价值形而上学”可以涵纳道德价值，但“道德形而上学”却没有涵纳“价值形而上学”的局量。“价值形而上学”是从人的“自由”——自己是自己的理由——说起的，它涉及“自由”的内向度和外向度，亦即“自由”的“无待”向度和“有待”向度，涉及“自由”的内外两个向度的诸多价值，以及这些价值如何由人的生命自然之作一种取道“中庸”而至于超验的提升。但这些已经超出了我们的话题，还是在这里打住吧。

问：顺便再问一句，您刚才一再说您是就新儒学第一、第二代人品评新儒学的，但不知您对新儒学思潮的第三代人，例如杜维明、刘述先等，有什么看法？此外，如果可能的话，我也想知道一下您在与儒学关系中的角色定位。

答：我以为杜、刘等人在创思方面还没有超过第一、二代新儒家的地方，他们的人格气象也难于同他们的前辈相比。在第一、二代人那里，新儒学极富有悲剧感，而在杜、刘这里，新儒学本身已更大程度地功利化、喜剧化了。

至于我对自己在与儒学关系中的角色定位，我想这只要引述两段我曾说过的话就可以说明了。一段话是：

“儒学也许不必对当今治国平天下的政治功利或经济筹谋有过多的承诺，这多少有点与近代以后的基督教信仰相似，它理应从‘公法’的领域退转到个我的心灵。在以儒学为‘成德之教’或‘为己之学’的意义上，存在主义先驱克尔凯郭尔的一个自律性的说法或者应当对当代中国以儒为宗的学人有所启迪，这位忠实于基督教的西方人为自己提出的目标是‘成为一个基督徒’。依此，真正与儒学有缘或以儒者相期的人，最要紧的也许是‘回到我自己’，以策勉自己‘成为一个儒者’。”

另一段话是：

“儒学不必在万象森然的人文世界中事必躬亲，而只需让由它陶冶出的仁心内在而不耻于学的儒者去不懈努力。这正像基督教不必去过问高等数学而只让它的信徒牛顿、莱布尼兹去过问，不必去过问‘人权’而只让它的信徒格劳秀斯、洛克去过问一样。”

前一段话见于我发表于《哲学研究》1995 年第 8 期上的文字《回到“我”自己，回到“人”》，后一段话见于我 1996 年出席夏威夷、台北的国际学术会议论文《在“境界”与“权利”的错落处》。

自由主义与中国政治[①]

——访李强先生

［学者简介］

李强，北京大学政府管理学院教授，英国伦敦大学博士，曾在美国芝加哥大学做访问学者。主要研究方向有西方政治哲学、韦伯的社会理论及中国晚清以来的社会政治思想等。出版的著作主要有《自由主义》以及若干论文。

问：李强先生，我受《北京大学研究生学刊》的委托，对您作学术访谈。大家知道您在西方政治哲学及韦伯研究方面造诣颇深，我现在有一些问题要请教于您。不过还是先请您谈谈您的学术历程。

答：你说的这两个方面我大概做了些努力吧，还谈不上什么造诣。至于我的学术历程，大概是这样的：我出生在内蒙古的一个农村，并一直在那里念完小学、中学。“文化大革命”时我已在一小学当了三年的民办教师。“文化大革命”结束，恢复高考以后，我考取了北京大学国际政治系，但那时的国际政治系相当于现在的政治学系。本科毕业后，我就出国留学了。

我研究的几个主要方向，是由于经历所形成的。开始是在英国，就读于伦敦的伦敦政治经济大学，后来由于我的导师去大学

① 此访谈得到了彭俊军同学的帮助，在此谨表示感谢。

学院（London College University），我就跟着去了大学学院，在那里我专攻政治哲学，特别是自由主义政治哲学。英国的学术制度是很严格的，导师给我们指定了许多必读书目，然后在小型的读书会上交流和研讨。所有这些训练使我受益匪浅。在做博士论文选题时，我的指导老师建议我把自己的背景和西方理论结合起来。那时读了汉学家史华兹（Shwartz）写的关于严复的书，书中的许多观点我不能赞同。后来我就选严复作为我的博士论文的主要论题，探讨严复与中国近代自由主义之间的关系，并进一步思考中国晚清以来一系列重要问题。韦伯对传统中国有过很多极为精辟的论述，这样很自然，我慢慢关注起韦伯、特别是他有关这方面的讨论。后来我就去了美国，在芝加哥大学社会思想委员会做访问学者，这时我才系统地钻研古典社会学，特别是韦伯。这些工作也就决定了我以后的研究方向。这些研究大概可以分为三个方面：西方政治哲学，关于这方面的研究我曾写过若干文章，在我最近、最新的一本名叫《自由主义》的书里，我对这几年思考的一些最主要问题作了一些梳理，当然主要是从学术、学理角度出发的。关于韦伯的研究，与甘阳等人翻译了一些韦伯著作，我翻译的部分已收入《经济与诸社会领域及权力》《民族国家与经济政策》等书中。

问：李先生，刚刚听到您提到您对自由主义作了精湛的研究，您能否介绍一下有关西方自由主义的基本脉络和轮廓？

答：这是一个很大而且较为复杂的问题，很难三言两语就能说清楚。在《自由主义》一书中，我对自由主义的历史沿革、理论脉络及其内在的矛盾作了系统的交代。自由主义在中国学术话语中也是一个使用频率较高的词汇，但人们总是比较随意地使用它，因而这一概念在中国的学术视景中是较为混乱的。我以为，西方的自由主义包括政治自由主义、经济自由主义、社会自由主义以及哲学自由主义。自由主义是西方政治底蕴性的一种观念，在西方已经慢慢地被营造成了一种主导的意识形态，进而成了西方政治理念的核心。当然本书对自由主义还作了一些批评。

问：李先生，您刚刚提到了自由主义的四种形态，并进一步提出自由主义已构成西方的主导意识形态。那么作为意识形态，这四种类型是否形成了一种统一化的东西呢？

答：当然作为意识形态，它的确是有些统一性的意义上概念所具有的一般特征的。事实上，上述的自然主义的诸方面可能彼此冲突，特定的自由主义都可能更倾向于自由主义的某一方面，如主张经济自由主义的人可能对社会自由主义有某些消极的态度，这在现实中可能造成它们之间的冲突。

问：自由主义，一般来说，是一个外来词。它可能与保守主义构成一个维度，您觉得这一维度对中国社会的解释力如何？

答：自由主义是一套价值观念，它不是解释性的，而是规范性的，它本身构成一套政治、经济理念。自由主义作为一套价值系统是舶来品，当然这并不是说传统中国就没有自由主义的因素了。但是总的来说，在中国自由主义的因素是很弱的，没有像西方一样构成一种强大的意识形态。事实上，保守主义也是一个复杂的问题。中国及西方有的学者以为，没有存在过作为一层理念、主义或意识形态的保守主义。在中国，与保守主义相比，自由主义的轮廓可能相对清晰一些，如晚清时期的严复就是一个典型的自由主义者，梁启超也有些类似的特点。胡适的自由主义也相当明显，有些海外学者甚至说胡适是中国唯一的自由主义者。

问：你从关注西方政治哲学转移到对韦伯的研究，而后又反过头来以韦伯的视野来研究东西方的政治。您认为，韦伯研究在您的学术工作中占什么样的位置，韦伯学说在哪些方面给予了您思想的力量呢?

答：我最新研究的是应该的问题，探讨的核心问题是社会应该有个什么样的状态，以及个人、社会及国家之间的关系。在英国念书的时候，到后来就开始关注中国近代转型问题。关注中国近代转型的问题后我发现，如果角度是一规范性角度的话，就好像是没有任何分析的方法，视角也觉得不太够。当时，正好在英国读了爱德华·希尔斯（Edward Shils）的《论传统》一书，那书中有许多观点很有启发性。当年在英国也有几个研究韦伯的学者，他们也开始觉得韦伯的重要性，但是还没有更深入的了解。当时我想，如果有机会的话，哪一天见见希尔斯，他写的那个东西蛮有意思的。正好我后来去了芝加哥，一打听希尔斯还在世，他正在芝加哥开讲座。我很早就知道韦伯的重要性，也对希尔斯抱有浓厚的兴趣。我就开始上希尔斯的讨论会（Seminar），开始是旁听，后来就被接受为正式的成员。当时，所有这些课里面，我大概最喜欢的还是关于韦伯的课。韦伯的书中体现的更多是分析的方法、论证的方法，也不完全是规范的方法。至于从中学到了什么，这几天我一直在想这个问题，我的知识结构相当大的一部分是来自韦伯以及借韦伯从另外一些社会思想家那里得到的。我现在已经很难分清楚，我的哪些研究方法是受了韦伯的启发。当然，如果要让我梳理的话，那就很多了。你看了我那个《自由主义》的书，就会发现，对个人主义，对民主，特别是现代国家、文化、精神、道德、宗教在整个社会发展中作用的理解，所有这些都是从韦伯那里借鉴来的。从研究方法来讲，主要是韦伯的理想类型的方法。他是我理解这些问题入门的导师，但有的问题在于我读了韦伯以后还不够满足，又沿着韦伯继续往下读，就逐渐形成了自己的理论。好比说，我举一例子，现代国家的问题。我开始接触、思考这个问题的时候，我在做西方自由主义的研究的时候，还没有认真地思考过现代国家的问题。英美自由主义哲学之中有一个核心现象就是对国家的恐惧，他们甚至认为管得最少的国家才是最好的国家。当我开始研究中国近代转型的时候，首先跑出来一个理论即现代化理论，现代化理论中最核心的概念，那就是要建立现代化就需要一个现代国家。现代国家的观念、现代科层制的观念这一类的观点就出来了。许多人在分析中国现代化的失败和日本现代化的成功时，都强调一个现代国家的问题。这样，我当时老觉得从现代中国马上又推到传统中国。过去我们对传统中国也有很大的争议，传统中国究竟是管得太多了，还是管得太少了呢？遇到这么一些问题，我就先开始读韦伯。读了韦伯之后，我就开始有一些基本的思路、基本理解了。其中最重要的观点，当然就是现代的经济——市场经济需要一套政治的、法律的制度作为外在的保障，否则，市场经济是没有办法发展的。韦伯讲的东西很多，但是，我到最后发现，对现代国家的问题，在韦伯之后其实有了更进一步的发展。好比说，我在读社会学 Norbert Elias 的书包括他的 *Court Society*（我们叫《宫廷社会》）和《文明的进程》和一些其他著作的时候，就开始对韦伯关于国家的概念作了更进一步的思考。罗伯特·埃利亚斯关于现代国家构建进程的探讨，是在韦伯的基础上更进了一步。从埃利亚斯那里我更进一步思考什么是现代国家。埃利亚斯对现代国家有一基本的定义，他称现代国家是 monopoly legitimate use of voilence（合法的运用暴力的一种垄断）和 monopoly of taxasion（税收的垄断），这两个垄断构成了现代国家的特征，但是这样的话，现代国家是不是把所有的东西都垄断在一起就成了现代国家了呢？魏玛时期，德国许多思想家有关于 total state 即全能国家的讨论，这里思考的一个问题就是 total state 不是一种现代国家。而这样一种理论恰好也和早期社会学家 Hodely Spencer 的那种社会的 differentiation 的观点暗合在一起了。所以，这样一来的话，透过这么多理论，当反过头来看自由主义国家的时候，我就发现英美自由主义为什么没有讨论国家问题。英国社会学家如马可·曼的书给了我一个很好的答案。马可·曼在研究英国和法国的国家制度并把它们进行比较的时候，曾经得出一个非常精彩的结论。他认为，英国与法国相比，在法国绝对主义盛行的时候，表面上看起来，法国的国家很强大，但在实际上，根据他对英国税收的研究，英国中世纪晚期，产业革命之前，英国的国家能力包括税收能力和借贷能力要比法国的强大。这种现象，如果最后通过韦伯来反观自由主义的话，我发现自由主义有一个 hidden agenda，一个隐藏的、看不见的“异体”，就像他们讲的“看不见的手”一样。这就是关于现代国家的问题。英、美的学术界之所以就现代国家的问题讨论得较少，其原因很多。原因之一，如在英国，根据马可·曼的研究，很早就建立起能够为市场经济的发展提供 public good（公共产品）的这样一个 modern state。对这个现象人们以前是缺乏研究的。韦伯的东西使我们进入了视野广阔的领域。

再就是韦伯关于宗教、文化在社会发展中的作用的论述。大家都知道韦伯写过《新教伦理与资本主义精神》《儒教与道教》。现代的韦伯研究的学者一直在争论新教伦理与资本主义即韦伯命题，是不是站得住脚，如中国文化里面是否能够找出与新教伦理功能趋同的精神因素来。这是一个非常重要的问题。我研究韦伯的时候当然了解他关于这一方面的观点，另一方面从韦伯这里

（我是先读韦伯后读德克海姆的）开始转向宗教与文化这个方面的一些研究。而这些研究最后实际上又可与今天西方研究 social capital（社会资本）这个理论结合起来。这里如果把 social capital 与 modern state 并在一起，实际上是在思考现代市场经济以及现代市民社会正常运作的外部条件。这个外部条件的问题如果从制度层面来讲，我就把它概括为一个 modern state，如果从精神层面来讲，那么应该说是一定程度的 social capital。这个问题很重要。前次有一叫福山的人写了一本书叫 *Trust* 即《信任》（他还写有《历史的终结》，这书已翻译成中文了）。这本书的核心就讲 20 世纪国家竞争中信任问题的重要性。因为信任是一种 social capital，一个社会的资源的衡量标准。就像我们国家，为了保证人们在十字路口、红绿灯下遵守交通规则，每一个红绿灯下都要放上两到三个警察。如果社会要维持秩序需要这么多措施的话，就说明这个社会的 social capital 比较低，这就造成生产同样一种东西，以一种同样的效率所需要那有形的 material capital 就会比 social capital 高。我研究韦伯的时候，并不是以一种历史的方式或本质的方式来研究他的，我只把他作为我研究社会政治问题的引导、一个入门。研究他以后给了我很大的启发，有时候从他的启发里面我又感觉到不满足，我会更进一步地去探讨、去思考这一问题，即关于精神这一方面的问题。再举一个关于这个方面的例子，与精神方面的问题有关的，好比我对民主问题的讨论，我觉得韦伯就给了我一个很好的视景。韦伯首先讨论的是民主的价值和条件，其他人重视韦伯，老讲韦伯经验本身，这当然不容否认。但是，我从韦伯那里学到的却不止这些，我更愿意把他与民主的条件这个问题联系起来。关于民主的价值，我在《自由主义》这本书中探讨现代权威，现代合法性的一个必不可少的制度质量。1989 年苏联和东欧剧变的时候，我在美国读韦伯。当时我们在讨论一个很重要的问题，就是社会变迁的原因、社会革命的原因、什么样的情况下会爆发社会革命。韦伯的解释是强调精神方面的原因、强调合法性的，他当然也重视一个社会内部新的阶级、阶层关系的变化，新的社会组织的出现，也重视经济发展的机制对这种合法性的影响。韦伯最深层的对社会变革的理解和对社会制度的理解，我觉得最根本的是这个阶层如何表述其合法性的问题。所以在我的书中讲到这一问题时，我说，传统社会的人们借助于传统、借助于个人的卡里斯马；而在现代社会，随着知识的普及、知识的传播、交通的发达、通信的发展，特别是随着大众传播媒介的发展，建立一个稳定的权威的唯一的基础那就是民主机制，如果没有这种民主机制，就不会有一个稳定的政治权威。现代权威与传统权威有很大的不同，现代权威如果缺乏一个民主基础的话，根本就不会稳定。有的政治结构和政治权威从表面上看起来非常强大，有强大的军队，有基本稳定的经济，有非常健全的统治制度，当人们对政治的合法性产生动摇时，其政权就可能在很短的时间内瓦解。对这一大的现代政治权威、这一稳定的政治权威的理解，我想我从韦伯那里，我个人感觉我遵循的不是一种非常教条的方式，而是把他视为现代社会科学的入门。他就是现代社会科学的奠基人和创始人。他的东西像百科全书般的博大而精深。

韦伯学说中最为重要的是合法性的概念。而且据我的理解，不仅是权威要具有合法性，人的行为的 meaning（意义），最重要的意义乃是为了追求合法性。他们不管在干什么总是在不断追问：为什么要这么干，凭什么这么干？在《新教伦理与资本主义精神》一书中，韦伯提到“孤独的个人”。一个“孤独的个人”

要问清这个问题是不容易的，凭什么这样干？所以，韦伯就开始研究宗教社会学，宗教的意义在于使人的行为有了意义。实际上，人是通过宗教与超验价值建立某一种联系，以此为自己追求合法性的问题寻求一种回答。过去中国人讲，问苍天、问大地，为什么问呢？我自己回答不了这个问题。我这样做对吗？这就是一个 imagined Community，所有的 Community，都是人在寻求一种合法性的过程中找到一些精神上的依托或寄托。从这个意义上来讲，像安德森所讲的民族是想象的共同体，其实所有的共同体都是想象的，人们为什么要想象出共同体来呢？那个“孤独的个人”是无法寻求行为的合法性的，他需要借助外在的力量、超验的价值和其他各种各样的工具性客体、文化、道德、传统。我认为韦伯对人的理解和精神追求的理解是很独到的。美国的宗教学家读了韦伯的书以后说，很少有人作为一个社会学家对宗教有那么深刻的同情心。许多人认为韦伯对我们中国的宗教是抱有一种相当强烈的批评态度的，其实韦伯对所有的宗教都抱有一种非常深刻的同情心。假如中国没有这个宗教那就更差了，所以读韦伯的书时不能为其表面的讨论所迷惑，而且我们要有一个理情的心态。雅斯贝斯就是这样来评价韦伯的：他是德国近代最伟大的政治家、哲学家、科学家。科学家指的是韦伯为社会科学提出了一套科学研究的方法，政治家指的是韦伯对德国命运的关怀和投入。雅斯贝斯说韦伯不仅是哲学家而且是存在主义哲学家，对人生的价值和意义有非常深刻的关切和追求。

问：韦伯一方面欣赏人类文化史的理性化过程，另一方面又深叹理性业已为人们设置了一个牢笼。事实上，他在后期试图以那种卡里斯马的权威来突破法理型的权威。你能否以你说的“人们对合法性的追求，对那种超验价值的追求”来解释韦伯的这一困境?

答：这与前面讲的民主的问题并不矛盾。我在评论王铭铭的文章时对卡里斯马作了一些自己的理解。一般来说，韦伯有三种权威形态：卡里斯马、传统型的权威、法理的权威。有的人甚至把这三种权威形态按照一种进化论的方式给图解出来。有不少学者并不赞成这种解释，如希尔斯、艾森斯塔德、本尼迪斯等都不赞同，还有你讲到的格尔兹也不完全赞同。我讲这个问题就像刚刚讲民主的问题一样是受希尔斯影响的。我把卡里斯马作为所有权威的基础、权威的本质，就是人们对某一个人、某一组织、某一 inistitution（机构）卡里斯马的信赖，而全部权威最终都导源于卡里斯马。我举个例子，打篮球，迈克尔·乔丹，他球打得特别好，篮球到他手里就能进到篮子里。那这样迈克尔·乔丹就展示了一种超凡的特质即卡里斯马，他对别人该怎么打球就具有了权威性。我们最早关于伏羲、神农等部落的起源，实际上基于某一个人或者传说中某一个人。由于某种原因，或者打仗特别勇敢战胜了敌方，最后他就被推举为首领了，或者他发明创造某种为大家造福的东西，之后被推为首领。包括我们党的发展过程，毛泽东的领导地位的逐步确立。我们原来说，“左倾”机会主义路线几乎葬送了红军，当毛泽东上来以后就有什么四渡赤水出奇兵一系列的正确决策，最后当然觉得他是可以的。最早的权威形态、最早权威的形成都是因为某种原因展示了卡里斯马，但是一个人、一个群体、一个机构不能每时每刻爆发卡里斯马，这是不太可能的、那就不叫卡里斯马了。最后根据韦伯的观点，卡里斯马就例行化了。这以后，或者表现为传统的权威，世袭制是最典型的；或者表现为合理的权威。例行化就是卡里斯马的制度化。韦伯对现代法律的分析是充满矛盾的，一方面他提到现代性的特征就是理性化，理性化如果用英文来讲就是 expectable，可预期的。这里举一个麦当劳的例子。假如在去麦当劳餐厅吃饭之前，我可以预期它那里有什么，汉堡包是什么样的，薯条是什么样的，大概差不多。每次来时，它不会太好，也不会太差。它的特色就是一种可预期，以某种观点来看它是一种平庸，它是按机械化的方式来生产的，是一种忠实的运作。但有时人们可以不太喜欢这样的东西，理性化可能非常没有生气、非常平庸。有时我却不愿吃，我还是喜欢有个性特征的，吃我们中国人炒的菜，我这一勺和下一勺的盐不一样那就可能是不一样的，所以这也是后现代主义批评的核心之一，即“理性化”。实际上它本身就变成牢笼了。韦伯对官僚制、对法理型权威当然还有类似的批评，韦伯诉诸卡里斯马，我觉得是诉诸民主制度所产生的领导人。由于法理型会限制创造性，其特点是排斥创造性，它是种可预期，它产生一种平庸的、按部就班、没有新思想和新观念的人。这些人无法应付现代社会多变和紧急的情况，故他们特别希望涌现出来一些政治家，而不是官僚。为什么韦伯有一篇文章“politics as profession”，政治家就具有某种卡里斯马了，他的行为就不是可预期的。他有新的观念，有创造性，但有时也有新的危险。在韦伯那里，政治产生的方法就是民主。他对美国的制度还是比较欣赏的，一方面要有科层制、代议制等权威最核心的要素，另一方面又必然要有政治家，政治家是能够打破法理权威的那种按部就班、因循守旧，能够给这个社会以一种新的方面、新的创造性。

问：史华兹强调严复是中国近代“文化主义”向“民族主义”转变，即“保教”变为“保种”的关键人物。你对此是持保留态度的。你认为严复强调的乃是西方文化从整体上就优于中国文化，代表着一种社会发展方向，他认为东西差别就是古今差别。但是严复为什么从庞杂的西方政治思想中单单只选择了自由主义来作为救国图强的工具呢?

答:关于严复的问题我想集中地讲一下,其实也不完全是严复。我是从严复开始思考近代、现代甚至当代中国的一些问题的。中国从晚清开始,特别是从第二次鸦片战争开始,有一个潮流,到了甲午战争就非常广泛了,主张向西方学习。西方有人讲,中国近代知识分子是最开放也是最胆大的。差不多西方的所有理论我们都接受过,而且都试图作为一种解决中国问题的方案。现在的问题是中国近代向西方学习,中国接受自由主义也好、马克思主义也好(其他主义也好),原因是什么,为什么?按照我们传统的解释,包括史华兹的解释,在这一点上和我们中国相当一部分学者的解释是一致的。不过主要是解决一个"保种"的问题,也就是民族主义的问题,也就是从救亡到启蒙的问题。他们认为,中国接受自由主义的时候歪曲了自由主义,没有把自由、民主作为一种目的,乃是作为实现国家富强的手段,从这个意义上来讲,自由主义在中国是失败的。(采访者插话:好像也有人把它视为一个历史过程,如李泽厚,他认为在 1919 年左右,启蒙与救亡是平行发展的,而这以后好像救亡压倒了启蒙。)对,西方学者却不主张采取这种以党的意识形态为标志的划分法。他们基本上还没有这种区分。我与史华兹最大的区别是,我认为推动中国意识形态变动的原因,除了国家的富强和民族的振兴,还有一个深深地植根于传统中国文化之中的理念。所以我在严复的研究中指出,这是一种普遍主义的因素,是对一种理想、道德的乌托邦式的追求。在剖析严复的时候,我想指出严复从社会大历史中接触的最核心的东西是什么。我的结论是,其最核心的东西不是救国思想所包含的普遍主义、进化论的因素。

进化论的道理和传统的中国所包含的乌托邦主义（采访者插话：天下大同）结合在一起的话，就把传统中国近代文化和知识分子意识形态进化的基调决定下来了。这一基调就是一种进步、进化的观念，是追求发展的观念，使得中国能够赶上人类进化这趟大车。进化论是有阶段性的，处于高级阶段的东西，不仅是必然而且是更可爱的、更理想的。走向更高阶段不仅是我们必然如此，而且是应该如此，它是好的。这个观念是严复对中国近代思想转型的 impusle。这一进化的观念不仅可以解释严复而且可以解释稍后的社会进程。因为在严复和康、梁的时代，他们把进化论介绍进来的主要目的，就是讲西方处于进化的高级阶段。因此，向西方学习就不是一个“东西之争”，而是一个“古今之争”，向西方学习是极其自然的现象，像严复所说的从图腾社会到宗法社会的转变。严复之后，很多人就有了进化的观念，如夏尊佑写的《中国社会史》。在晚清，人们的共识是西方处于发展的最高阶段，这最高阶段在严复、康、梁那里至少到第一次世界大战后就已经破灭了。“一战”不仅动摇了严复把西方视为最高阶段的观念，在西方也是一个重要的转折点。我在《自由主义》一书中写到这个问题，一战不仅标志自由主义的衰落，甚至从某种程度上还标志西方文明的衰落。这样，严复还有梁启超就开始从传统文化中寻找一些资源。但严复他们所传播的人类社会不断进化的观点已在整个知识界牢牢地扎下了根。所以当他们回头寻求传统的时候，另外一大批人却踏着他们进化论的道理进一步去寻求中国的出路。举一个例子，马克思主义取得统治地位的重要契机是什么？乃是20年代以来关于社会史的大论战，当时论战的核心是中国社会的发展是不是按照马克思所描述的那样经过原始社会、奴隶社会、封建社会，最后大家都将进入共产主义社会。当时，进步的史学界已经接受了这一观点，可见进化论在中国文化中已根深蒂固。我批评史华兹主要集中在中国晚清社会转型的原因，也就是他对自由主义之所以失败的原因的梳理和总结。如果把这个问题同我刚才讲的那个 hidden agenda 国家问题结合在一起的话，那么就能大致看出我思考这一问题的基本结论。像史华兹对严复的态度，就像说梁启超是国家主义一样都误解了国家在其理论中的作用。这看看德国的文章就知道，因为他们也缺少国家这一环节。他们看到中国的发展需要一个有效的国家，为什么孙中山讲中国的问题是自由态度，中国那么多的思想家、理论家，都不约而同地关注到了这一点。在史华兹看来，中国人的民族主义造就了一切。而他的民族主义视角也使他无法了解自由主义的实质。我从这里来批评他，乃是因为我认为自由主义就应该包容一个现代国家的理念，但这一理念在自由主义中并没有凸显出来，而在实际中却又包含了这一东西，并且作为自己的基础。总的来说，严复为我研究中国政府提供了一个很好的视角。我对这东西的思考也把我们的三块领域贯通起来了。对中国政治的研究使我能更深刻地面对这些前辈，哪些方面揭示得较为清楚，哪些方面走进了一些误区。问题的落脚点还是中国的改革和发展，尽管这方面我还没有什么能称道的成果。

海外与中国

——访刘东先生

［学者简介］

刘东，现任清华大学国学研究院教授。1990 年在中国社会科学院获得哲学博士学位，曾任北京大学教授。著有《浮世绘》《西方的丑学：感性的多元取向》《用书铺成的路》《道术与天下》《再造传统：带着警觉加入全球》等。

问：众所周知，您是影响很大的“海外中国研究丛书”的主编。该书是在国内最早致力于关注海外中国研究成果并进行系统引进的项目之一。在此，希望您能对海外中国研究的大致进展和国内目前的引进情况向我们作一简要介绍。

答：其实，不管别人是否看重它，“海外中国研究丛书”却只是我无意间的“私生子”，虽说养活它要拼尽全力。你要知道，最早动议创办它的时候，学术界的生存环境是完全不同的。首先，从外在的条件来看，当时我们有林林总总的翻译丛书，特别是大家下力最多的《文化：中国与世界》，它们加在一起构成了广谱的覆盖面，至少在人文研究领域是如此。在那种情况下来介绍汉学，根本就没想到它会“一枝独秀”，充其量也只是必要的补充。可惜自 90 年代以来，多数译丛要么销声匿迹，要么苟延残喘，反使汉学一时成了“显学”，甚至使我这个总其事者，也需要“合法化”自己的工作了，这本身就反衬出学界的某种缺憾。其次，从内在的条件来看，当时我们也拥有更多的道友，我还是被他们架上虎背的，大家曾经希望精诚合作，共同把一件公益事业做好。可惜生存环境骤然恶变，多数同行出国的出国、下海的下海，给我使了个“上楼抽梯”之计，弄得越来越需要个人苦撑，不仅耗力之大出乎意料，还使我显得简直就以此为业，这是很狼狈、很可笑的事。

我告诉你这些背景情况，并不是为了替自己摆功，而是想推卸一点责任，仿佛作为这套书的主编，就非得亦步亦趋该领域的发展不可。其他西方小国的汉学领域，或许还比较容易历数，但是以美国的综合国力之强，它在中国研究领域的从业者之多，又把学术分野逼得这样细、这样广，不光外人经不起这样的求全责备，就连他们自己恐怕也不敢妄言。去年我在亚利桑那大学讲演，有名的《历史学家》杂志的主编就告诉我，魏斐德教授曾向他抱怨过，以前自己还能把握住本学科的进展，现在却只有“望洋兴叹”的份儿了。考虑到魏斐德那种执牛耳的地位，以及他本人敬业用功的程度，你就完全可以体谅，我会何等愧对你所提出的问题了。尽管我的确使了大劲去挑书，但我从来未敢生出野心，要像纪晓岚主持《四库总目》时那样把人家的既有成果通读一遍。那样的话，不像是我要把别人尽入彀中，倒显得别人在请我入瓮了。

干脆我再给你念一段话，加深你在这方面的印象。近来我为了其他公干，想了解一下咱们学生的修业情况，他们可以算作汉学研究的后备队吧？有封回信是这样讲的：“我只知道部分学历史的人，他们的研究领域大致是：近代华北农村、近代四川社会、民国民族私有经济、民国教育科研、中国近代史学、明清江南小城镇、民国后期中美经济关系、朝鲜战争时中美关系、越战时中美苏关系、共产党中国与非洲关系、民国时期中美科技合作、近代留学生、清代西南地区政策、延安时期共产党外交路线、近代上海民间社会、唐代城市经济文化、宋代妇女、近代妇女，等等。”你想想看，这还只是“部分学历史的人”，还不是全体选修历史的留学生，更不是历史系的全部学生，也不包括他们各自的导师，尤其不包括其他种种系科的大量师生……所以认真计较起来，不管是我这套翻译系列，还是其他零星出版的译著，都只能尽量选择阅读面广、引用率高的代表作品，来扩充汉语世界的视野，让国人略窥这个知识领域，了解到还有这样的交流对手。而真正比较正常的状态，倒需要列位撇开翻译的拐杖，从各自的学术专攻出发，去直接阅读汉学的第一手著作。事实上，大量的细部专题研究，是不可能也不需要翻译的。所以汉学这个知识领域的存在，毋宁说是提醒了这样的治学准备：即使只打算研究母国文化，也必须占有大量的外文资料，否则视界和心胸就难免褊狭，无法站到前沿寻求真正的创新。

问：随着西学引入的不断深化，海外有关中国文化研究的方法、成果对国内的研究产生了相当的影响。在中青年学者中，这种影响似乎已超出了“他山之石”的作用。这背后是否有一个话语霸权的问题呢？如果存在这样一种西方研究的强势背景，我们应当如何正确对待它呢？

答：你说的负面效应的确存在。引进汉学成果的原初目的，理应是松动大家的死板脑筋，我早在《不通家法》中就提示过这一点。但由于独立思考尚未蔚成风气，所以某些头脑又被新的教条束缚住了，以为学不像别人就算不得真学问，没来由地反而磨损了自家的优势，真是“尽信书不如无书”！不过，你这个问题似乎又给我设了个陷阱——我也是“始作俑者其无后乎”，无意间参赞了别人的文化渗透，对此就有必要略加分梳。

必须清醒地意识到，别人的话语霸权并不是什么新东西，而是久已存在的客观事实，即使忽略那些书呆子不计，情况也不会有根本的改观。摆在手边的例证是：前辈学者曾不遗余力地寻找过“资本主义萌芽”，尽管对中国文化稍有了解的人都明白，这种“萌芽”在古代社会其实永远都长不大，因为它在原有语境中的含义迥然不同；新锐学者则又受“内部方法论”的影响，强作解人地要“在中国发现历史”，特别是发现古代中国的现代化指向——这不过是所谓旧瓶装新酒罢了！能说这些笨伯只会拾人牙慧么？恐怕没那么简单。如果看得深入一些，在这种“邯郸学步”的背后，隐藏着种种难以释解的焦虑：究竟该从普遍主义还是特殊主义来理解世界文明的运势？当今天下强势文明和弱势文明的分化又是怎样形成的？……只要我们落后的国势没有根本改观，只要社会达尔文主义式的国际竞争环境没有改变，很多人就会油然生出“急起直追”的问题意识，包括在学术研究方法上的求新求变。

另外，我说别人的话语霸权乃是久已存在的事实，还包括这样一层意思：在当今世界的知识生产中，不管是“一声炮响”送来的，还是借“改革开放”引进的，真正具有创新意义的方法论革命，都无一例外地舶来于强势文明，这种积重难返的被动局面，便是想改变也绝非一朝一夕之功。我在其他地方说过：仅仅适用于一种现象的理论，就根本不能被称作“理论”；就此意义而言，任何理论创新都有天然的辐射性，也就是说，在此后的知识增长过程中，它总会被合法地试用于其他经验。由此你就足以领会到，只有重视理论创新、富于思考活力的文明，才可能对别人显出话语的霸权。那么再让我们反躬自问：长期以来国人果真表现出过理论创新的勇气和才能吗？这样一来，我们就开敞了中国知识界的一个紧迫问题：这个问题不解决，我们就只能自怨自艾，而这个问题解决了，别人的霸权也就迎刃而解了。

正因为这样，奉劝大家千万不要因为理论的误用，就马上跳到另一极，轻视甚至厌恶理论思维本身。当然既要替自己的母国负责，一看别人竟“主题先行”地误解中国，总会多少感到抵触和愤慨。比如我前年在美国访问时，就跟汉学家邓尔麟教授过了一招，话已经讲得相当不客气了：“即使某些韦伯主义者表面上声称过，要‘在中国发现历史’，但支持他们筛选和组织史料的基本框架，仍属于构成当今西方社会的主要前提和要素，所以这类在其他社会中勉强勾勒‘现代化倾向’的知识生产活动，本质上仍跳不开‘东方主义’的话语体系。更糟的是，由于这些作者把韦伯理解得跟自己一样简单，或者跟帕森斯（Paraons）一样简单，所以一当他们在其他社会里，居然也照样‘发现’了不可逆的合理化进程，就有意无意地合法化了自己所属的社会。这种在其他文明的水面上阅读自己倒影的纳西赛斯（Narcissus）情结，既使中国历史失去了本有的丰富性，也使西方自身短缺了多元文化因素的刺激。”

问：数年前，您和旅美学者甘阳、崔之元等人有过一场在学界颇有影响的争论。在那场争论中，您的立论或者说强调的重点在于能在中国历史语境中，而非简单地以西学的范式和叙述对中国问题作“隔岸观火”式的研究。当然，这种要求与您对海外中国研究的重视及大规模引进并不一定构成矛盾，在某种意义上反而可以相互取益、相资为用。但在实际的研究和思考过程中，如何才能得其“中道”，既充分地消化，吸收海外的研究成果，又能对中国社会与文化的诸问题有深刻的体知，而不流于“洋泾浜”? 请谈一谈您的想法。

答：首先得澄清一下：那篇文章的题目是“警惕人为的洋泾浜学风”，而不是“拒斥天然的洋泾浜现象”。在文明激烈冲突的紧要关口，洋泾浜语言既是不可避免的，又是富有功效的，它反映了跨文明的初步传播，也标示着进一步理解的诚意。但反过来说，如果某些文化产品的主要局限，并不是由于缺乏对于母文化的天然直觉，而竟是为了向外在的理论语境负责，再恣意曲解作者本不可能短少的基本经验，那就是我所讲的“人为的洋泾浜学风”了。令人遗憾的是，由于《二十一世纪》的发行局限，也由于它在编排上的可怕缺失，我的上述区分并未受到应有的关注，反使别人对我的主张产生了误解。所以我现在不得不打开电脑重念一段：“面对着这股偏离了‘援西入中’之正途、且又败坏了其声誉的有害逆流，我们就不得不正襟危坐地清理一番，看看哪些作品只是流露出了无意间的误解，属于不期然而然的‘洋泾浜现象’，而哪些作品却竟反映出了成心的作伪，表现出了人为的‘洋泾派学风’——或者换个更形象点儿的说法，看看哪些作者只是苦于讲不好中文才带上了外国口音，本身并无表演的成分，而哪些作者确实不过是拿着洋腔调来说自己的母语，故意去追求剧场效果?”

当然，学理的争论只要不弄成意气之争，到头来总会有助于彼此的接近，也就有助于逼近你所讲的那个“中道”。正是为了这个目标，我既希望那些朋友不要在意我那些稍嫌激烈的诛心之论，我更是从未记恨过他们更加尖刻的反唇相讥。有人曾经说过，所谓“良性互动”的提法其实是“同义语反复”，因为只要能够构成互动，那么最终结果从来都是良性的，对此我很愿意引为知言。自打我那篇文章发表之后，我连续三次造访过美国，接触了跟我发生过争论的朋友，其间既有互不相让的交锋，又有低首下心的恳谈，有的还“不打不成相识”地成了知交。当然，我本人的基本立场没有变化，但毕竟对不同的问题意识有了更同情的了解，正像我也没有奢望以一席话说服别人，但毕竟也向他们敲了一阵难忘的警钟。国内学术界有一种不太好的习惯，那就是不能正确地看待“打笔仗”，既太过计较它的短期对垒，又太过忽略它的长远融合，把任何正常的争辩都弄成了“风过耳”的传闻，而不是补偏救弊的必要猛剂。实际上，你只要愿意“细读”或“深层阅读”我那篇文章，那就不难发现，其中所表达的真正焦虑是：如何弥补那些朋友在治学可能性和现实性之间的落差，因为他们的学术准备原本相当好，不仅对中国经验的直觉远非汉学家可比，就连对西方理论的把握也已有过之而无不及，所以，他们本来是可能大大促进汉语学术世界发展的。

说到这一点，我又得澄清你的一个说法——“隔岸观火”。我不赞成用这种模糊不清的修辞，来笼统概括“援西入中”的治学过程。这里牵涉到所谓“内外方法论之争”的问题，而我本人一向认为，无论说研究只能来自某生活共同体的“内部”还是“外部”，都是明显荒谬的粗陋之见。正因为这样，最近我在《十年甘苦寸心知》中，才写下了这样一段话：“即使在‘中国学’这个有限的经验领域，也应当主动鼓励，而不是消极泯灭精神样态的无限多样性。如果有人至今仍坚持认为，汉学家只是在帮助我们提出和解决问题，那就幼稚得有几分可笑了。在文化交流和传播正步步深入、各文明间的关系正日趋密切的现代世界，从根本上说来，中国已构成了其他文明的生活背景之一，因此也已不再仅仅属于我们自己。因此之故，在海外汉学家提出问题的独特视角、解决问题的独特方法，以及潜藏其后的独特话语体系中，肯定会屡屡出现属于他们自己的、并不为我们所熟知的‘中国形象’。而对于这种总在颠覆着我们现有自我意识的学术成果，我们其实并没有特权去嫌好道歹地判定——别人的种种结论反映了其优点抑或缺点，而只有理由虚怀若谷地承认——人家表达的种种看法反映了他们自己的治学特点。只有从这种思想认识出发，我们才有可能把未来超越国界的‘中国学’，真正设想为生动活泼的、兼听则明的研讨班，并期望在互相倾听和理解、彼此进言和促动的基础上，日渐透彻地界定我们的思想对象——中国。”上述说法无疑也适用于咱们自己的留学生。

问：目前国内对海外中国研究的不断重视与吸收，反映了海外中国研究学者对本土学者的影响日增。那么在海外，中国本土学者的研究其影响又如何呢？我以为，在整个“文化中国”的范围之内，本土与海外学者应当形成良性互动的关系，而不是过于单向度的谁影响谁的格局，只有这样，对中国问题的研究这一海内外学者的共同论域，才能不断拓展和深化。比如说，就中国哲学尤其是儒学研究而言，现代新儒学的研究与努力，如今便对北美传统的儒学研究产生了一定的影响。但是，在整个中国问题的研究这一广阔领域之内，中国本土学者的研究对海外学者的影响状况如何？还希望您能给我们作些介绍。另外，在“文化中国”的范围内海内外学者之间形成一种健康、良好的互动格局，需具备哪些条件，我们也想请刘老师谈谈自己的看法。

答：我举双手赞成你的良好期望，其实我刚才也表达了类似的意思。不过我可要提醒你：所谓“理所当然”跟“势在必然”，乃是完全不同的两码事。而说到当今知识生产的天下大势，恐怕有点让你沮丧的是，一个强势文明里的汉学家对于中国生活世界的统觉把握，还不如一个弱势文明里的老百姓对于西方生活世界的总括了解！对此我亲身经历过的笑料就多了，也不值得在这里细细道来。真正需要克服的障碍在于：我们究竟要付出什么样的努力，以及采取什么样的策略，来使别人心悦诚服地认识到，在中国照样有强大严谨的治学传统，照样有不可忽视的专门研究，而不至于只到这里来搜罗资料数据？举个例子，中文学刊无论在我们看来品味高低，在美国那边全都不能获得“打分”，弄得多数留学生根本不敢用汉语写作，生怕耽误了艰难的谋生活动，这当然大大抑制了他们的学术产能，也使我这位中国学者深感不平。我曾经这样逼问过美国同行：如果换一个搞法国研究的学者，能用法语撰文在法国的学刊上发表，甚至就在布劳戴尔的《年鉴》上发表，你们英语世界也照样不予承认吗？恐怕你们连喝彩崇拜都来不及吧？那么既然汉语有更悠久的历史，有更丰富的典籍，有更广泛的读者，也同样是联合国安理会的工作语言，为什么就偏偏遭到一概漠视呢？……

这恐怕会马上警醒你的民族情结。甚至我还要借机再澄清一个误解：即使你所钟爱的新儒学研究，其遭遇也并不像你描述的那样乐观，相反由杜维明教授所代表的倾向，在北美的学术圈中倒常常显得孤立。陈来教授也私下里跟我议论过，迄今为止都没有一位儒学学者，能在西方占据铃木大拙享有的地位。可无论如何，仅仅愤愤不平是于事无补的。一方面，必须旗帜鲜明地反对被忽略、蔑视，要求在学术对话中成为对等成员；另一方面，又必须老老实实地坦白承认，由于长期干扰所造成的学术失范，并不能只靠“政治正确”来捍卫自己的尊严。国际学术界向来是个激烈的“话语竞争场”，关键还在于我们的产品有无竞争力，而如果仅仅要求大熊猫式的保护，那就不啻孔老夫子最不孝的子孙，因为文化原创力缘此就散失殆尽了。所以，你要问如何造成

“互动格局”的条件，我正好借机请你带话给北大的后起之秀：这条件首先取决于我们自己的努力，而且是几代学者持续不懈的努力！

当然，光发奋忘食悬梁刺股还不行，还要有切实的策略和有效的途径。打个比方来说，作为《中国研究书评》的大陆通讯编委，我这次就借途经夏威夷大学讲学之机，向其主编安乐哲教授建议：这本杂志的英文名称本叫 *China Review International*，却完全没有介绍中国本土的研究，恐有名不副实之嫌，所以应当扩大杂志的涵盖面，按期向英语世界推展中国同行的成就。我这个想法也跟加州大学的胡志德、王国斌等教授商量过，他们不仅乐见其成，还欣然同意帮我组织同仁，根据我每次提出的具体选题，来对口寻找适合撰文的专家，因为他们也已痛感到这样的危机——经由我们这些年的玩命译介，大陆学界对汉学动向的把握远比他们对国学的了解为多！这当然算是个好兆头，但愿学术译介从此不再是一厢情愿的“半导体”。但即使如此也还要看到，这根管道毕竟还相当狭小，而且就算能跟汉学家构成互动，也绝对不值得志得意满，因为中国研究在这边堪称学术主流，在那边毕竟只属于学术边缘。

问：我知道刘老师最近刚刚访美回来，在美期间多有游历，我们很想请您给我们介绍一下北美中国研究的最新动态。与之相应，您在继续引进海外中国研究的成果时，可有何新的举措和方向？我们也想借这个机会先“闻”为快，并介绍给北大的研究生朋友。

答：刚才已经说过，想用三言两语介绍别人的苦心孤诣，只怕多半是以偏概全放言空论，我还是专讲自己如何补编救弊为妙。“海外中国研究丛书”的选题，现在已达到整整 60 种，也就是说还有近 20 种新书，正处在翻译、校对、编辑和印刷的过程中，对此我看就不必多谈了，反正大家迟早都会在坊间找见。下一步急需改进的地方，首先在于它虽名冠“海外”，却大多属于美国的汉学作品，未能跟欧洲特别是日本汉学构成平衡，向大家提供更丰足的阅读参照系。因此，我目前正努力扩充视野与交游，希望它真正成为“多声部”的大合唱。另一个有待匡正的闪失，则在这套书仅以译介成本的专著为主，而国外学术进展特别是最新成果，却往往反映在专业杂志的重头论文中，有的教授甚至未曾出版过像样的专书，却仍在学术界极富原创性和影响力。这种偏差其实是我久有的心病，记得十年前就曾跟韦思谛教授商量过，后来又跟周锡瑞等教授多次制订过计划，但终因各种阴差阳错而未能偿愿。我最近又跟刘禾教授再次约定，希望就一些学界普遍关注的焦点问题，尽快分门别类地合编几本文集，以便更及时、更全面地反映外间的原貌，但愿这项计划此番不致再落空。当然话说回来，我浑身是铁又能打多少钉？以上种种尚未实施的设想，主要还得靠你们充当生力军。

最后我还想借机强调：在不可小觑海外汉学的同时，也不要无端地夸大它。这样讲有一退一进两层意思。从消极的一面来看，如果由于汉学所研究、论述的特定内容，使它能在大洋此岸一时成为显学，那么鉴于它在原有知识生产体系中的特定位置，却在大洋彼岸的语境中转向非主流。尽管乍一改变大家的阅读习惯，会使人误以为它的方法颇为新颖，而且我在甄选译题时的求新标准，也会无意间加重大家的此类印象，但至少根据我个人有限的游历，大多数汉学家其实是安于一隅的，充其量也只在用主流话语中的既定框架，部分成功地寻找着跟中国材料的接榫点。我们当然不应否定这类思想游戏的实验意义，但同时也要清醒地看破，只靠这种小打小闹的范式更迭，不仅无益于凸显中国经验的世界性意义，还有可能把对它的诠释永远弄成西方研究的副产品。这样一来，我们自己的学术出息大小倒在其次，关键是怎样认清父母之邦从而负起道义责任。

由此就升发出更为积极的意念：即使进入世界学术主流无法一蹴而就，我们至少也应当“取法乎上”，敏锐地追随它的每一轮辩难演进，以便对国际学术格局建立起准确如实的印象。我前年在费正清中心的讲演中，就曾痛心疾首地反省过，在引进海外“中学”成为热点的同时，译介海外“西学”的主要工作，却在90年代拉下了新的亏空，特别是未能尽快全面把握以往了解较少的西方文化理论、社会思想和政治科学。打那以后，这方面的情况似乎略有改观，但总体的被动则依然故我。这方面最鲜明的例证是，尽管暴富般地扩大了书店铺面，简直比哈佛书店的营业面积还大，但只要定睛一瞧就会发现破绽：人家的书架上每样只有一本，所以可以连续几天泡在里面挑书，而我们却靠大量重本强撑门面，简直用不了多久就逛完了。由此想起陈来教授的一句感慨，当年我们在麦金泰尔书店淘旧书时，他突然发出这样的议论：如果允许他掌管社会科学基金，他就全部把它用在赞助翻译工程上！我这位专治中国哲学的好友，竟会对西学翻译如此重视，乍听起来似乎令人惊讶，细思之下却又在情理之中——如果世界不能尽快地走向中国，那么中国也就根本无缘走向世界。基于这种认识，我近年来效力于公益事业的重心，也早从钻研和译介汉学转到了另一套“文化与社会译丛”。那一大堆更加原汁原味的西学名著，毕竟是更能接引我们向上的阶梯，使我们得以直面主流学术的领军人物。只要能积极主动地消化它们，反复思索其中的利弊得失，使之构成内心深处的持久冲动，那么五千年文明的宏富经验实体，就有可能支撑将来的理论创新，使我们的研究也逐步具有辐射性，以期既脚踏中国实地又不失世界意义。

采访者：您的话我想会对那些不甘据守一隅以自足的学者以很大启发。当然，与其临渊羡鱼，不如退而结网。希望我们的学术界能不断地"旧学商量加邃密，新知涵养转深沉"。毕竟，您所希望的在将来出现的那种理论创新，要以坚实积累为基础。好，谢谢您的赐教。

探寻文学的诗性之灯

——访吴晓东教授

［学者简介］

吴晓东，1965 年生于黑龙江省勃利县。1984 年至 1994 年于北京大学中文系读书，获博士学位。现为北京大学中文系教授，博士生导师。1996 年赴日本京都大学文学部担任共同研究者，1999 年至 2000 年赴韩国梨花女子大学讲学，2003 年至 2005 年赴日本神户大学讲学。著有：《彩色插图中国文学史》（合著）、《象征主义与中国现代文学》《中国现代文学史》（合著）、《记忆的神话》《20 世纪外国文学专题》《镜花水月的世界》《从卡夫卡到昆德拉》《漫读经典》《文学的诗性之灯》等。编有《20 世纪中国文学名作导读·诗歌卷》《中国沦陷区文学大系·诗歌卷》《20 世纪外国文学作品选》等。

问：非常感谢吴老师能够在百忙之中接受我们《北京大学研究生学志》编辑部的访谈，很想听您谈谈自己的学术经历，这应该对我们研究生同学会有非常大的启发。

答：今天主要就是一个交流吧，希望我们能够对一些问题有所互动，而我也非常乐意与你们交流关于学术的一些看法。

问：首先想问一下老师：进入大学以后，您对自己的专业有什么直观感受吗？中文系在 20 世纪 80 年代中期的状态大致是什么样的？在经过四年专业学习以后，为什么选择了现代文学作为自己的研究方向？

答：我是 1984 年进北大读本科，我们那个时代进北大读本科的学生可能跟今天稍微有些差别。那时候进北大中文系的学生差不多都是第一志愿，1984、1985 年前后是个转折，1984 年之前的人文学科是北大最热门的学科，当然高峰是 1977、1978 级。那时候积攒了 10 年的最好的学生都选了文史哲，包括朱苏力老师，法学院的院长，他当年的第一志愿选的也是中文系，但是分数不够，结果去法学院了。这种盛况一直维持到 1984、1985 年，到我们的时候这种状况还持续着。但是从我们之后，招生的热门就慢慢转向了社会科学，像法学、经济学等。但是在我们那个时候对中文感兴趣、考分比较高的学生都进了中文系。那时候有项调查，说的是 83 级吧，全班五十多个学生有十几个状元，就是省、市状元，那时候状元很集中，很多都在文史哲三系里。那时候学文学的热情非常高，喜欢文学才进了中文系。

问：黄子平老师好像就是 77 届北大中文系的学生。

答：对。他们那一届出了很多有名的作家，像陈建功、黄蓓佳，像黄子平老师之后就成为有名的文学研究者。他们那一批比我们还厉害，他们是十年中积攒下来的，精英一代多集中在那两届，北大招生比较辉煌的也是那两年。到我们这里，慢慢地考生实力稍微有所下降。当时北大最重要的氛围，其实是校园文学氛围，或者是校园文化氛围。整个思想的活跃、文化创造力旺盛的时期，在校园中最重要的体现，我个人认为是校园文学创作和校园作者。北大的校园文学创作在 80 年代中期可以跟社会上文学创作的高峰相媲美，换句话说，那段时期北大的校园文学引领了时代风尚，对社会产生了影响。像海子、西川这样的诗人都是出身于校园文学的作者。

问：那应该是最灿烂的一段时期，后来的胡旭东老师也是受了诗歌创作热潮的影响吧？

答：他是91级的，入学稍晚，但是他们那一届的学生尤其是写诗的，实力相当好，他们入学的时候其实是受到77、78级那些写诗同学的影响，北大学文学的同学有文学社，像《未名湖》《启明星》杂志，这个还是起到了校园文学或者文学创作的传承作用。

问：我记得黄老师上课的时候对我们讲，当时如果有同学文章写得好的，他就会抄出来贴在墙上，大家吃完饭就过去看。老师您读书的时候还是这样的情况吗？

答：这个倒没有了，但是当时有文学杂志了。《启明星》是中文系特别有名的刊物，坚持得非常久，而且是中文系自己的刊物。这个杂志大概在90年代初结束了，后来又复刊了几期，但复刊之后的风格跟以前有所差异，最后还是没有坚持下来。但是这几年北大中文系的学生和外系学生组织了一个"我们"社团，一直在坚持，《我们》1994年在昌平园区创刊，这个倒是坚持得很久。它的特点是跨学科、跨院系的，不只有中文系的学生，其他专业的学生也在参与，也算是文学传统的一脉相承。在80年代中期可以说，校园文学的创造性达到了高峰。80年代我入学的时代，是整个社会思想解放的潮流和学校内部的文学创造力相互结合、相互推动的这样一个时代，所以，我们常常会回顾80年代，80年代对我们这一代人的成长有着非常关键的作用。

问：当时中文系也是像现在这样，分为语言、文学、文献三个方向吗？

答：对，当年就是这个格局，1985年还招过新的专业，编辑专业，可能一两届就取消了。

问：当时对本科学生来说，现代文学专业是一个非常热门的方向吗？

答：现代文学是挺火的，因为当时有些特别有名的老师，带动了这个学科走上前沿。像严家炎，我入学时是我们专业的系主任，接下来孙玉石老师也是系主任，接替了严家炎老师的。中间隔了一届古代文学的费振刚老师，后来是温儒敏老师，接下来就是陈平原老师。基本上除了费老师，现代文学的几位著名老师当系主任的时间很久，差不多十几年一直延续下来的。另外，像钱理群老师，包括陈平原老师，都是我入学的时候，他们的影响力达到了顶峰期。在学问、学术影响力上，80 年代现代文学也还是比较旺盛的，当然当代文学也如此。那时所有的学科都是开花结果的时期，他们的学术慢慢积累，形成了规模，钱理群老师正好给我们上课，那时刚刚出版了他的鲁迅研究的新书《心灵的探寻》。我入学的时候，陈平原老师也是刚考进来读博士不久，平时有活动他也会参与。整个 80 年代中期，这些老师对我的影响都是非常大的。我最后选择现代文学，跟这有最直接的关系。

问：作为本科学生，您当时见过王瑶先生吗？

答：王瑶先生是我们现代文学的祖师爷，前面我提到的那些老师都是他的弟子。我入学时，王先生已经不上课了，但我听过他的讲座。当时 1985 年钱理群老师组织了一个“新学科新知识讲座”，当时汇集的不只是北大中文系有新的研究的老师，而且把当时北京的人文学界有影响的学者都请来讲。我听了许多新鲜的讲座，基本上以校外的老师为主，相当于前两年中文系的“孑民论坛”。当时每个学科都是相当有名的老师来做讲座，每次我们都特别兴奋。其中有一次是请王瑶先生来讲，但是王先生浓厚的山西口音大部分同学都听不懂，那次讲座，我除了瞻仰老先生的风采之外，内容很多都没听明白。当时还有林庚先生也来过，是他有生之年的最后一次讲座。

问：以前在您的书里看到您推荐杰姆逊的《后现代主义与文化理论》，这本书其实就是杰姆逊80年代在北大的演讲录，80年代中后期校外学者来学校做讲座或者短期讲课，是不是比较常见？

答：北大学生成才的条件得天独厚，其中的原因之一就是这种国际性的交流比较多。我本科二年级时，有一次杰姆逊来讲，讲西方的现代主义和后现代主义理论，还有一次是李欧梵来讲，讲现代主义和中国现代文学的关系，这两个现代主义学者从不同的角度汇集在一块，差不多一两年时间内，来北大做系列讲座，当时觉得大开眼界。这可能是80年代成才的重要因素。这种得天独厚的条件，在今天仍然是北大的优势，像中文系搞的胡适人文讲座，都是中文系的顶尖讲座。

问：您进入研究生阶段以后，为什么选择了读博、做学术这条路？您是如何走上学术道路的？

答：我研究生阶段选择继续读博、走学术这条路，可能还跟志趣有关系，或者是觉得我干别的一些不合适。实际上，我们那个时代的本科生和硕士生选择的余地还是非常大的。我们整个文学专业的本科生，一个班里五十多个同学，最后读博的就我一个人。但是像王风老师这样的老师，还有陈泳超老师，他们是后来又重新接着读了博回来的，中文系的王风老师、陈永昌老师我们当年都是同班的，但是他们两个，一个本科毕业就直接回福建去电视台工作，五年后才回来读硕士的，但是陈泳超老师他硕士回南京，在那边读博士，过几年读博士后才回来的。但是就我一个人直接读了博士，在今天不可想象。可能最重要的原因还是我从读本科时期我就对文学研究和文学评论有兴趣，因为我看当时我的同班同学、上下届，上届的和下届的号称是诗人辈出的两届——83级、85级，我们是84级，偶数级诗人出的少，奇数级诗人出的多，好像是历来的传统，83级诗人多，85级也多，到了87级也同样多，我们84级虽然诗人很少，但是搞文学创作的同学也不少，我跟他们一比发现我没有这个天赋。自己偷偷地试过也想写写诗，但是发现根本拿不出手，在这方面没有天赋。但相反我对研究有兴趣，他们写出的诗我给他们评论，所以从一开始就觉得自己奠定了好像是这种学术道路的基础。慢慢地对研究有了兴趣，然后本科阶段也写了些文学述评或者是研究性的文章，加上有的也发表过。《读书》杂志上当时发表的是我在二年级时的课程论文，写北岛的一篇论文。当三年级的时候随便借了一本《读书》，发现自己的论文竟然被采用了，对我也是很大的鼓励。然后这条路可能差不多从本科阶段就奠定了。研究生阶段，对北大当时的学生来说，因为博士特别少，其实研究生阶段差不多就是完全的研究型的精英教育，那个时候的老师们对研究生下的功夫跟现在培养博士的精力差不多。当时像钱理群老师、吴福辉老师、赵园老师，他们都跟王瑶老师读过硕士，但是他们的质量比今天的博士还要突出。所以那个时代因为博士很少，所以硕士生如果选择这个行业往下走差不多也就等于进入所学的研究的门槛了。当然我们那代人开始读博的已经很多了，想真正留高校的还是读了博士才能留下来。

问：您刚才向我们描述了北大80年代的学术状态，您觉得进入90年代以后北大的学术状态有什么改变吗？

答：我觉得，北大作为全国高校中还算是首屈一指的高校，就学生的质量和问学的精神、求知的激情和热情还是一以贯之的。但是可能重要的是我们 80 年代那个时候，因为时代的原因造成了可能我们那批同学和老师那一代对一切有新鲜感，好像一切都是扑面而来的，都是新鲜的，包括西潮、西风，包括西学，甚至包括重新延承下来的传统的国学的研究，好像一切都有新鲜感。尤其是西学，因为西学在中国搁置了若干年都触摸不到西方文学、文化、哲学、各种各样思潮的影响。而到 80 年代，好像大门一开，一股西风强劲地吹来，这种新鲜感对我们来说非常非常重要，好像对这一切都有兴趣、都有热情。我个人感觉可能 90 年代以后，整个文化进入所谓的沉潜期，这是用正面的评价，负面的评价是一个消沉期，好像一切的激情，不光是政治的激情，可能也包括问学的激情，还是有些受挫，每个人都感觉到有点意气消沉。这是 90 年代初的学生的状态，当时我正好读研。至少是我们前后几届学生，在 90 年代初面对的都是这样的一种所谓的文化现状，或者是带来的个体的心理现状，所以激情有些消退。然后就进入了其实是高等教育的常态，也就是学院化、学院体制，像今天，学生就应该安心在学校里面认真读书、认真学习。像 80 年代那样，学生成为一种社会政治力量不断地溢出校园、走向街头、参与社会、参与政治改革、参与历史进程的这样的非常规时代已经逝去了。所以 90 年代以后进入的按理说才是高等教育的常规时代。但是常规带来的可能也是某种惰性的生成，比如说教师有教师的惰性，教师的职业倦怠感，当它真正变成一个职业，日复一日地面对同样的教学内容，每个学期和每个学期都差不多的时候，虽然学生在更换，但教师的激情可能就在衰减，或者是职业惰性就慢慢地潜滋暗长吧！这是 90 年代我觉得是学者们和教师们可能逐渐面临的一种生存状态。可能在 21

世纪体制化越来越强化的时代，这种职业惰性可能就变得更为强劲。那么学生一代，我个人觉得生活目的变得特别具体：比如有一些同学一入学就想到将来的出路和工作，选择的目标很具体：将来工作还是出国。但是在我们那个时代，好像这些都不在话下，可能也因为我们不存在你们，或者是今天的学生这么艰难的择业前景。可能我们那个时候一上学首先考虑的不是这些东西，可能是个性的发展、我自己的生命理想是不是有可能充分实现；找工作大家都不发愁，虽然就个体而言有的找工作也不那么顺，但就整体来说，北大的毕业生差不多都能占据各行各业最好的位置。但是今天可能整个的时代特征有巨大的变化，所以学生的选择也和我们那个时代有所不同。所以我个人觉得学生思考的热情、追求真理的热情有所减弱，不知道我感觉对不对。因为我觉得大学的核心宗旨是追求真理，而不光是追求知识、延承知识，可能还是追求真理这样一种宏观的宗旨，不管是西方大学还是中国大学都应该如此；而特别功利的选择按理说不应该是大学要直面的，但是在今天恐怕很难做到这一点。所以我觉得中国大学，至少是 21 世纪以后这种无功利性地追求真理的热情和激情似乎是有所减，而且好像学生中也有那种倦学的倾向。

我上课的每届学生，本科生或者是硕士生、博士生，都有一心向学、特别出色的，或者是对学术研究特别有天赋的，每届都不少。换句话说，像北大这样的高校如果还没有这样的一些学生的话，那整个中国的高等教育，尤其是学术前景就更加没有前景可言。像中文系还不错，每届都有对学术有热情、一心向学、有探索精神的，还真是不少。我个人觉得这就可能涉及下面的一些具体的话题，就是如何把自己的兴趣、动力化成具体的问题意识，然后再具体地研究，尤其是像我们现代文学史历史研究中真正找到探索历史、探索真理、探索现实的兴趣，把热情和兴趣转化成具体的研究动力是最重要的。因为光有兴趣和热情，转化不到你具体的研究实践中，在具体研究问题的实践中如果找不到价值的实现，或者找不到激情或者前进的动力的话，最后也都会落空。这就会涉及具体治学的问题了。

问：老师您可以谈一下自己印象深刻的老师们吗？或者说对您有重大影响的老师们？

答：我个人觉得，在我成长过程中，有几位老师起到了关键作用，如果没有遇上这几位老师的话，我可能走的是别一种道路，或者是别一种选择。最重要的是本科二年级的第一学期上的两门课：一门课是钱理群老师开的鲁迅研究课，他是给高年级本科生和研究生一起开的，但是我们二年级学生也去抢座位。因为钱老师当时在学术上影响力是非常大的，所有的学生都去挤他的课，所以那个座位很难占，但是我们都是本科生，二年级的学生都是最早去占位置的，它是一个选修课。然后同时我们当代文学的基础课和必修课是洪子诚老师上的。所以对我来说，我个人觉得，脱胎换骨的一年，或者说突飞猛进的一年，是二年级的第一学期。因为我整个一年级懵懵懂懂，一年级的状态比较差，好像也没有对文学入门。什么是文学研究、什么是学术？也好像连启蒙的层次都没达到，就是没有实现文学启蒙。但是到了二年级，听了钱理群老师的课后发现自己有种突飞猛进的感觉，就是能感觉到自己的成长，在这两门课中感觉到了什么是成长。所以这两位老师当时给我的影响是最大的，或者是奠定了我走向研究的这条道路的选择的一个最重要的契机。而且，我个人觉得这两位老师是我在整个求学过程中遇到的两个最有人格魅力的老师，当然两个人的性格和学术风格是完全不一样的。他俩互补，在学界是互补的，而且对学生的影响也是互补的。比如钱老师有一种思想的影响力，有激情，特别有锋芒，所以钱老师的魅力也许是思想的魅力或者激情的魅力。但是洪老师的魅力可能对我来说是一种性格的魅力、个性的魅力或者一种文化性的魅力，他的性格特别内敛、特别温和、不愠不火，但实际上特别有智慧，洪子诚老师是相当地有智慧。他讲课课堂上没有笑声，但每句话差不多都是启人心智的，这是相当困难的。有的老师特别追求课堂形式，把课堂搞得热热闹闹的，但是一堂课下来之后你发现，对你有启迪的、有智慧的话没有几句，但是洪老师不是这样的，他的课从头至尾都是特别有智慧、启人心智的，而且他讲当代文学，尤其讲的当时特别流行的当代著名作家像汪曾祺。当时汪曾祺正是如日中天的时候，还有像张承志，张承志在1985年前后也达到他影响力的顶峰，讲这样一些作家渗透着文学感悟，对我们的文学启蒙都相当关键，至少对我是特别关键的。所以我最后考研的时候曾经想考当代文学，因为当代文学我当时也特别喜欢像张承志、汪曾祺这些新锐小说作家，当时特别有影响力，主要是想读洪老师的研究生，但是跟洪老师打招呼，他说我今年正好是不招，上一届招了两个，臧棣老师，他当时带了臧棣，还有另外一个女同学，所以他说他名额用尽了，到了我这届不招了，我当时也有些失落的。不过这个时候钱理群老师有一次跟我谈起现代文学学科的本身特点，或者它的特征，或者它自身的魅力就在于它能承上和启下。所谓的承上呢，从“五四”开始它承袭的是中国古典文学、中国古代史；那么启下呢，它开启的又是中国的当代史和当代文学，这种过渡阶段的文化特征决定了这门学科本身的固有的一些魅力。另外就是因为现代作家也是大家辈出的这样一个时代，它的潜力和可能性，或者作为学科的这种潜力比较有吸引力和内在的魅力。后来我就选择了现代文学。

问：钱老师的课哪一点特别触动您?

答：钱老师研究鲁迅的第一本书就叫《心灵的探寻》。他当时鲁迅研究课讲的其实就是他这本书，当时书还没有出版，但是把他这个书作为讲稿在课上给我们讲。可能当时对我影响最大的就是，他提供了一个跟我们接触到的文学史教科书上叙述的鲁迅和正统的历史叙述中塑造的所谓思想家啊、革命家啊这样的鲁迅即使不是大相径庭但也是全新的另一个让我感到又新鲜但是可能本质上又很熟悉的这样一个新的鲁迅。尤其是讲到他内心的复杂性，讲他所谓的丰富的内心痛苦，讲他的生命哲学，他的思想的高度、深度，甚至是负面的、沉重的，这样的一些面目，触及的是鲁迅的一些以前我们没有看到的侧面，但是可能反而是一个更真实的鲁迅。尤其是从生命哲学的角度来谈鲁迅，触及的是鲁迅个人的思想和所谓个人的哲学，而这些哲学当时正好跟对我们影响特别大的西方存在主义哲学相吻合。所以鲁迅的视野和西方哲学的视野打成一片，对我们当时特别有震撼力。

问：我大一的时候，虽然没有上那门课，但是我看了那本书，就觉得跟鲁迅离得特别近，能感受到他内心的痛苦、彷徨等等，跟之前的讲述差得特别多。

问：对，我看了钱老师写《与鲁迅相遇》那本书，我觉得真的写得很棒。所以我觉得我们学校的同学真的很幸福，我大一的时候上了“现代文学史”这门课，大三的时候选了黄子平老师的“当代文学史”，我觉得黄老师讲的也真是非常精彩。

答：对，应该说是很幸运的，因为黄老师只开了一届的“当代文学史”。我听说你们把他叫“子平爷爷”，我一听吓我一跳，他已经成为爷爷辈的了，哈哈。

问：那吴老师您能再给我们讲讲您的两位导师吗？他们对您的影响是什么？

答：我硕士的导师就是钱理群老师，刚才我已经提到了。二年级上他的“鲁迅研究”，但是后来钱老师对我还是比较喜欢的，因为他后来也跟我谈希望我也能学现代文学，所以我就转到现代文学了。但是当时真正重要的是钱老师会在他当时北大的 24 楼的一个宿舍里面经常接待学生。只要是对钱老师有兴趣的学生，什么时候敲门，只要他的灯亮着，他都欢迎，有的时候半夜十一二点钟，他的灯亮着，学生去敲门，他也都接待。包括我本人当年也曾经做过，一口气聊到半夜两三点钟才回到自己的宿舍睡觉。有时就会碰到高年级的学生，碰到年轻老师，如果一屋子人的话就会一聊聊到半夜，这种场面当时经常见。我经常去旁听，听老师们聊天、博士生们聊天，有时候还会碰到黄子平老师和陈平原老师。因为他们当时搞“三人谈”，关于 20 世纪中国文学“三人谈”当时在《读书》上连载特别火。有时候碰到这些老师们在一起谈，那就觉得启发更大。所以在本科的三年级、四年级这两年就经常跑到他们小屋里听他们聊天，所以这种潜移默化的影响也非常大。在某种意义上说，可以说提前进入某种研究状态，至少是在他那里听大家随便聊天，也有所谓的学术启蒙的意味，所以这种状态可能在今天的本科生中就比较难得了。但当时因为钱老师硕士还不多，他当年好像从 1987 年才带了第一届硕士生，就是孔庆东老师那一级。然后我们去他小屋的时候可能还是 1986 年、1987 年，那个时候他还没有招学生，但是又吸纳了很多年轻学者。所以对我们这些学生也特别欢迎，因为他没有自己的学生，所以所有的学生他都看成自己的学生。

钱老师属于那种非常喜欢和学生聊天的。我记得读了研究生之后，钱老师有一个特别的要求，就是要求我每星期来跟他聊两次。聊什么呢？我当然聊不出什么名堂，但是在聊天中可以刺激钱老师自己的思维。他的好多话题、课题，或者是研究想法，全都是跟同学、同事聊出来的。聊完之后他就特别兴奋，然后就马上转化为他自己的学术研究的课题和成果。所以有时候没有人找他聊天，他会觉得自己的思维打不开、缺乏刺激。所以我读研究生之后，他还特别要求，成为一种规定性的聊天，当然对我来说是受益最大的，对学生来说永远是最大的。钱老师真是一个喜欢跟学生交流和聊天的人，这点对我也是有影响的，虽然我比钱老师做的是远远不够的。

问：老师，这里有一个问题，就是现在学术都是后出转精，现在的人做得越来越精细化，现在的聊天可能没有办法像钱老师那样很迅速地转化成自己的研究成果。

答：对，你说得很对。钱老师跟我们聊天的那个时代，其实是整个现代文学的研究领域拨乱反正、重写文学史的时代，把以前的一些既有的定论啊、既有的结论，包括对主要的作家，或者文学思潮、作品流派的判断要重新颠覆，所以那个时候随便一聊就是一个课题，就是一个宏大领域。当然这些领域要进入真正的研究就是要像你说的踏踏实实地从资料做起、文本细读做起，才能真正转化成学问。但是首先形成的是问题意识和对学科某些问题的宏观把握。当然，不是所有的课题都可以真正做下去的，或者转化成你说的这种实际的学术成果的，转化成精细的学术论文。但是问题意识或者是总体的把握、宏阔的视野，或是像钱老师宏阔的治学格局可能从这些聊天中还是会慢慢形成的。那么这些东西在每个人今后的研究道路中，可能都会起到潜移默化的影响作用。这是问题意识和开阔的视野这些东西如何跟具体的研究相结合，可能学术的脉络、学术的前景就会慢慢这样铺展开来。

问：我们还想听您讲讲您的博士生导师孙玉石老师。

答：孙老师我是在三年级的时候选了他的一门课，就是“现代诗的解读”课。那个课的好处是差不多是我第一次接触到的有讨论的课，当然以孙老师主讲，但是他会让每个学生选一首诗，自己写解读文章，在期末提交解读文章之前，他会提供那么几次课，让大家上去讲讲自己的这篇文章，讲讲你是怎样解读一首很晦涩、很难懂的诗的。在解读的过程中，在讨论的过程中，才发现自己真正地进入了所谓的什么叫文本细读，或者说作品解读这样的所谓的堂奥。才所谓一窥堂奥，就是在孙老师的课上，才感觉到诗歌解读入门了，或者说文本细读的能力得到了训练。这个训练在中文系的学生的基本能力训练上，我在课上也讲过，是最低的标准，文本细读能力，文本分析能力，但我也说过，它也是最高标准。一个研究文学的学生，能不能进行一个非常精细的文本解读，给你一篇作品，就能写出很有见解、很有新意的分析，当然对人文学者和文学研究者也是最高标准。那么这种训练在孙老师的课上是最一开始接受的，就是训练了文本解读的能力。然后，读博的时候也就顺理成章地跟了孙老师，也从此开始做诗歌，博士论文做了象征主义，就是自己的研究领域也开始向诗歌倾斜。这都是孙老师影响的结果。

孙老师跟我刚才提到的洪老师、钱老师相比，有其独特的魅力。钱老师的魅力我概括成思想的魅力，洪老师也许能概括成性格的魅力、个性的魅力？因为他的个性对我的影响也非常大。而且就个性而言，我个人其实不像钱老师，比较像洪老师的，喜欢闷。但是孙老师我个人觉得他是一种应该说是道德的魅力，在人格上特别有魅力，道德感非常强，谦谦君子。这些影响其实也是潜移默化的。孙老师作为我的博士生导师，对我来说也是最重要的导师。

问：吴老师，您刚才说的钱老师与同学的交流可以说是一种教学相长的过程，那您觉得您从 90 年代留校任教，到现在将近二十年的教学生涯中，您的教学对您的学术研究有什么意义呢？

答：关于对北大学生的印象，刚才我多少也谈了一点。现在我想聊你的第二个问题，所谓教学相长。我觉得高校教师跟一般的比如研究所里的研究者或者学者相比可能最重要的就是，因为有学生，要上课，那样的话逼着你必须要进行自己的科研。因为北大这个地方跟其他的高校不一样，北大在教学上最重要的地方是你必须要讲自己的东西，你必须随时有自己的研究，基础课也倒罢了，但是你可能有感觉，北大老师即使是上基础课一般讲的也都是自己的东西。

问：对，所以基础课选不同的老师也会感受到非常不同的风格。

答：对，风格、讲课方法，包括内容偏向都会有差异。但对于基础课来说，我觉得应该有公约束，每个老师该讲的内容大体还是应该讲到的，但是同样的内容每个人的看法、判断也会有差异，更何况是选修课呢。而北大的真正丰富多彩的是选修课，每个老师都会讲自己的研究，我觉得这可能在各个院系都是如此。没有自己的研究就没法登上选修课的讲台，因为在选修课上你不可能讲别人的东西，只能讲自己的东西，所以逼着你一定要有自己的研究。所以北大老师们的很多研究都是从课堂出来的。像钱理群老师当年的很多课都是课堂讲一遍，有了讲稿最后慢慢整理成书的，很少有倒过来的，先写了书再去讲课的，基本都是先讲课，最后把讲课的成果慢慢整理成为著作。所以讲课、跟学生的交流、带学生，对北大的学者或者高校学者，都是非常重要的，他们的成果也都往往是从这里出来的。甚至像汪晖老师，据我所知，他当初在社科院文学所当主编，那个时候你可以看出他的写作风格跟今天到了清华已经不同了：那个时候他的写作风格是特别雄辩，写特别长的句子，而且一句话长得像一列看不到头的火车，你得憋住一口气才能把它读完；但是你现在看汪晖老师到了清华之后写的文章，尤其是他课堂上讲课的讲稿、讲义的整理，你就会发现浅白流畅多了。为什么？因为它们是讲课的成果，你讲课不可能讲得特别晦涩，包括语言风格也都会受到影响。所以，这就是高校教师的研究肯定跟他的教学、跟带学生是关系最密切的。而且北大的学生最好的地方就在于他们能够刺激老师的思路，包括课堂、读书会，每个学生都会讲出一番特别有自己的见地的、很深刻的、有想法的东西，这些东西也在刺激老师，催促老师自己也要不断地生长，不然的话就跟不上自己的学生了。

问：吴老师能不能简要为我们讲一下您的学术历程和关注点？

答：我最早的学术研究，如果从博士论文算的话，应该算是“影响研究”。因为当时正好是学界做西方思潮，文学思潮、文化思潮对中国现代文学影响研究模式是属于正好是差不多达到了顶点的阶段。就是所有的西方的思潮影响现代文学的都有人来做，什么“现实主义和中国现代文学”“浪漫主义和中国现代文学”，包括“存在主义和中国现代文学”这样的题目都有人做。那么在这个影响模式之下，我自己选择了象征主义和中国现代文学，其实也是把中国现代文学和西方文化思潮的影响或者说诗学的影响相结合起来，做比较研究的一个思路。这个思路有助于拓展，或者是有助于厘清现代文学和西方的关系。但是在做象征主义题目的时候，我发现现代文学光有西方的影响是不够的，在象征主义问题上找到了和传统的渊源性。这样，这个题目就有助于一方面把象征主义和西方思潮的影响纳入自己的研究视野之中；另外一方面也上承传统，中国自身也有古代的象征传统，像周树人说，“象征就是赋比兴的兴”，这样的话也可以看出现代作家，真正的艺术成就最高的作家正是把西方和传统文学结合在自己创作中的作家。所以一开始，可能是在试图研究西方思想的影响，但是慢慢会发现传统的因素在起作用，慢慢地生长，也成为一个重要的视野。这样可能会建立一个横纵两个坐标，对现代文学的判断可能会相对更为完整。

后来我的研究视野就转到了所谓的诗学研究的视野，是因为1997年的时候跟钱理群老师做一个系列丛书的工作，就是诗化小说研究丛书。钱老师主持了一个诗化小说的研究课题，找了若干青年文学研究者。每人研究一部所谓的诗化小说，像萧红的《呼兰河传》、废名的《桥》、冯至的《伍子胥》。非常有价值的、有诗意的、成就比较高的一些作品，每个人做精读和细读，然后做出一篇诗学研究论文。从那开始，我的研究就开始慢慢向诗学研究转换，就是从诗化小说过渡到近代诗学研究，思路到现在仍然一以贯之。但是我整个的诗学研究视野已经从形式诗学——就是专门研究文本内部的形式要素，如语言、结构、情节，扩展到所谓的文化诗学，去研究文本和历史、外部社会的关系，借此希望把内外打通，这个思路到今天基本上是一以贯之的。而且我发现诗学研究具有内在的潜力，或者说内在的可能性，而这种可能性到现在也没有穷尽，也仍然是我现在特别有兴趣的一个领域。

还有一个研究就是诗歌研究。因为跟孙老师读博士之后，我在对诗歌的研究上也下了点功夫，也比较有兴趣。大体上就是这些。当然中间也客串了一下 20 世纪外国现代小说研究。

问：正好想问问老师，您在写完那本《从卡夫卡到昆德拉》之后，还关注哪些外国作家、作品？

答：我觉得，对外国文学的关注永远是必要的，因为只有参照外国优秀作家的作品，你才能意识到中国作家自己的优势或者不足。无论是现代作家、当代作家，还是今天新一代的作家，没有外国文学的参照系，你就搞不清楚中国文学自己的问题和价值在哪里，所以我始终关注西方文学发展的脉络。当然现在不做西方文学的专门研究了，但是我现在看西方文学作品的数量总体上肯定还是要超过中国文学的。比如，最近关注的是西方的学院写作、西方学院知识分子的小说创作。你们可能熟悉的是戴维·洛奇，他写《小世界》的，有人说它是西方的《围城》，他出了一系列的学院小说，或者说教授小说。又比如布雷·德博里的《历史》，这都是西方学院小说重要的代表。因为我自己也是一个学院中人，所以也关心一下西方人是怎么写学院、教授，作为一个参照，或者一面镜子，看看其中是否有自己的镜像，或者中国学院知识分子能不能在其中映出自己的镜像，当然是反思性的镜像。

另外，像近几年比较流行的小说，比如智利的罗贝托·波拉尼奥写的一部比较厚的长篇小说《2666》，比如像最近几年的诺贝尔文学奖的获奖作家，我还是很喜欢的，如帕慕克的小说写得很漂亮的。又比如说，南非的库切，都是相当了不起的作家。日本作家像村上春树，我自己也一直很喜欢。虽然在有些人看来他比较通俗和畅销，也有人认为正是因为他的通俗和畅销妨碍了他得诺贝尔文学奖，虽然这两年他也是一位非常热门的候选人。但是我关注的是像村上这样的作家他如何把严肃因素和通俗因素、纯文学和通俗文学相结合起来的这样的一种创作理念或者创作实践，这点其实是相当不容易的。也许有些严肃文学作者把他看成是通俗文学的，有些通俗文学作者又把他看成是严肃文学的，但这恰恰可能是他的独特之处。我个人把他看成一位严肃作家，这样一位严肃作家，他又有这样大的影响力，原因何在？我个人对这些问题比较关注。

问：嗯，还想再问一个现代文学方面的问题，刚才老师也提到，20 世纪 80 年代有重写文学史的思潮，现代文学应该说是当时的一个显学。但是现在从事现代文学研究的主要是从细部着手，或者是寻找新的方法、新的理论进入具体文本和作家，那么您对这个学科的现状是怎么看的？身处于现代文学研究领域二十多年，您对这个学科的研究变化是怎么看的？心态上有什么不同吗？

答：刚才我也提到了，80 年代重估现代文学的那个阶段慢慢地过去了，所以现代文学史，正像你刚才提到的，进入了一个精细化的阶段，所有的问题都要扎扎实实非常细致地去做，而且要充分地和历史资料相结合，把学术真正变成积累和传统。80 年代那些非常有名的研究者做的是拨乱反正的工作，但是按钱理群老师自己的叙述，他们的著作现在回头来读也有空泛的地方，提出过一些宏观的见解和思考，但是精细程度不足，往往是议论性、思想性的东西大于扎实性和史料性。所以钱老师也认为这些年的博士论文选题往往是既前沿又扎实，就是说把一个新的题目和整个历史史料的钩沉相结合，慢慢地沉淀出一些能留给后来学者作参照的真正的学术积累，这是他的一些判断。

我个人认为，90 年代以来，其实学术研究面临一个转型的过程。一是综合性，就是把文学研究和社会学研究、历史研究真正结合在一起，这样就有可能走出一个所谓的文学或者纯文学的内部，真正打通内外。二是历史性，所谓的历史性就是真正进入历史语境，进入整个现代史，把现代文学看成现代性、现代历史的一部分，从中为现代文学寻求定位。无论是历史化，还是综合性，都是21世纪直到今天学术转型还没有结束的这样一个过程。这样的学术一方面往深处走，一方面进一步扩展它的思路或研究视野。所以对这个学科来说，很多问题还没有穷尽，生长点还有无数。因为你换了一种角度、换了一种方法、换了一种关照文学和历史的方式，那么很多以前好像已经被研究过的领域都可以从头再研究，或者从头找到新的生长点，挖掘出新的含义，包括文学的含义、现代性的含义、历史的含义。另外这种综合性还包括所谓的现代文学向传媒领域拓展，研究它的生长过程、消费过程、怎样被阅读、怎样在期刊报纸上呈现面目，把媒介研究也纳入文学性的研究之中，这些都是有生长点的研究领域。所以我觉得现代文学在某种意义上其实获得了一个新的起点，或者说才刚刚开始，现代文学面临一个学术真正经典化的过程，前景还是很可观的。

问：现代文学研究可以拓展的空间，除了老师讲的这些以外，还有其他研究的视点和空间吗?

答：除了这些以外，我觉得还有文本的细读和文学的审美研究也仍然值得扩展。因为这些年，虽然文学好像寻找到历史化的研究途径，但是有些过于偏重文学的外部研究：文学和历史、文学和出版、文学和传媒、文学和接受，或者文学和学术的关系。但是这些年来实际上对文本的细读和文学的审美研究反而有些削弱，我认为文学审美解读的透彻性这一点在今天越来越欠缺。所以这也是比较有生长点的一个空间，我个人对这方面是比较有兴趣的。

问：老师您也一直在关注诗学问题，您为什么会选择诗学这个研究领域和研究视角？您认为用诗学的角度能接近文学的本质吗？相对于其他理论视角，诗学视角的得与失是什么？

答：这个问题也很好。我刚才提到文学的文本解读、审美研究，在某种意义上也需要一个诗学视角的进入。诗学研究，尤其是微观诗学或形式诗学，解读的恰恰是文本的内部构成、文本的感染力，即一部分作品为什么能够成为经典，另一部分作品却只能成为三流四流小说，这些问题的解答从某种意义上说都需要借助诗学。但是对于诗学的理解又不是那么狭隘的。刚才我也提到，诗学研究是可以把形式研究和外部的历史研究相结合的，那么这就是文化诗学。文化诗学领域处理的就是文本内部的感染力、文本内部的审美、形式要素。看上去好像是一个作家靠一部作品，依靠内部封闭性的思考和形式性的写作来完成的，但是形式中永远是积淀着历史、积淀着文化，或者说积淀着社会因素、历史因素。而这些社会、历史因素在文本中是可以透视到的，是能够捕捉与挖掘的。从某种意义上说，作品的审美动力或者文化动力，恰恰是文本的外部历史因素、文化因素渗透到文本内部的结果。这就是文化诗学想要解决的问题。文化诗学最有魅力的一个地方就是它能打通内外，既可以扎扎实实地做文本的内部研究，但同时也能够跳出来，走到一个更大的历史文化视野中来考察文本内在的审美性是如何生成的。为什么有一代写作者会选择这种文本形式来进行写作，另一代写作者又会选择另一种所谓的流行风格来进行写作？所以在某种意义上可以说，诗学研究能够将所谓的本质论和历史论结合在一起，这反而可能是接近所谓的文学本质最有效的途径。

那么诗学领域和其他理论相比，可能只是一个视角，或者只是一个途径。但是诗学可能建构的是一种总体性的视野，更具有总体性。如果诗学理论做得好的话，我个人认为它是相当有魅力的，相当有解决问题的有效性，或者彻底性的。当然到目前为止，当然是理想性的研究。我还没有发现它的"失"在哪里，你倒是启发了我回去思考这个问题。

问：我是觉得从文本内部形式入手有时候可以走到文化诗学的路径上，但是很多时候可能由于自己理论欠缺就难以走到，于是主要做得还是文本的内部研究，外部研究就做得相对比较少。像有些研究者研究意识形态，可能就跟文本的外部接触更多、更直观，也更有启发性。这个就可能更强调美学性和文本的审美因素。

答：你的问题涉及了文本的选择，有些文本可能不适合按这种所谓的打通内外的形式诗学和文化诗学相研究的路径。的确如此，这个问题，也特别有启发。

问：在您的学习与研究生涯中，您是如何吸收理论资源的？又是如何把理论资源与自己具体的文本研究衔接在一起的？有些研究者可能一直在读一个理论家，或者吸收的都是一种理论资源，您会经常不断地去阅读一位理论家吗？您认同理论常读常新这个观点吗？对于当下西方非常热门的理论家，比如巴迪欧、阿甘本，老师您会像追踪外国文学作品那样，去跟进这些理论家吗？

答：我觉得理论适合于不同的时代，它也需要自我更新。而且，西方人每个时代根据自己的历史经验或者是时代需求，也在创造出不同的新的理论，西方这些年的理论更迭，学文艺理论的肯定是比较熟的。但实际上，每个时代对那一代人都有影响至深的理论。像我成长过程中对我影响最深的理论主要是存在主义和结构主义。我们入学的时候一直到研究生阶段，存在主义，像萨特、加缪等的影响达到顶峰，但是结构主义开始又重新登上影响我们的历史舞台，我们这一代人中既有存在主义的影响，又有结构主义的影响。存在主义特别强调的是生存的哲学、生存的本体论、生命意义的思考，对我们都有影响。存在主义甚至对洪子诚老师、钱理群老师那一代人都很有影响，因为他们 80 年代初重新进入研究领域的时候，也正是西方存在主义影响达到高峰的时刻。但是对我们这代人来说，结构主义可能就成为更重要的一个研究领域。我们这代人可能更强调从结构意义上看问题的视野，或者是强调作品的结构、历史的结构。接下来就是所谓的解构主义的时代，就是把我们的时代从结构推向了解构。所以有的老师精通一种理论或者是一个理论家，对他来说是非常重要的，就像德里达这样的解构主义大师，他看问题的视野是有覆盖性的或者说全局性的，所以影响力也是一以贯之的，不会受具体时代的影响，我想其他领域也是这样的情况，包括法学、语言学等。但是，新的理论往往是和新的问题相关的，比如阿甘本、巴迪欧在西方现在是最有影响力的理论家，所以不了解他们的理论，会对学界讨论相关的话题有隔膜。很多文学研究都是在借助这种新的话语来触摸现实和研究现状，所以新的理论话语也需要理解。像阿甘本他们我也会关注，阿甘本的激进哲学我读起来就比较费劲，但是他的《幼年与历史》里面涉及的经验的可能性等问题，我就特别有兴趣。有的理论家可能就和我没有什么缘分，当然这和自己的天分、经验、阅读史都有一定的关系。不管怎么样，理论是一种思考方式，是一种视野，是一种把握社会与文学的工具与思考途径，至少我认为理论是不可或缺的。

问：看您的论文，理论和文本的切合点找得非常准，比如分析张爱玲文本中的阳台意象、沈从文《长河》的传媒符码，上学期您《都市文学选读》这门课也是用都市理论来研究现代小说文本，这时候理论和文本的衔接点非常紧密。您能谈谈这方面的想法吗，就是理论如何进入文本的世界中？是理论先行呢，还是先有具体的文本，再去寻找一种理论？

答：从理论上来说，任何一个研究对象都先天地吻合于某种理论，或某种阐释框架、阐释视野，吻合于某种模式，这种阐释视野与框架有可能就是一种理论形态，我觉得其他的研究领域应该也都是这样。研究一个问题，它先天地要求某种理论视野的介入，或者有某一种理论视野和研究对象最为吻合，当然可能也不仅仅是一种理论视野。所以，我觉得理想的状态是你要为你的研究对象找到这样一种理论与深度，有了这样的理论深度，你对研究对象的解释，就可能达到更深的领悟、更深的揭示，或者说更彻底的描述。我觉得这是一种理想状态。当然有时候是一种操作的熟练程度，也不乏有的研究其实是在玩弄理论话语，但如果一个研究者操练得比较熟，你会觉得，他运用得很熟，不那么生硬的。我觉得这也是不错的。但是真正有问题的是，你的理论和你的研究对象以及文本分析隔了一层，很机械地被焊接在了一起，我也有这样的时候，有时候为理论而理论，我觉得这不是理想的状态。理论视野先天隐含在研究对象中的，一定要把它找到，当然前提是对相关的理论要阅读、要熟悉，至少知道某一种理论要解决的问题与视野是什么，这样你才能在你的研究对象中发现潜含着的理论视野。

问：那就继续再往下面问，老师对当代文学挺关注的，因为我之前在《中华读书报》上看到了您写的《山楂树之恋》的评论文章，我当时都特别诧异，因为我觉得女性特别喜欢这个小说，我当时在想您怎么会去读这部小说呢？然后，我们看这个小说时完全没有想到这个作者是留美的，就没有考虑到这种话语属性，但是您还提到了这个问题。所以我觉得您还是在看网络小说的。所以想问问您对网络小说的看法，就是您平时读什么样的网络小说？您是怎么看待网络小说创作的？另外，像《后宫·甄嬛传》，我觉得那是我读过的最有文学价值的一部网络小说，这位作者在出名之后，接受访谈的时候说她的小说具有非常深的现实意义，因为她描写了宫廷中非常残酷的现实，让人们更加珍惜当下的生活。我当时看了之后就感觉这里头她自己附加的意义可能更多一些，问问老师您觉得网络文学对现实有没有促发力量，或者是具有纯文学那样的更深层次的东西？

答：网络文学需要分别对待，有的网络文学作者真的是出于自己的生存体验，或者自己独特的经历和独特的感悟，而且很有文学天赋，他还是真正出于热爱来创作文学的，因为在网络上一开始写作的时候，他功利性可能没那么强，顶多追求一下点击率。但是如果他真正把他自己体验到的这种独特的生命体验或者生命经历传达出来，可能是那些成名的作家、循规蹈矩的作家他们的创作所传达不出来的，或者代替不了的。我觉得网络写手有相当多的创作是能够达到这样的揭示某种他们的体验和独特的现实，或者是我们普通读者看不到的现实的这样的一些面向。但并不是所有网络文学都是如此，这肯定毫无疑问，或者大部分网络文学恐怕还是以垃圾居多。但是比如像《山楂树之恋》本来也是网络文学，还有《后宫·甄嬛传》也是网络文学。它们之所以能够流行，有这么多的读者追捧，然后又被所谓的影视创作看中，肯定它会揭示或者是反映残酷的现实或者是更真实的现实，这点是毫无疑问的。包括当初我们之所以想讨论《山楂树之恋》，就是因为它又被张艺谋拍成电影。在把小说和电影对比阅读的过程中，就会发现两种媒介之间揭示的这样的现实，它的差异性是特别有意思的。所以那时我们讨论的宗旨，就放在所谓的消费主义时代的爱情，背后当然是我们时代的爱情。想从消费时代出发，处理消费和爱情的关系。而消费时代的爱情，爱情被消费化，它和消费这样的密切的关联，这样的时代主题，只有通过像《山楂树之恋》这样的从小说到电影的这种转换才能讨论得深入。而且主要是因为它同时是网络的，又是电影的，而且被张艺谋这样的所谓的重量级导演搬上了银幕，背后不是说我们赞赏这两个的创作联系，或者小说或者电影，或者说我们为它鼓吹，而恰恰在背后发现时代的问题的症候性，这是我们最终的目的。所以网络文学往往是更有时代症候的，比那些严肃作家或是成名作家有意构思出来的东西可能更能反映时代的、政治的、无意识的东西。

问：现在我们研究文学的人，特别是研究当代文学的人，忽略网络文学创作的话，就觉得真的丢了一大块。尤其是我们这代人，没法不去阅读网络小说，就算有些是类型小说也会去读，然后会有快感机制，在阅读过程中就会很愉悦。另外，现在的文学创作您觉得能够反映我们现在这个光怪陆离的现实处境吗？您觉得有没有力量去反映这种现实？去年余华写的《第七天》，他以逝者的口吻想去穿透现实，但很多评价认为他塑造的是极端对立化的现实，并不是很真实的现实。我自己在读《第七天》的同时，也阅读了另一位作家艾伟写的《盛夏》，这部作品也是反映现实问题的，在里头也具体涉及了上访、微博的表演性之类的话题，这些话题应该是跟我们这个时代契合特别近的一种现实吧。

感觉他们的写作也试图去描述当今的社会现实，您觉得他们这样的纯文学作家面对现实的写法手法是不是有效的？面对现在的这样一个消费主义时代或者说拜金主义的社会，您觉得文学写作者的使命是什么？在这个过程中，文学研究者应持有什么样的立场？

答：这个问题很好。我觉得文学反映现实永远是文学最重要的功能或者是责任。但是在今天这个时代呢，一个相当关键的问题就是现实变得越来越多维，不光是多元，它可能也是多维的，就是有的维度和另外一些维度之间是永远碰不了面的，或者说对有些人来说现实是隐形的。而且现实越来越多地成为隐形的存在，对不同的阶层、对不同境遇中的人、对不同历史阶段的人，他面对的现实可能都是不一样的。所以我觉得今天最大的困难可能就是需要有穿透力，能够在不同的现实维度中自由穿行，有一种总括力，揭示某种总体现实的能力。就是说现实的各个维度他都能把握，我觉得这样的作家可能越来越难。每个作家可能都会面临的是不同的现实，但是这个现实和另外一个现实之间是没有通约的。所以你也觉得你在解决一个现实，但这个现实是限于作家你自己的局限性而把握的现实。这是我觉得今天关于现实这个问题的难度所在。

而我觉得一个作家更重要的是他需要把表象背后的历史逻辑和社会逻辑揭示出来，这是一个作家在今天我觉得最需要的品质，或者最需要的能力，或者是他真正能够抵达现实背后的深层逻辑。他不光呈示表象，表象也是现实，但是在更多时候大家看到所有的表象，你不知道表象之后有什么样的逻辑，比如资本逻辑、金融逻辑、经济逻辑，还有一些心理逻辑，诸种逻辑。这些逻辑你能不能把它揭示出来，只有这样你才能呈现所谓的人类的或者说是我们中国人今天所面临的这种现实境遇的或者说境貌的复杂性。这种复杂性在今天已经以新的形态出现了，就是说我们今天“现实”这个概念已经有所转换了。更重要的是我觉得今天的现实好多都是表象甚至是虚假的幻象，一个真正有功力的作家是需要把这个意识形态的欺骗性，包括文本的、作品的欺骗性给揭示出来。有的时候作家在创作中其实提供的是一个所谓的意识形态假象，那么评论家真正的任务，就是揭示出这种欺瞒的假象，而不是迎合这种假象，所以文学研究的使命其实在这个意义上跟作家、跟理论家是一致的。不仅仅是有了一部作品就去写评论文章，或者为了解释为他去吹捧，我觉得这样的研究绝对是第二义的，无论是从批评的角度还是从研究的角度来讲都是第二义的。而真正的研究者、文学评论家，他肩负的任务，同样是揭示现实，只不过他是通过分析和研究其他作家的作品抵达这样的使命。

而更重要的我觉得今天的批评家的真正重要的目的和使命是揭示作家在创作之中传达出来的一种欺瞒的幻想。好多作家特别自恋，或者沉迷于一种镜像，沉迷于自己虚构的幻觉，或者他以为他传达的是现实，但是他营造的恰恰是一种欺瞒的假象，这种假象往往会把读者给欺骗了。那么这种欺骗性，作家都不自觉，大众更不自觉，但是你评论家如果也不自觉的话，那么整个社会或者整个文学界就会沉迷于这种欺瞒之中。所以我觉得批评家的使命主要是在于揭示这种欺瞒。但是现在的文学评论越来越不胜任这一点，现在的文学评论，用他们的行话来说都是“相濡以沫”。作家写一篇作品，他们就去吹捧，所以跟批评家的使命越来越背道而驰，我觉得问题主要在这里。

问：记得以前看您的文章，老师您说喜欢苏联作家帕斯捷尔纳克的《日瓦戈医生》，我觉得这部作品反映的不是那种现实的表层，它其实反映的是一种心理的现实的境况，非常真实，现在读起来还让人特别有感触。我觉得像余华虽然写的是社会的现实，但没有很深层次地塑造心灵的现实，心灵的现实可能对读者更有启发意义，而不是说一时的社会现实。

答：因为最终沉积给后人的更重要的可能是体验的现实和心灵的现实，我同意这一点。

问：最后问一个学术方面的问题，也是我们研究生学习过程中很困惑的。在进入自己的学术领域的时候，对本专业的兴趣没有之前想象中的那么大，或者站在这个领域里，觉得那个领域可能更适合自己，会有这样一种心态，很难保持对自己领域长期的兴趣。所以想问问老师二十多年以来，您做现代文学研究的动力和热情是什么？

答：就我个人的现代文学研究，我也不能说现在这个热情还维持，可能更多是一种职业意识使然，就是说我是吃这碗饭的，这碗饭我不吃我就没饭可吃了，可能职业意识主要体现在这一点。但是从研究者的角度来看，比如这些年来其实一直关注现代文学，现代文学背后就是现代，关注中国的现代是怎么生成的、现代是怎么起源的、中国的现代是怎么走到今天的。用我的说法，我们今天都生活在中国现代性的后果里。所以对现代文学的关注、对现代性的关注、对文学性的关注，这些本身还是困惑着我们研究者的问题。如果你没有这样一种困扰，你就不会有探究的激情。

另外像现代文学和人的关系、和现代史的关系、和现代的审美精神的关系，我觉得这都是很重要的问题。那么这些问题，虽然不是每个问题都体现在具体研究中，但是可以作为整个研究的基础和背景。对这些问题如果你有所自觉，或者说有一定的意识的话，那么你对这个学科可能就会有热情，觉得还是值得探究的。每个学科都是这样的。我觉得如果对于一个学科有激情，能够持久地热爱，可能最重要的还是培养专业意识。你觉得在做这个专业领域，专业意识如果培养得很充沛的话，我觉得你就会特别得有激情。因为一旦进入了一个专业，钻研到每一个专业非常精深的领域，钻研到它的知识体系里以后，你会觉得非常非常有乐趣，这就是一个专业研究者的乐趣。所以我现在特别强调的是专业眼光、专业意识、专业兴趣、专业研究，我觉得从研究生阶段开始，获得的就是这样一个专业意识，所以要培养或者转化自己的专业兴趣。

问：最后想问问老师对我们的学习有何建议。您自己写硕士或者博士论文时，想法和构思是怎样慢慢出来的？这个过程能跟我们分享一下吗？还有对我们以后撰写论文有什么样的建议？

答：我觉得硕士论文或者博士论文的最大的差异，就是硕士论文还是一篇论文，但是博士论文恐怕从字数上来说就是一个著作的规模。它们的差异可能从表面上讲体现为这样一种体量感的差异。但是无论是硕士还是博士论文我觉得共同的地方都是在解决某一个问题，这和一般的著作是不一样的。一般的著作可能不一定在解决某一个问题，但是你要做的学位论文，硕士论文、博士论文，必须要解决一个问题。它不是把所有问题空泛地、笼统地组合在一块儿，不是一种机械的组合，这样不是学位论文写作的思路。无论是硕士论文还是博士论文，我觉得我自己写作过程中最重要的体验，或者是最重要的感悟就在这里，就是要解决某个问题。

问：就是“问题意识”。

答：背后就是有“问题意识”。

问：基本上每位老师都在强调“小题大做”，切入点一定要小，这样才能深挖下去，才能够有“问题意识”。老师您觉得对于研究生同学来说，这样的想法如何具体地贯彻到自己的论文写作中去呢？

答：不知道你们写论文有没有这种感受，就是切入点要小，所谓的“小题大做”。但是这里所谓的“小题大做”的“小题”呢，不是真正的“小”，而是背后有一个整体视野，背后是有“大问题”的，或者是有一个宏阔的问题背景的。但是你面对这个问题背景，你自己要解决这个问题却不是笼而统之、大而化之，不是“大题大做”，而是要找到具体的线索，找到具体的切入点。就是对每一个问题，首先要意识到它的学术价值在哪儿，学术史价值在哪儿，它在整个学术史中的定位，比如像现代文学研究在现代文学史中的定位，或者说它在整个问题谱系中的意义何在。只有确定了这些东西，确定了它和既有的研究之间的关系，然后你才能确定它对你来说是不是既是前沿的、前瞻的，同时又是新鲜的、有陌生感的。看上去既陌生又熟悉，我觉得这是最好的选题。所谓陌生就是意味着它是全新的，一个新题目有自己的创意；但是又熟悉呢，就意味着它是在问题史中的，或者是在学科谱系之中的，这样才能为它和这个学科整个的研究找到一个互证的、参照的关系。这样的做论文的思路可能是比较合理和有效的思路。

采访者：谢谢吴老师接受我们的采访，耽误了您两个多小时的时间，给我们讲了很多很有启发性的观点。

重写思想史

——访葛兆光先生

[学者简介]

葛兆光，原籍福建，生于上海。1984 年北京大学研究生毕业，1984 年 10 月至 1992 年 3 月任江苏省扬州师范学院历史系副教授，1992 年至 2006 年任清华大学人文学院教授。曾任复旦大学文史研究院院长，现为复旦大学教授、博士生导师。主要研究领域为古代中国的宗教史和思想史。主要著作有《禅宗与中国文化》(1986 年)、《道教与中国文化》(1987 年)、《中国思想史》(两卷本)、《增订本中国禅思想史——从 6 世纪到 10 世纪》《宅兹中国——重建有关“中国”的历史论述》(2011 年)、《想象异域——读李朝朝鲜汉文燕行文献札记》(2014 年) 等。

问：葛老师，您好！据我所知，您是我们北大中文系毕业的校友。我也注意到您已出版了像《禅宗与中国文化》《道教与中国文化》《中国禅思想史》等各部著作。以中文系的背景而言，您研究所涉猎的领域可谓相当广泛，而这在您的近作《中国思想史》(第一卷) 中表现得尤为突出。您自认为该书是迄今为止您用力最深的一部著作。我们这次就想主要以这部书为中心，向您提一些相关的问题，希望得到您的指教。

答：关于思想史，我好像已经说得太多了。因为一个学术著作写出来之后，它就变成公众阅读领域中一个可以被评头论足的东西，一说，好像就有点……

问：辩护的意味了！（葛笑！）

答：主观的想法跟阅读的效果常常是不一样的。有可能我所要表达的一些东西，阅读者并不认为其重要，反而读出一些我不曾想到或只是一闪而过的东西。这半年以来，从我收到的反馈来讲，有两个批评对我来说是非常有影响或者说是有用的。有一位法国学者，她给我写了一封信，她说："海外研究中国问题的学者普遍认为，写一个包罗万象、百科全书式的中国思想史是没有可能的，虽然我们很佩服您的努力和这种百科全书式的格局。"第二个是一位台湾学者，他给我打了一个多钟头的电话，他说："你导言中所说的那些话不错，但是你写作的内容做不到你导言中所说的，实际上你还是半新半旧。"他们讲了两个问题，即这样一种思想史的写法，一是有没有必要，二是有没有可能。

其实我写这个思想史，花那么大力气，更多的是为了表明一种态度。与其说实现重写思想史，不如说表达重写思想史的愿望或姿态，这是我和我的一批朋友们的愿望。第一个要表达的愿望就是能不能回到个人的思想史写作上。在整个 20 世纪，尤其是 20 世纪 40 年代以后，我们的思想史写作其实是在意识形态或是一种集体意识笼罩下的宏大叙事，它是由集体写作得来的。集体写作背后有一种话语权力，它体现了整个社会意识形态的意志。不论是思想史还是哲学史（我不大喜欢"哲学史"这个词）都常常是集体写作的，它表现的是集体的意志，而不是个人的想法，是通过选择章节、评述、概念，从集体的、阶级的、集团的角度看过去的历史。我觉得非常厉害的是，由于权力的支持，它成为教科书的时候，就影响了一代又一代人，这个影响非同小可。为什么我在导言里有一节专门讲教科书，有人说，"（对教科书）你们太偏激”。其实我们心里是很悲凉的，我们过去也是被笼罩在教科书的框架里面，我们也只有复述、复写那种集体的意见和语言。这是一件很悲哀的事情。很多人就在教科书式的思想史叙述下一代又一代地接受了进步—落后、唯物—唯心、精华—糟粕这样的叙事框架，这种思路使许多人被笼罩而得不到解脱。这就使我产生了摆脱这种集体叙事，回到个人写作的愿望上。那么，为什么要写这么一整部思想史呢？法国那个学者就说不可能。前几天我看 FranKlin L. Baumer 的《西方近代思想史》，还有 H. Strat Hughes 的《意识与社会》，这两本都写得很精彩。在后一本书的开头，作者说，凡是研究思想史的人都对他所面对的宏大的、浩瀚的、复杂的材料而感到困惑，没有人能够作出条理清晰、结构完整的总结。即使你要做，你也会遇到不同判断之间的冲突，以及各种学科的不平衡知识所带来的写作上的困难。这很对，但我之所以花了这么大力气写这本思想史，重要的是表示一种个人写作的姿态，这种个人姿态在中国特殊的语境里面比在西方的语境里显得更重要。西方学者可以慢慢地做一些基础的个案研究，汇集起来做严肃、客观的学术的历史。对他们来说，没有要改变集体叙述的紧迫性，而这种紧迫性我们是感觉得很清楚的。这是一个问题。

第二个问题就是所谓“新和旧”。有人说，你所说的新，就是一般知识、思想和信仰。于是有很多人批评说叙述这样的知识、思想与信仰的历史“不可能”。这种批评包含两个方面：一个方面是最普通的，他们认为你要写的一般知识、思想与信仰，实际上就是“小传统”，或者说你说的是“低层次的文化、思想”，是民众的。我一直对这个说法感到非常烦恼。有一次王元化先生还无意中提到一个问题，我觉得从他那个角度讲是非常真诚而且有道理的。他说："你要把思想史"的主线从精英的和经典的层面转到一般的和民众的层面，那么你是不是要写"民众思想史"？而且你这种写法是不是要回到"人民，只有人民才是创造历史的动力"这种立场上去？我觉得他的忧虑是有道理的，但我不能同意他的前提，也就是我好像真的是在写民众思想史。还有人说"你是不是在写小传统？"台湾（地区）一个朋友说："你提出了一般知识、思想与信仰的历史，但是你的书里主线没那么明确。我看你是半新半旧。"我觉得这是一个很大的误解。我正在为第二卷写一个导言——《续思想史的写法》，大概要写四五万字，讲清楚几个问题，其中也包括这个问题。

问：您的第二卷下限大概到什么地方？

答：1895 年左右吧。我所说的一般知识、思想与信仰，指的是在一般的教育程度下，大家形成的一种类似于平均水准的基线。我有两点考虑。第一个方面，我的考虑是要改变过去哲学史和思想史运用大背景的写法。过去的思想史一般是政治经济怎么样、社会怎么样，然后一下子就决定了这个思想家怎么样。

问：于是单一的反映论就出来了。

答：对。决定论。我觉得从那么宏大的社会背景到这么具体的个人有条理的思想叙述之间，其实离得很远。

问：即使前者有着最终的决定作用，从前者到后者的过程也是很复杂、很曲折的。

答：对。我想更多的能影响、制约一个人的思想和表达的是当时的普遍教育水平、当时人的一般心境，以及当时一般人所能得到的知识的范围。我经常给我的学生讲一个例子，我说，假如你们能活一百岁，你们将会看到有人在 100 年后写 90 年代中国思想史，这个思想史一定和你亲身体会到的 90 年代是不一样的。

因为那时的学者们在重新建构思想史的时候，用的有可能是中央文件、大报社论、精英著作和电视新闻联播的头条、二条和三条。于是，这个思想史是悬浮在生活最表层的。

问：您的意思是认为它不能反映当时的生活世界？

答：对，他和你所体会到的是不一样的。如果我来写呢，我更多运用的可能是流行歌曲、地铁小报、电视里普通的娱乐节目，也就是现在一般人看到的、听到的、阅读的。

问：畅销书？

答：对，畅销书。我常说如果你想了解北京人现在想什么，你去看看地铁的报摊、流行的书摊。从这样的角度，你就能看到弥漫在社会上的普遍思想。精英思想其实就是在这样的思想基础上来的，它不是对这些思想的反思，就是对这些思想的批评。比如说，有人在讨论人文精神，100 年后如果有人写思想史，他一定会提起这场人文精神讨论。这种人文精神的焦虑来自哪里呢？就是在我们刚刚讲到的一般思想的基础上，有人觉得人文精神失落了。当然，我并不是只描述这一层，而是说这一层可以取代过去那种宏大浮泛的背景，成为一个更具体、更实在、可以看得见、摸得着的思想史背景，给人一个比较真实的感觉。

第二个方面，关于用什么资料的问题。按照传统的写法，用精英著作、中央文件和主流传媒的报道，如新闻联播的头一、二、三条。但如果把眼光聚焦到一般知识、思想与信仰这一层，整个思想史文献会发生非常大的变化。它会使资料变得很生动、很丰富，而不是像过去的思想史那样，只是若干人的著作和文集拼合起来的。那种写法基本上是学案加史传。

问：您认为只有用这种方式才能真正把当时的生活世界反映出来，是不是？

答：讲出生活世界并不是我的目的。我是让它做一个当时的思想史的语境。

问：葛老师，您刚才谈到了思想史的写法，这个问题在您的导论里我想已经谈得很明白了。在这个基础上我想问几个问题。您的思想史基本上起于对以往思想史的反思和检讨。而重写思想史大体上有两种做法：一种是不改变原有的材料范围，而采取新的解释范式、新的理论架构；另一种是拓宽材料范围，不仅仅局限于精英的文献，而是把大众的甚至是器物方面的东西包括进来。我想您的写法大概属于后者。但是这样会不会引起一个有关思想史这一概念的内涵以及思想史研究范围的问题。换句话说，在您的重写当中，思想史、文化史、民俗史以及社会史之间的区分（如果有其必要的话）的大致界限何在？当然，各个学科之间并非泾渭分明，但还是有其大致的界限。这种分野该如何界定？

答：我想你预设的一个前提是这些学科的分类是合理的。而我恰恰认为这些学科的分类不是永远合理的。它是历史地被建构起来的，而并不是一开始就是这样的。凭什么就说这个就该文学史处理，那个就该文学史处理？这是我们的第一个疑问。第二个疑问是，即使如此，我把材料范围拓得很宽，也可能有些问题已经涉及社会史、科学史和文化史。尽管我也姑且承认你说的这些学科有其既定范围，我所做的也并不是越俎代庖。你所说的扩大的那一部分，主要反映在重建思想史的背景上，而并不是直接反映在我的写作的主线上。第三个疑问，我一直不明白你所说的扩大的材料为什么要归为某一类。在过去，有些东西被归入思想史的范畴，一开始也没有认为它是合理或不合理的。其合理性是慢慢建构起来的。我有个朋友，台湾（地区）“中研院”史语所的陈弱水，最近写了一篇文章叫《杜甫的思想史研究》。过去杜甫都是归文学史研究的，是不是他越俎代庖了呢？其实不是的。当思想史需要写它的时候，它就是思想史的内容。我在写第二卷的时候，写了一章“地图作为思想史”，而过去地图要归地理学史。思想史涉及的面是非常广的。福柯在《知识考古学》里曾讲到思想史“分析各种文学副产品，历书年鉴、报纸评论、昙花一现的成功作品及无名无姓的作品”。这也是研究那些没有被以往思想史承认的东西的，不要先画地为牢，先归类。这可能和我的知识背景有关。我是学古文献的，古文献专业是从来不分文史哲的。

问：同样一个对象是可以从不同角度研究的。您上面所说的或许只是研究角度的转换。比如说对于杜甫，可以从文学史角度研究，也可以从思想史，甚至是政治史的角度来研究。但是学科分类既然现在已经形成这样一个格局，还是有一定的合理性的。就您的这部思想史而言，您认为是改变了思想史的内涵呢，还是只是涉及不同的学科？

答：我明白你的意思。学科被建构起来，是有它一段时间的合理性的。在一段时间内，它比较容易用一套思路、一套框架、一套语言处理它所面对的材料，能够有一个自圆其说的叙述。问题是，在这个学科被建构这么长时间以后，我们是不是还要按照原来学科分类所造成的固定框架来处理。如果仍像你说的，和原来的文献范围、资料范围没有什么两样，只是观念变了来处理，这不是新范式，仍是旧范式。我不相信在叙述资料没有改变的情况下，仅仅靠观念改变就可以真正重写，真正的重写意味着这个范式到那个范式的转化，也意味着学科本身的变化。当然这一点我做不到。我举个例子，我体会非常明显的是上古那段，那一段观念不管怎么变化写来大体也是那个样子。过去也有很多人试图改变上古思想史、上古文化史的写法，都不是特别有效。真正有效的是两个阶段。第一个阶段就是古史辨时代。古史辨时代的疑古派把大部分文献打掉了，只剩下一点儿，于是整个上古史就变化了。但同时恰恰这时甲骨卜辞不断被发掘、被试读，于是有人又在废墟上重新建构上古史，这个时候古史叙述就发生一个大变化。从那时到现在又没有变化。但是到了 90 年代之后，确实又有可能变化了。这是因为现在的考古发掘成果足够多了。一方面观念渐渐不同，一方面得到的资料范围跟过去相比是很不一样了，所以我在给李学勤先生的一本书写的书评中说，上古史可能是最先可以顺理成章地改写的一个领域。因为历史文献的大量增加、考古材料的发掘，使我们能够首先就“改变”历史事实。历史事实不同了，整个历史过程就可以得到重写。同时，观念如果也发生了变化，重写就会成为现实。我有一个看法，也许是偏见吧，仅仅靠观念的变化而材料不变，真正意义上的重写是不大可能的。

问：不能实现真正的范式变革？

答：对，尤其是在历史行业里面。

问：但我突然有个想法。从前的狭义的思想史，大陆的侯外庐先生用唯物史观写的思想史，和海外思想史家，比如说钱穆先生吧，研究的对象基本上是那些人，所研究的文献也基本上没太大变化，他们所呈现出来的就是两种根本不同的范式。您怎么解释这种情况？

答：以侯外庐为代表的写法跟以钱穆为代表的写法，在我看来，在范式上的区别并不太大，只在于阐释的立场不同。比如说朱子，有人说理学杀人，有人说理学好得很，这两种说法在我看来都是一回事。陈来写过一篇关于《朱子家礼》的东西，我认为《朱子家礼》在思想史里面很重要，但是过去的思想史很少写，比如说家礼是如何把三礼所提供的概念、语言创造性转化为一种可以操作的，渗透到民俗、家规、乡约里可以执行的东西，又有多少反过来制约人的行为。这个是不是也是理学或礼学？这方面尤其很少写。另外，我一直觉得宋明不需要写那么多。坦率地说，我自己决不会把宋明理学写那么长。一方面是我害怕，我写不了就偷工减料；另一方面，我没觉得它需要写那么长，我有自己的角度。

问：我想问一个思想史内部的问题。您在书中就思想史的延续和断裂谈了自己的看法。您讲到精英的思想往往“逸出常识之外，与常轨的轨道脱节，常常是时间顺序和逻辑顺序无法确定其来源的突发性现象”。我读到这句的时候印象特别深。您说延续常常是实际存在于普遍生活中的知识和思想。这就涉及如何理解延续的问题。我理解您所说的延续是指从异中找出同的东西，同的东西才是延续，变化了的东西您认为体现的不是延续。而我从我的知识立场出发认为“变而能合于一种韵律”才是延续。相同或本质上相同的传承或停留在本质上并不是连续，精英正是秉承时代精神对传统作出符合时代并且能够引导时代的思想变革，从而在不断演变中实现了思想的延续。关于这个问题请您谈谈自己的看法。

答：这个问题我可能表述得不太清楚，我现在是想用一个新的词，我说的一般知识、思想、信仰的“延续”，我想改用一个“绵延”或类似的词。它是在缓慢地移动中的。这个我想是受到了年鉴学派“长时段”的影响。我的延续是这种意义上的延续。其实我并没有把断裂和延续这两个词对立起来。“断裂也是一种延续”“断裂”这个词被福柯一弄有点麻烦了。福柯一定要把连续性全都瓦解。因为他反对现代的宏大叙事，他一定要把它瓦解掉。

精英人物必然从当时一般教育来获取最基础的知识，这些知识成为将来产生经典思想最基本的背景。在这一点不可能一点都没有连续。他的天才的突发奇想般的构想表面上确实是断裂的，但在深层的知识背景里是连在一起的。这个问题我可能表述得不太好，所以第二卷里我一定要把它说清楚。

问：在您看来，已往的思想史基本上是思想家的思想史或是精英的思想史。您也指出，您所谓一般知识、思想和信仰又不等同于民间文化，而是介乎雅文化和俗文化、大传统和小传统之间的一种平均状态。如果雅俗文化或大小传统在其实际指涉上确有其意义的话，那么您所说的一般知识、思想和信仰与精英文化、世俗文化或者说与大、小传统这三者的关联性何在？

答：你所说的雅文化，就是大传统；俗文化，就是小传统。这是人类学家的说法。这种说法在经验层次是容易区分开的。因为有不同的阶层、不同的表述方式，有不同的语码。有些人会认为实际上我所说的是一个不存在的东西，是一个我自己从各种文献中建构出来的平均线。可是，我相信在当时社会里面除了不用文字表述与传播的俗文化，还有一层一般水准的普通知识分子或普通文化人，这些人的平均知识水准就是这些精英的基础。我们过去的思想史缺少描述教育、传媒和一些技术性的问题。由于缺少对教育史的描述，这些精英的知识来源不清楚；缺乏对传播的研究，对当时一般知识分子所能接触到的知识水准也不清楚。我很想去描述这一层，这一部分资料会越来越多。

问：就是说您认为一般知识、思想和信仰有其实际指涉。

答：对。并不是凭空建构起来的。

问：那么它和雅俗文化的关联性如何呢？它是前两者的基础吗？还是……

答：它有可能是两者之间的中间地带。过去有一个很流行的看法：所谓民众文化是雅文化、士大夫知识分子文化的残余物，它们好像是被通俗化以后变成一个空洞的、呆板的教条或口号，并变成了民众的生活指南。用鲁迅的话说，“民众总是用士大夫的思想去思想的”。像是水流向下似的。但我觉得，这个单向度是不对的，应该是互动关系。那么应该有一层是它们之间的纽带和环节。上层文化是通过什么途径到民间的呢？可能是通过仪式、乡间的演剧、说唱、通俗的善书等，传播到民间。但是谁承担的呢？是乡村知识分子、没落的城市文化人？反正总有这样一批人，这批人上上不了精英，下下不到民众。过去在农村，从我过去的生活经验来说，的确有这样一批人，我们叫他们为“乡秀才”。在城市里也有这样一批人，他们也读过一点书，从所受到的教育里面得到一些基础知识，这使他们一方面能够接受所谓经典，另一方面通过乡约、家规、演戏等转述约化或教条化，把知识传播到民间，民间的愿望又通过他们反馈上去。我想过去仅仅分成大传统和小传统一定是有缺陷的。

问：您是不是认为一般知识、思想和信仰是更根本的东西？

答：是不是根本我不敢说，但我觉得它是弥漫于社会中的基本思想，它是精英思考的基础，也是民众思想的来源。并且在我个人的思想史写作中，我可能更多地集中在这儿，因为我要把它作为我的思想史的背景。

问：如果确有一个实际指涉的一般知识、思想和信仰，那么它又是如何产生的？它的来源是什么？

答：这就需要我们更多地研究当时的知识生产过程，比如说教育传播、印刷，等等。举一个例子，我一直在思考一个小问题，打算把它写进第二卷。我找了敦煌所有的小类书，这种小类书很有趣，它是揣在身上的。因为是随身携带的，所以有一种叫“随身宝”之类的东西。这种东西其实早就有，比如说“郭店楚简”的语丛一二三四，我怀疑为什么它那么短反而要扎三道绳子，（其他竹简）那么长只扎两道绳子。我估计是当时人把最精要的东西先抄好，随身携带以备使用的。在敦煌有很多小类书，这些书里把天地人等所有的知识，都用非常简略的话概括出来。这些是不是当时人的常备知识？就像你们考大学要背一些教条。这些知识是经常要拿出来用的，用来解释面前的世界。这些知识又是如何来的呢？可能是通过教学，比如说蒙学。类书和教材的内容实际上是当时人对知识的概括，这些知识就构成了思想的平台。这些知识又是从何而来的？可能是当时一些人甚至是精英把最精华的知识简约化得到的。说起来，中国人特别喜欢也特别习惯于这种约化。马克思主义的道理千头万绪只有一句话：造反有理。反过来可以从“造反有理”解释出很多真正复杂、深刻的学说，比如说革命合理性的学说，甚至哲学里面的否定之否定。又如“实践”很复杂，但毛主席用了一句话：要想知道梨子的滋味你就亲口去尝一尝。阅读的人就恍然大悟了。

问：就哪一种更根本而言，您觉得不好在一般的知识、思想和信仰与精英、世俗三者之中作价值判断，但这三者之间的关系到底怎样仍是一个问题。刚才您谈到蒙学、一般的常规教育。我觉得似乎是先有经典的知识背景作依据，像四书五经、十三经，然后才把它们化约成可以向民间传播的东西。

答：我觉得这应该是互动的。约化的、通俗的东西和经典的、精英的东西是互动的。比如说《仪礼》最开始的时候也是非常普通的，好像乡约家规或仪式记载。

问：从发生学的意义上讲似乎是这样的。一旦某个经典在确立其经典地位之后，比如说宋明时代，朱子确立四书五经的地位，虽然还是有互动，但从上向下和从下向上的力度还是不一样的。在那个历史环境之下，经典从上向下传播，形成一般知识、思想和信仰。

答：我们这一代人在写思想史的时候有一个心情，就是要改变过去，如果不强调这个，你的话就没有意义。现在有时候要表达一下个人看法，确实需要对它作出强调。

问：如此说来，是不是可以说您强调的东西也并不一定是实际，而更多的是您意愿的表达？

答：什么叫“实际”？我其实很相信一点，历史是一种叙述，是一种不断的、有问题的、不断改变的叙述。

问：只是写的历史？

答：这种说法当然有后现代的嫌疑。实际上在某种意义上说我们真的是在叙述。当我非常强调个人写作时，我就更会强调它的叙述性。这是因为要改变过去思想史大背景的决定论，还有缺乏具体语境的缺点。这种做法不一定对，但我一定要强调它。有些人会反对它，尤其是搞历史的，搞来搞去，历史只剩下叙述了。

问：精英之所以为精英，就在于他往往自觉地吸收以往的精英思想。比如陈寅恪先生，他受到的教育和当时的平均教育肯定是不一样的。每个时代都有这样的人，他自觉地继承大传统，即使是在一定程度上吸收小传统，也是因为他觉得小传统会对大传统有所增益……

答：我想在教育方面这么自觉的人很少。我认识一些很精英的人，他们在年轻时受的教育也是很一般的。你可能把我划作学者之类。我们当年受的教育也一般得很，在六朝时代可能比较特殊，但是当贵族社会逐渐解体，在隋唐以后，那种普及教育考试制度和大规模的出版，使大家早期受到的教育是相差不大的。这种普通教育对一个人影响是很大的。至于自觉地、理性地选择精英思想，恐怕要到很成熟之后了。

问：我们留意到，90 年代以来在要求重写学术史、思想史的呼声中，有许多学者是中文系的背景，您能否给我们解释一下这个现象？

答：这个问题其实很简单。有时候中文系很悲凉，很长时间里它自己没什么特别的批评理论。第一，文学研究自 20 世纪以来，相当大的一部分理论基础是史学，除了感悟式的阅读赏析外，中文系的主课是文学史，但在我看来，文学史不算文学，只能算历史学。第二，中国文学，特别是现代文学的文学价值远不如其思想史价值，所以很容易转到思想史上来。第三，搞中文的人思想比较活跃，中文系自己的精力有富裕，只好转到别的领域。于是形成“出位之思”。再说，也应该承认，中国的学术界始终有一个“说到思想（或政治）方罢休”的习惯，好像不挖出“思想根源”就不能“刺刀见红”或“一针见血”，特别是文学界。80 年代文学领域研究深化是各领域里最快的一种，在它的带动下，很多文学学者很容易越出自己的领域。还有一个客观原因是，搞文学的人会写文章，可读性强。

问：这样“出位之思”的现象如果多起来，会不会产生什么问题？

答：问题我没想过，我想的是，学科之间的界限先把它搗乱恐怕还好一点，别限得那么死。我一贯主张搞文史哲的人不必只局限于自己的专业，也可以搞一点别的。

知识分子与中国镜像

——访王岳川先生

[学者简介]

王岳川，1955 年生。1993 年以来为北京大学中文系教授、博士生导师，兼日本金泽大学客座教授，中国中外文艺理论学会副会长，中华全国美学会高校委员会秘书长，中国作家协会会员，中国书法家协会会员，中国文化书院研究员，复旦大学等六所大学的兼职教授。主要著作：《西方文艺理论名著教程》（下）、《文艺现象学》（译著）、《后现代主义文化与美学》《文艺学美学方法论》。

问：这些年来，您给广大读者的印象是，研究的重点是西方思想史和文学理论史。这两年，您的相当一部分论述与 1990 年代中国问题的清理相关。什么因素促成了您研究重心的转移？

答：在学术界，学科的分层、分类特别厉害。这与苏联模式或西方模式有一定的关系。分文史哲，文学又分成文学史、文学理论、文学批评，研究文学史的又分为先秦、两汉、魏晋、隋唐、宋元、明清、现代、当代。这种界限在很多时候是可以打破的。而就研究西方思想和西方文学理论来说，我并不想把西方作为研究的终极对象，而是仅仅作为切入中国问题的方法和语境。这是因为，20 世纪的中国始终是被西方拖着走的，这体现在各个领域——不管是经济、政治，还是文化、意识形态，中国都与西方有着千丝万缕的联系。不了解这种拖着走的合力，就无法理解我们今天的基本状态。所以，对我而言，不打算把西方作为研究的终极目标，而是致力于学术地基的清理和工作平台框架的建构。

研究90年代中国问题，有两个方面的问题值得注意。一方面，80年代我们还处于知识“求学”阶段，基本上是跟着前沿性学术走。90年代就比较自觉了，不仅知道跟着走、跟着说，还知道如何“接着说”，并且反思自己的言述是否恰当。另一方面，90年代是20世纪一个特殊的时期，在这十年间，中国后现代研究和后殖民研究一直很有影响力，其研究在这个世纪中带有范式转型的意味。毕竟中国已经不再仅仅处于从前现代到现代转型的过程中，而是还要面对现代性自身的诸种困惑，面对复杂的后殖民语境。在这个意义上，中国何去何从的问题就有了与以往不同的背景。其中，不仅有政治、经济、文化的转向，还有人们心态的转向、后殖民语境的转向，以及个人学术的定位、定力和转向问题。唯是如此，我比较关注90年代。在清理了西方的知识背景以后，清理中国当代学术文化问题，这也是为21世纪自己的研究做一些基础性的工作。

问：研究90年代中国文化，遭遇的一个诘问将是，当代文化史的研究是否算学问？您如何看这个问题？

答：这个问题确实有人提出过，他们认为当代无史，当代不可能写史。我不同意这种看法。这种认识挪用的是客观解释学的方法，认为古代的资料难找，因此特别有学问；当代的资料繁多，随时可以拿到，因此不算学问。其实，在后现代时期情况已经不同了。一个很大的转变就是，在前现代时期，经验先行，理论滞后，理论是经验的总结，总结必然在后。在现代时期，根据韦伯和西美尔的看法，经验与理论是并行交错的，有的时候可能是理论对经验纠偏，有时又可能是经验对理论纠偏，两者可以互补互动。在后现代时期，则要改写歌德的名言“理论是灰色的，而生命之树常青”——也许相反：“理论之树常青，而生活有时是灰色的。”信息社会瞬息万变，时空观念与康德时期已经不完全一样。人们观念的改变可以导致生活状态的改变，导致存在意义的转变。理论因此成了先行者，但危险就在于，它可能是空洞的，也可能是游戏状态的，甚至可能是误导状态的。尽管如此，也不能改变理论具有先行意味的事实。所以在理论超前的状况下，当代史的写作必然不再像过去那样，要在一个东西出现很长一段时间之后才来收集资料加以总结，而是恰好相反，要对当代的走向甚至是未来的走向先行提出、先行感受、先行体验，甚至先行判断。没有这一切先行判断的胆识和前瞻性，也就是海德格尔所说的“先见”，我们对当代问题和未来走向将是盲视的，即使在自以为“洞见”的时候也有可能是“盲视”的。

问：您在分析学术史研究在当代风行一时的状况时，似乎认为这是文化保守主义的一种表现。那么，您在研究中国后现代主义研究状况的时候，定位与一般的学术史研究有什么区别？

答：我在分析的时候也不完全同意把学术史研究或者国学研究看作是文化保守主义的一种表现。在研究国学的时候也可能有非常激进、非常自由的思想，反之亦然。因此不在于研究哪一种学问，而在于怎么研究。我在《中国镜像》这本书里曾表述过这层意思。中国后现代主义研究的多种面相也说明了这一道理，研究对象并不能决定研究的内容，真正的决定者在于研究者的思想的超越性。我在即将出版的《后现代后殖民主义在中国》这本书中，对中国的“后学”有详细的分梳。举个例子，青年学者和作家贺弈就将一些学者的后学研究视为披了另一张皮的保守主义，认为他们与主流意识形态合谋。从整体上说，我把后现代主义看作中国当代文化的一匹黑马、一个幽灵，我对其的评价是对半开，或者四六开——它在好的方面可以冲破僵化的意识形态，打破人们观念中一些保守的东西，但它的虚无倾向要分别谈论。所以在这一点上我需要澄清一下，我不认为学术史研究和后学研究就一定是保守主义的，要根据具体情况而定。

问：学术界对90年代的反思已经展开。现在坊间有多种90年代的文选面世。我发现编选者们都不约而同地将这段时期的重要言述视为知识界的内部事件。同时，人们在讨论一系列思想论争的时候，往往只是就知识分子内部的论述本身来讨论，而忽略了对90年代中国本身问题的清理，因而使90年代的文化研究缺乏一种富有历史感的问题意识，也缺乏在学术纷争中执客观立场的底蕴和思想力度。您在《中国镜像》中讨论的许多问题，都是您以往论述的重点。您自己也是90年代文化的重要参与者，您的一些思考，正与知识界的某些共同话题相关。您认为，90年代中国知识界的热点话题，在多大程度上抓住了中国问题的核心，还有哪些重要问题遗留在人们的视野之外？

答：90年代的中国问题是全方位的、根本性的，不仅仅是一个文化研究的问题。文化问题在90年代面前显得非常脆弱和疲软。它是政治、经济、军事、跨国关系当中的中国定位的问题，这也是我把这本关于90年代文化研究的书取名为《中国镜像》的原因之一。与以前关起门来自说自话不同，90年代的中国必须加入国际大循环，不管是政治、经济还是文化。“镜像”一词借用拉康的说法，意指必须在“他者”面前才能真正认识“自我”。这个他者毫无疑问是全球化中的西方，并且是无所不在、无所不渗透的西方。中国人可以从这个镜像中看出自己在过去、现在和未来的形象，不断反省自己，不断重写自我的历史。

我想尽可能全面地把握90年代中国文化研究的基本问题，但又不愿意把90年代文化研究做成材料堆积的年鉴而面面俱到。我强调“症候式阅读”，只是从我所把握的内容中拈出那些带有普遍性症候的问题，它们反映了表面之后更为深广的历史内容，甚至可能是巨大的胎动和裂变。同时，我强调90年代中动态性的一面。在分析中不以事件，而以其中活跃的要素和问题为中心，比如知识分子问题、信息时代的科技神话、激进与保守、后现代主义现象、诗人之死、先锋艺术、新历史与女性书写、大众传媒以及作者死亡之后的批评问题。这些问题当然没有穷尽90年代中国问题，还有一些问题没有谈到或者讨论得很少，起码包括学术规范、公正与自由（更宽泛地说，还有下岗和贫困、政治领域中的非均衡问题等）、国学热、新儒家，以及中国是否要生产出一种新道统、新学统等问题。但我自己认为主要的问题基本上都涉及了。

这些问题的重中之重是后殖民语境中的中国问题，同时也是21世纪中国朝哪个方向发展、中国文化朝哪个方向走的问题。从这个基点来看，像《马桥词典》和文学大师排位这些热点问题，相对来说比较个人化，则在我的讨论之外。当然，还有一些问题我也许没有注意到，因为个人总是有限的。我固执地认为，热点问题并不一定是核心问题。而且，发言者对身份问题必须有清醒的自我认识，文史哲知识分子并不是要对一切问题发言，而只能对关键问题发言。这样的发言还必须透过自己的专业才行，不然的话，让牙科医生去做心脏手术，就是外行，就要出现悲剧。

问：谈论90年代，无法回避世纪末的新左派与自由主义之争。知识分子分化这一事件的影响将是长久的。您对这一场争论有什么评价?

答:我在《中国镜像》这本书中对这个问题已经有相当详细的讨论。在这里,我只想从整体上对在争论中及其他方面所表现出来的当代中国知识分子的困境作一个简单的描述。知识分子的分裂有“经济”和“权力”两方面的原因,当然这两者都是一种Power。一方面,想获取话语权的知识分子需要寻求自己的“养父”,一是西方基金会,二是中国本土的资金。无论是获得西方基金会的承诺,还是利用国内资源,比如大众传媒、书商,都是为了使自己富起来。这与中国知识分子的经济地位有关,人们要谋求最低限度的生活,没有中产阶级的从容。另一方面,一些知识分子徘徊于学术与政治之间。他们对权力的敏感远远超过对学术的敏感,这是无奈而可悲的一件事。总有些知识分子希望成为新的中心。其中包含了很多私念,这样,他们的心态很难平衡,评价事物当然也难以公允,虽然嘴里说出来的往往是另一番话。

问:在当代,诗的精神越来越稀缺,是否一个时代已经过去,是否这个时代只能是散文化的?

答:诗的精神不会过时,但全面阅读诗的时代已经过去。诗的精神不仅仅是诗歌长短句的形式,更是指从更广泛的文体中,包括学术著作,流露出来的理想和精神气质。今天很多人读的、写的都是消费性的文字、轻松的文字。编辑向学者约稿也喜欢往这个路子走。那种家园式的、终极追求式的、有着诗意的高迈和升华感的文章已经少见了。诗的精神消逝了,世界成了一个平面。形而上的“诗歌时代”过去之后是“小说时代”人们通过小说营造了新的乌托邦。“散文时代”则进一步消解了诗歌的形而上和小说的虚构,把它们变成了一种现实,变成了对当下境遇的描述。散文在这个层面上承袭了诗意散落的碎片，整合了现代人的感伤，加上市场的炒卖，这是散文时代的景观。散文时代消逝之后是一个无所不在的“传记时代”。基本倾向是作家们热衷于用半自传体写作，渴望写各种欲望。甚至许多传记都将重新用新历史的形式改写历史，包括重新写秦桧、严嵩、周作人等。历史中的白脸与红脸也许将在这种新历史书写中角色互换。消失了诗意，即消失了尺度；消失了小说虚构，即消失了理想；消失了散文，即消失了一份闲适。对历史的书写成了翻案的新历史。这个时代急切需要有良知的批评家的加入，需要批评家新尺度的建立。否则，这个时代将变成一个尺度散漫的时代，一个私人传记和窥视欲成灾的时代。

问：我读了您在国外讲学时写的先秦思想史方面的论文，感觉很有意思。这几年您的论述逐渐向中国问题倾斜，这是否是您在学术著述方面的宏图的初步展示？

答：首先要说的是，我没有“宏图”。七八十年代上大学的人“先天不足，后天失调”，没有任何称为宏图和狂傲的资本。当我看到有些知识分子的轻狂时，感到难受。不知道自己愚蠢的人应当是最愚蠢的，如果认识到自己的愚蠢和无知，那么这个人还有救。我们这一代知识分子不可能同鲁迅、冯友兰、汤用彤这些知识分子相比。他们这几代人出经入史，中西贯通，而且有平正的治学态度和在知识面前的谦恭心态。所以，他们的学术著作水分比较少，可信度高。他们当然也有一些问题，但不像现在的学人那么多。现在很多学者包括我自己的文章中也有很多废话，值得警惕和反省。

大致上说，在1985年至2000年这15年间，我主要的工作是补西方这一课。如果缺了课不补是不行的。所以补课是我们这一代人要清楚认识的事情。当代学术的普及性工作做得已经比较多了，而且产生了为数众多的研究者。可是有几个人敢称自己是大师？他们的学术素养、人格魅力、眼光胸襟和组织才能，以及对未来世界的参与，都是要自己打上问号的。在当代，学术不再只是普及、再普及的事，而应该呼唤思想大师的出现。对七八十年代这一代人，我比较悲观。下一代怎么样，也不敢说。这是一个“小”师的时代，“大”师的出现看来是很难了，只有武侠小说家才敢称大师，当然是“虚构”的大师。

研究学问，古今中西都不可偏废。就正如现象学告诉我们的，面对的物体有六个面，但我们大抵只能看到四个面，另外两个面是潜在地通过现象学还原在精神上整合出来的。这六个面是每一个做学问的人都不可回避的，绝不能说，我是做中国现代美学的，对西方可以完全不了解。如果完全不理解，那么我只问一个问题：为什么美学在18世纪才出现，而不在古希腊和中世纪出现？解决不了这个问题，就不能理解美学与“现代性”的关系——为什么在理性主义高涨时会出现“感性学”这门学科，因而对中国现代性（包括美学现代性）就毫无理解。这种知其然而不知其所以然的学问当是“无本之学”。反过来，从现当代的新儒家可以看出，不管是注重孔孟的牟宗三、唐君毅，还是注重荀子的李泽厚，今天遭遇到的问题都存在面对西方的中国语境问题，这无疑与先秦的资源紧密相关。这促使我必须回到中国思想的源头。当然，我知道自己没有更多的时间和精力把整个中国学术史都打通，所以找了一个比较对胃口的方法，那就是“抓两头，带中间”的策略。两头是先秦的思想史源头和20世纪的学术史流变。我关心的是，中国文化最早出现的那些问题经过两千年的演变以后，出现了什么新的问题。或者反过来问也一样，今天出现的新问题，是否在历史上曾经出现过，是否是老问题的新说？这就是我为什么转向中国问题研究的原因。近期我关于老子和孔子的文章只是将要完成的《中国哲性诗学》一书的两章。这本书仅仅是我对中国文化问题研究的一种尝试。我把自己在45岁之前所有的阅读和写作都称作练笔，练笔的过程即将结束。接下来，我将真正坐下来，冷静几年，沉潜下去，更深入地思考问题，然后再确定新的方向去写作。生命在飘逝，时光难再，已不允许自己浪费时光了。

问：我还注意到，您在《二十世纪西方哲性诗学》之后，正计划写“中国哲性诗学”。我想，这反映了您一贯的文化抱负，即在日渐平面化的当代文化氛围中，通过梳理历史，勾勒出根本问题，追寻构建新的文化意识的思想资源，从而在边缘守护精神的家园。同时我也发现您的论述有着很强的理想色彩，那么，您如何看待您的理想获得实现的前景和途径？

答：我的自我定位确实是边缘知识分子，边缘知识分子守护的是被世俗淘汰剩下的家园或者理想。希望它们在某一天还有可能重新被认识、被珍视。

在我看来，单纯地反传统、反历史总有些可笑。传统，不管你是反还是不反，相当一部分已经成为经典。简单地否认它，前提是承认它们是经典。所以20世纪人们面临的问题不是在反传统、反经典中使自己成为经典，而恰好是决裂历史（审父）与选择新路（审己）的双重困惑。你跟什么决裂，决裂之后又选择了什么，这是很多人在20世纪找不到位置或者失语的原因。我认为21世纪的痛苦将是“试验的痛苦”。在经典之外我们要建立自己的合法性，我们必须找到历史的缝隙，并将自己的心性智慧的思考铸成我们的历史。然而，周遭的一切都变成了偶然的、机遇的，赌博式的心态成为潜意识的甚至被怂恿的，一切都成为不确定中的试验，同时又得承担选择的后果——也许萨特已经先行地告诉我们这一道理。这种在偶然中承担后果的成功率又是非常低的。长年累月众多的文人写了多而又多的书，真正能够留下来的少之又少。历史的淘汰率是非常高的。边缘知识分子在这种时代只能选择“在守成中创新”。看起来他们是在边缘，但今日的边缘可能是明日新的“可能性中心”。这种所谓的“中心”只是一种可能性，是瞬间的“不断被替代的中心”而已。

问：我还记得几年前，大概是1995年吧，您在《山花》这本杂志上曾写过一段有关新世纪的感言，好像比较乐观。几年过去了，您的想法是什么呢？

答：我还是持审慎的乐观态度。如果所有的人文知识分子都不再乐观，那么这个世界将成为思想的真正暗夜。思想者就是这凡俗生活中的思想“萤火虫”，是宇宙沉沉幽暗中的极光。它不可能是熊熊大火，只有尊崇斗争的才会导致大火。知识分子是萤火虫的微光，在暗夜中提供一丝光明而使思想得以传递播撒。还有一个作用就是在社会这个庞大的肌体中充当一种微量元素，维系大脑、心脏和整个肌体的运行。他们承接历史面对世纪的未来是低调而沉稳的，不是趾高气扬充满权力欲的。只有知识群体具备这样的知识状态，我对新世纪的前景才具有了某种“审慎的乐观”。

“因果现实主义”基础上的社会科学研究[①]

——访丹尼尔·利特尔（Daniel Little）教授

［学者简介］

丹尼尔·利特尔，1949年生。密歇根大学迪尔本分校教授。先后获伊利诺伊大学香槟分校数学硕士、哲学硕士及哈佛大学哲学博士，主要从事哲学研究。近作有《历史哲学的新贡献》。

第一部分　学习经历及感受

问：请您谈谈您的学习经历，比如您在密歇根大学和哈佛大学的学习经历好吗？

答：好的。你指的是我作为一个学哲学的学生时的经历呢，还是比较晚近的一些经历？

问：随您便，拣您觉得有意思的内容说。

答：好。当我1971年刚刚进入哈佛大学研究生院的时候，作为一个正处在发展势头中的哲学系学生，社会科学中的哲学（the philosophy of social science）是我感兴趣的主题。1976年，我在哈佛大学获得了博士学位。在我的整个研究生阶段，我都对社

---

① 李雪负责了本次访谈的翻译和整理。另外，此次访谈的译稿经过张静教授审阅，并在几处关键词句的译法上，根据她的意见进行了修改，谨致谢忱。

会解释（social explanation）* 和历史解释（historical explanation）抱有兴趣。我的博士论文是关于马克思的科学理论（Marx's theory of science），它后来成为我的第一部著作 *The Scientific Marx*。我在研究生阶段学到的最重要的两件事是：一是要学习社会科学的若干不同领域和历史学的相关知识，而不仅仅是学习哲学。要从社会科学和历史学中汲取更多的知识，比如马克斯·韦伯、涂尔干以及有关社会历史环境这一主题的大量其他作者的文章。哲学家应该好好利用社会科学，这是第一点。二是要学会批判性地对待现有的成果，面对一个问题，要有自己的视角，而不仅仅是简单地接受著名教授的观点。要有自己的观点，而且重要的是，我如何推进这些问题。所以，独立性、跨学科的学习，这些是我在学习过程中感到最重要的东西。

问：您觉得您在大学里学到的最重要的东西是什么？

答：这个问题很难回答。我觉得关键是要有独立的视角和对一个问题进行创造性的思考。所以，独立性和创造性是两样重要的东西。而且不要完全局限于某一个特定的视角——哲学的视角、马克思的视角或韦伯的视角，而是能够跨越不同的学科界限发现不同的理论中什么是正确的，我想这是要学习的另一个重要的东西。在我自己的经验中，学会哲学分析的工具是很重要的。通过学习哲学，你能够用一种不同的方式分析问题，这种方式是你仅仅学习文学或历史学无法掌握的。哲学的视野是分析性的和问题指向性（question asking）的，这正是我学到的视角。

问：为什么您选择哲学，特别是社会科学中的哲学作为您的

* 社会解释（social explanation）意指对社会世界的问题进行非个体层面即高于个体层面的解释。这是社会科学方法论中的一个重要术语。——译者注

专业呢?

答：这是个好问题！当我读本科的时候，我主修物理学和数学。大约在大学的第三个年头，我觉得物理学过于狭窄。我想知道自己是否能够在更宽泛的意义上提问。哲学，在我的心目中，正好能够在更宽泛的意义上提问。所以我就专攻哲学，因为哲学家会问关于人类知识的经验（the experience of human knowledge）和世界最为根本的问题。那么，为什么要研究社会科学中的哲学呢？同样的，我觉得这是一个有意思的问题。我的回答是，对于我来说，这是非常富有挑战性的。关注社会世界如何易变，如何不可预测，社会科学是如何试图把这一复杂性化约为单一的理论，这些是非常有趣的（顺便指出，我觉得试图为所有的社会现象寻求一个统一的理论这种研究路径并不太合适）。结果是，我发现社会科学的哲学作为一个学科，一种研究方法，使我可以就“社会世界是如何运作的”提出真正重要的问题，而这些问题是如果我作为一个传统的哲学家或传统的社会学家无法提出的。

问：请您描述一下在您的学术生涯中几个不同的发展阶段好吗?

答：好的。这也是一个有趣的问题。在一个人的受教育生涯中，很可能最重要的阶段就是博士阶段的学习。因为这是使每个年轻人，包括我自己，从一个学科的新手发展成为具有研究生水平的学习阶段。在博士阶段，你能够深入而广泛地阅读。所以我说读博士学位的那五年是我进步最快的五年，五年中我大量阅读哲学、历史学和社会科学的文献。接下来的一个最大的转型出现在我的第一本书 *The Scientific Marx* 出版后。当时我问自己：我能够从哪些学科中获取更多的知识呢？于是我有很长一段时间都对小农社会（peasant society）很感兴趣（并不是专门对亚洲的小农社会感兴趣，例如我还对欧洲的封建制感兴趣)。所以在写完关于马克思的书后，我转而关注乡村变迁（agrarian change)、变动中的农村关系，而且正如我对其他社会科学家，特别是研究亚洲的社会科学家说过的那样，我开始认识到在亚洲，包括中国，那儿有有趣的问题，有历史问题，也有当代的问题。因此，当我完成第一本书后开始确定我的研究主题时，我承担了写作一本关于中国乡村变迁的著作的任务。所以我就集中精力学习更多的有关中国历史的知识，特别是一些过去被用来解释中国历史变迁的理论。我尤为关注中国的穷人、小农和务农人群（farming people）的变迁。

第二部分　研究领域

问：您研究社会科学中的哲学的路径是基于对具体研究的分析，而不是纯哲学的路径。您怎样看待纯哲学的路径呢？怎样评价这两种研究路径？

答：纯哲学的路径对于理解社会科学的知识并不是一种成功的途径，因此我对这种路径持批评态度。我拒绝的理由不是因为用展望首要原则（looking at first principles）看待问题不好，而是因为我认为社会现象和解释都十分复杂，如果我们真的十分了解问题所在，就最好用哲学的方式确定问题（而非用哲学给出答案)。因此我们需要通过与社会科学家的合作而学习。我相信，太多的哲学家，当他们写下关于社会科学的内容时，都缺乏对"社会科学研究究竟为何物"这一问题的深入理解，因而他们的观察对于社会科学家来说没有太大的价值。我的批评是，纯哲学缺乏足够的容量（content）提供关于社会科学的真知灼见。昨天我收到了一封日本研究生的电子邮件。这个日本学生在伦敦经济学院学习了一年获得了“社会科学的哲学”这一领域的硕士学位，他的问题是：我分析的东西是哲学吗？还是哲学外的其他东西？我的回答是，这是一个非常好的研究路径，他通过研究社会科学中的具体例子，将会学到更多关于社会科学的逻辑方面的内容。那样的话他对社会知识（social knowledge）、理论结构和社会解释就能有更好的理解。上述问题都是非常抽象的；经由详尽的案例，这些问题都得到了很好的考察。所以，我想通过审视包含了复杂理论的复杂解释和待分析的解释，这个年轻的日本学者的学术理解力必然增强。换句话说，通过研究案例，他能在哲学领域作出出色的工作。

问：你坚持对社会解释进行中观层次（neso-level）的分析，并且鼓励寻求微观基础层次（local level）* 的因果机制。那么我们如何评价微观研究和宏观研究呢？

答：这也是一个好问题。你正确地描述了我的视角。先说宏观层次的研究。我感觉宏观研究是复杂的，这并不意味着宏观研究没有可取之处。我想说的是，宏观研究应该以这种方式进行，即通过这种方式我们可以将宏观陈述与较低层次的陈述连接起来。如果我们指的是作为一个整体的中国的宏观状况，或者是中国经济，那些陈述需要有逻辑地与关于地区商业和个体消费者的陈述联系在一起。我对宏观的总结是这样的：当宏观研究与表现宏观层次后果的对局部过程的解释并存时，宏观研究就是合理的。事实上，许多社会科学研究都遵循了这一主张。许多社会学

---

* 微观基础层次（local level）是高于个体层次同时低于宏观层次和中观层次的研究取向，这一层次容纳了个体及其与微观环境的互动关系。——译者注

家在进行解释时包含了宏观、中观和微观三个层次。另一个比较特别的限定（qualification）来自其对结构主义的社会科学家的批评。后者认为整个科学可以在宏观层次的概念下发展——生产方式、国家、文化和观念框架（the idea framework）。这些都是宏观层次的概念，一些结构主义的社会科学家相信他们能够提供这样的解释，即这些概念彼此是如何关联的，更不用说这些概念与真实的人类活动是如何相关的了。这是研究社会科学的错误途径的例子。因此，纯结构主义的社会科学在逻辑上是错误的。这种宏观层次的研究主张，我们只需研究结构层次，无须涉足中观和微观层面。

问：您的观点让我很信服，我试图在您的书中发现错误，但我觉得您的研究路径和主张是杰出的，也许有一天我也会用这种方法进行自己的研究。

答：我很高兴。

问：读您的书是我研究生一年级最大的收获之一。下一个问题是，您如何评价后现代主义在社会科学中的影响，特别是在美国的影响？

答：我的观点只是一家之言。我对后现代主义对于社会科学的贡献一直持怀疑态度。我的怀疑部分基于这一事实，即一派后现代思想家的思想和观点是反对经验主义和社会知识的客观性的。他们的口号是"一切都是文本"，你可以以任意方式阅读任何文本。我觉得这不是进行社会解释的好的途径。这并不意味着我认为某个特定的社会历史环境只能以一种方式进行阐述。我没有那样说。我想说的是，有充分的理由允许社会科学家和历史学家就两种阐释进行辩论。换句话说，历史的阐释不是游戏。相反，它是一项严格的、被经验和历史规定了的活动。因此我对后现代主义的一个批评是这项运动的反经验主义和反事实立场。我的另一个评论较为积极。后现代主义持社会建构论的立场。这一立场我是赞同的。我并没有说我所运用的这一概念来自后现代主义，而是说诸如性别和社会阶层这些类别都是被社会地建构起来的。举例来说，性别是一个社会地建构起来的认同，它不仅仅是生物学的或历史学的，它是一种社会意义。所有这些意义完全是社会地建构起来的。我的评论是，对社会建构论的强调是后现代主义有价值的地方之一，我也很重视这一主张。但是，站在反对后现代主义的立场上，我认为即使是认同的社会建构也是可以被经验地观察到的。它不是一个主观的东西；它是我们可以以经验和历史观察到的客观环境。

问：我同意。在我看来，特别是在历史研究中，一些后现代主义者相信每项历史研究都是一种叙述（narrative），而每种叙述都是有道理的。然而，我想即使人们可以修改他们的描述，这一描述仍应受到事实的限制，叙述也不可能永远都是有道理的。

答：对的。我们俩观点完全一致。换句话说，事实（facts）限定了叙述，因此历史学家和社会科学家的责任就是尊重事实层面的研究（factual research），同时支持对一个给定的社会事实的最有道理的阐释。

问：在美国，社会科学方法论研究的主流是什么？是纯哲学的方法，还是您的方法，还是其他的某种方法？

答：这是一个好问题。需要注意的是，由于某种原因，只有很小的一个群体研究社会科学中的哲学。和拥有很多哲学家的科学哲学相比，它只是一个很小的次级学科。我猜想只有二十几个人从事这方面的研究和写作。我的研究路径不代表主流的观点。

绝大多数哲学家都采取纯哲学的路径（即使有时候他们受过很好的社会科学教育）。他们奉行首要原则视角（the first principle approach），因此我的"基于实践者"（practitioner-based）的路径更多地和社会科学家进行合作，而且更为少见。但我觉得目前正在发展的关于方法论和社会科学中的哲学的最好的思想存在于社会科学家之中。研究历史社会学的人，例如研究比较方法论和小样本案例方法论的人正在发展一种非常复杂的关于社会调查和社会解释的理论，这些人中包括了社会学家、政治学家、业余哲学家（occasional philosophers）和历史学家。这些作者对于社会调查和社会知识的本质的逻辑性研究贡献颇多。我的研究路径更接近于他们的路径。这方面的文献如 *Comparative Perspectives on Social Movements：Political Opportunities，Mobilizing Structures，and Cultural Framin*。[①] 这是关于比较社会研究和比较历史研究的一部文集。每个作者都从多个视角研究了历史和社会知识的逻辑。

问：谢谢。下一个问题是：您能评价一下当今美国的中国研究的现状吗？也就是说，主要的话题、主要的贡献和这一学科的主要趋势是什么？

答：好。首先，美国目前的中国研究是一个很宽的领域，它包括对文学、文化、经济学、经济史和当代中国政治发展的研究等。在研究中国历史的学者和研究当代中国情况的学者之间存在一定的学科分野，但同时这二者之间也存在一定的联系。不过那些专攻某一领域的专家并不与其他方面发生联系。上述二者之间的区分界定了范围大致相当的研究领域。在研究中国史的学者

---

① McAdam，Doug，John D. McCarthy，and Mayer N. Zald，*Comparative Perspectives on Social Movements：Political Opportunities，Mobiliring Structures，and Cultural Framings*，Cambridge University Press，1996.

中，既有研究文化和文学的学者，也有对经济变迁、政治变迁和帝国结构进行社会科学研究的学者。在研究内容上，对清朝的关注超过了早先的朝代。我私下认为，正在进行着的最有意思的工作应数对社会经济史的分析，当然这只是我个人的学术偏好罢了。不过那些研究政治学、经济学和大众文化的历史学家和社会科学家所做的工作也很有趣味。我可以举出一个例子：李怀印（Huaiyin Li）的著作《华北村治》[①]就是这方面的杰出代表。他不久前从UCLA获得了博士学位，论文导师是社会历史学家黄宗智。这本书从征税制度分析这一视角对河北农村社会进行了有趣的分析，他描述征税系统的微观基础，并对个人和收税人的行为进行制度分析。在征税系统的运行和当地政府的运作方面，作者给出了详尽的分析。对我而言，这本书的成功之处在于，它把社会科学理论、好的历史研究、对多种不同理论的开放态度和对特定现象的解释结合在一起。

问：您坚持方法论上的地方主义（method-ological localism）*，并且把宏观层次的社会现象视为个体层次的理性决策的非预期后果的集合体（the aggregation of unintended outcome of rational decision-making at the individual level）。这看上去似乎有用个体层次的因素解释宏观现象之嫌。但社会统计学告诉我们应该避免生态学谬误和还原论谬误。您如何处理这一矛盾？

答：生态学谬误指的是什么？

问：正如您所知道的那样，还原论谬误是用个体层次的因素

---

* 指的是低于宏观层次的关注个体与周围微观环境互动的因果机制的经验性的方法论。——译者注

① Huaiyin Li, *Viliage Governance in North China*, Stanford University Press, 2005.

解释宏观的现象，而生态学谬误是用宏观层次的因素解释个体层次的现象。在社会统计学中，用这两种方式解释现象是错误的。

答：我的评论不是直接的回应，但我想指出的关键一点是，方法论的地方主义理论并不否认发生在较高层次的因果模式。也就是说，在把事物归结到较高层次的意义上它不是还原论的。它是把微观基础层次和较高层次结合在一起。举例来说，人们经常会这样发问："为什么中国革命成功了?"他们常常正确地回答说，重要的因果性的因素是共产党的组织能力。所以党是一个重要因素。这种论调确定了因果因素，并且解释了成功的革命。但是从方法论的地方主义的观点来看，仅仅把中国共产党与其在中国各地的基层组织连在一起就太简单了。换句话说，我们可以把共产党具体到它的次级组织，我们也可以把党的中央机构有效的组织努力具体到更为局部的层次。按照这种途径，当我们谈到作为因果性因素的共产党时，就可以经验性地检验较低层次的过程，正是经由这些过程，共产党施加了它的影响力。通过表明较高层次与较低层次的联系，建立了解释中国革命为什么成功的基础。这种分解的途径也许能够表明，党的效率是有差异的，在一些地区党是非常有效率的，在另一些地区则不那么有效率。换句话说，当我们提出较为分解性的（disaggregated）问题时，我们在中观层次发现了差异。这是个非常重大（rich）的发现，它比定量的社会科学更为基本。量化的社会科学方法也许会说，让我们做一个统计研究，来比较一下组织能力和党成功的地方化。这一研究也许会选取印度尼西亚、菲律宾和十多个其他例子，并演算因素之间（组织、领导能力、军事胜利、意识形态等）的相关性。也许我们会发现，这些因素之间的几个存在着62%的相关性。我认为这是个不好的分析，因为它完全忽视了实际具体的社会路径和机制，而正是经由这些路径和机制，宏观层次的东西，如资本、党的组织在实际地施加着影响。我真正想说的是，量化研究需要与因果机制的分析相继进行，同时我们应当关注那些构成宏观层次的变量与个体层次的变量间的联系的具体的社会实践。

问：我同意。在我来这儿之前，我觉得也许这两种谬误是限定在社会统计学中的，不能被扩展到诸如定性研究之类的其他领域。

答：对。比较研究和定性研究很适于发现因果机制。这两种研究是被界定用来对社会事件（social matter）进行分析的，因此这些方法论对较高层次的制度影响较低层次的行为的具体路径更为感兴趣。

问：我记得教我社会统计学的老师和一些其他的老师在提及这两种谬误时，从来没有强调过这两种谬误的局限范围。我想这是很关键的一点，而他们并没有注意到。

答：这一点很有价值。在定量推理方面是专家的那些学者和研究者对数理统计学的细节都知道得清清楚楚，但却不是很在意数理统计学与社会性因果关系和社会活动的层次的关联。量化研究者经常会问纯数学的问题，却反对观察具体的社会机制。

问：个体的选择如何导致集聚（aggregate）的后果？也就是说，从个体的选择到集聚的后果或集体行动的逻辑是什么？

答：答案很简单。假设我们再用理性决策理论分析一个普通的选择情境。假设我们发现最好的选择就是在理论上对所有参与者最优的（optimal）选择。在这种情况下，每个人都有同样的目标和同样的信念，集聚（aggregation）就是预测所有人作为一个整体行动就像每个个体行动一样。如果人们正在寻找上山的路，如果每个人都希望发现一条既安全又省时的路，而他们又拥有相同的知识，这样的话我们就预期他们会有同样的行为。这是一个简单的集聚，在这一集聚中，你推论出对每个个体而言什么是最好的解决办法，你认识到每个人都会选择同样的办法。较难也更为有趣的案例是策略理性（strategic rationality）的情境，在这种情境下，我的结果依赖于对方，同时我的选择也是对方的选择（博弈论），因此我需要推测对方的选择，从而确定对我而言什么是最优的。这是对博弈论的核心挑战。在这些案例中，计算出集合后果（aggregató conscquences）是什么并不是微不足道的，因为这种分析是循环的：你对我行动的设想对于我对你行动的设想来说，是偶然的和不确定的，我们需要正式的模型来确定集合后果可能是什么。这就是为什么我说，博弈论是一个非常重要的工具，它使我们能从有关个体特性的信息中推断出在一场博弈中两人或多人的行动结果。也就是说，在某些情况下，集合后果是非常简单的，因为他能从典型个体推断出群体的行为。在另外一些情况下，则是路径依赖的，从而使确定人们之间的相互关系和个体行为的集合后果更为困难。在这一领域我比较推崇的一个学者是美国经济学家 Thomas Schelling，他写了一本重要的著作讨论个体理性、微观基础、微观动机和微观行为。在这本书中，他分析了 10 个例子，在这 10 个例子中，个体的动机都是非常清楚的，但集合后果却很难发现。因此，通过运用经济学的工具和其他的一些数学公式，他表明个体的动机是如何集聚成未预测到的群体行为的。例如，他分析了美国城市中黑人和白人的住宅隔离情况。美国城市有很多的住宅隔离区，黑人和黑人邻居住在一起，白人也和他们的白人邻居住在一起。问题是为什么会这样？一个可能的解释是，每个人都喜欢住在相对隔离的地区。这只是一种可能性。还有另一种可能性：Schelling进行了一个模拟，在这种模拟的情况中，每个白人都倾向于住在至少有3/4白人邻居的地方，每个黑人都倾向于住在有40%黑人邻居的地方。这种模拟构成了一个表格，在这个表格中，白人和黑人受试者基于白人和黑人居民的构成来选择他们的居住地。如果一个白人的居住地周围有低于75%白人，他将会搬到一个白人比例超过75%的地方；黑人的情形与此相似。将这个模拟进行了很多次后，Schelling发现，最后只有很少的混合居住区存在，而多个白人居住区和黑人居住区保留了下来。这是集合后果的一个例子，该模拟表明，微观动机是无法排除的，事实上它不会影响集合后果。在这个故事中，没有人喜欢隔离的地区，但个人局部的偏好却导致了隔离的结果。这是一个集合的解释和微观基础的解释。

第三部分　美国社会学现状

问：请您介绍一下当今美国社会学的发展现状好吗？美国社会学一些比较繁荣的分支学科主要有哪些？诸如文化社会学、历史社会学、社会网络分析和组织社会学。

答：对这个问题我的确考虑得不多。在美国如此之多的社会学专业中，在从事定量研究的社会学家和其他的社会学家之间存在明显的、复杂的、理论上的和方法论上的争论。事实上这不是一个正确的描述。相反，我们可以区分出方法论上的三个分支：定量的、定性的和比较社会学。量化研究的方法论关注大样本数据的统计分析，定性研究的方法论关注“活着的经验”，口述史和民族志方法。比较研究的方法论通过案例的严格比较寻求因果联系。这一区分使我想到，美国社会学中最令人兴奋的一个领域就是历史社会学。这一领域的研究者从事的研究既非定量研究也非定性研究，既不是人类学式的也不是统计学式的。相反，是因果分析。它试图解释重要的后果，诸如为什么一些运动能够持续，为什么一些协会变得非法。密歇根大学有一个历史社会学家研究美国东海岸的码头工人协会和西海岸的码头工人协会的历史差异。结果是，20世纪四五十年代，东海岸的码头工人协会变得腐败和违法，而西海岸的码头工人协会却大大地意识形态化并成为左翼。他们举行了许多左翼政治活动，并具有意识形态色彩。它们是强大的，没有腐败和违法的现象。你可以问：为什么会是这样呢？非常相似的环境却导致了不同的结果。当进行历史社会学研究时，我很乐意向你提到这本关于比较历史社会学的著作。这个领域的争论是很重要的。研究者经常会发问：定量研究、定性研究和比较研究如何能够有助于更好的社会学理解？在社会学中，有一些研究者会问他们自己这样的问题："我们从人类学家那里能够学到什么？"不是说人类学应该代替社会学，而是说人类学的一些理解普通人经验的工具，理解人们生活方式的工具，理解人们体验世界的方式的工具可以以某种方式为社会学的解释所用。我想这是一个重要的发展。这儿还有一本书①，是关于人类学与人文科学的相关性这一主题的。作者的名字是 Sherry Ortner。在社会科学中，而不仅仅在社会学中，有一些研究者常常自问：人类学的方法和发现如何能够对我们的解释有帮助？

问：我还有一个问题：正如您知道的那样，定量研究和定性研究这两种方法都有其方法论上的哲学基础，其代表分别是韦伯

① Ortner, Sherry B., ed. *The Fate of "Culture": Ceertz and Beyond*, University of California Press, 1999.

的方法和涂尔干的方法，在他们之间存在着清晰的区别。但您刚才说过，寻求因果机制，即因果方法（causal approach）与定量和定性这两种方法都不同。那么这种方法在哲学上的方法论基础是什么？

答：在课堂上我已经使用了“因果现实主义”（causal realiam）这一说法，这是对你的问题的最好回答：正是在下述意义上它是哲学的方法，即存在真正的社会原因，社会科学的任务就是发现这些原因中的一部分。这一哲学理论与马克思关于社会科学的观点有最为切近的联系。你很可能认为马克思主义建立在因果现实主义基础上。我向你介绍一本 Tilly 关于社会争论（social contention）的著作，书名是 *Dynamics of Contention*。[1] 这本书自始至终都在问这样一个问题：争论的社会因果机制是什么？因此，自始至终，它都建立在我称为“因果现实主义”的基础上。

---

① McAdam，Doug，Sidney C. Tarrow，and Charles Tilly，*Dynamics of Contention*：*Cambridge Studies in Contentious Politics*. New York：Cambridge Universiy Press，2001.

回归语言

——访董强先生

［学者简介］

董强，著名学者、翻译家，中法文化比较研究专家，文学史家，现为北京大学外国语学院教授。2016 年 10 月当选法兰西道德与政治科学院外籍终身院士。有译著、专著三十余部。主要有《梁宗岱——穿越象征主义》《插图本法国文学史》、中法双语诗集 *L'autre Main*、《西方绘画大辞典》、《西方绘画流派欣赏》等。

问：2002 年 3 月北大社会学系研究生会请您做题为“从《笑忘书》看昆德拉小说中人与社会”的讲座时如此介绍您的头衔：留法文学博士、法国作家协会外籍会员以及北京大学法国语言文学系的副教授。在法国留学的 12 年中，您在法国文化界享有一定的知名度，而在事业上取得成就之际，您选择回国到北大任教。首先请您介绍一下您的个人经历和治学经历。

答：说来话长，我出国比较早，1988 年到法国留学，当时是公费留学，一年后，我在巴黎第八大学获得“深入学习文凭”(DEA)，即相当于“博士预备文凭”。此后，我转为自费留学，出于经济方面的原因，开始了一段半工半读的游学经历，而这段时光对我的影响最大。当时，我在巴黎的多所学校听课，接触到许多在社科界有名气的、在法国有重大影响的大师，有机会时时聆听这些大师的见解。当时，我一个礼拜上 40 节课，在五六所大学间穿梭，经常乘地铁从巴黎七大转到四大，再从四大转到南特大学。这一游学阶段持续了至少5年。在了解法国和法国文化的同时，我一直关注自己佩服的、有一定名望的学者在思考什么、研究什么。到目前为止，那是我最长见识和知识的一个阶段。虽然我是昆德拉收过的唯一的中国学生，但我反对关于我是"昆德拉的弟子"的说法，昆德拉只是我在法国的众多老师中的一位。当时，我在巴黎高等社会科学研究学院（EHESS）昆德拉开设的研讨班上做研究生，但没有在他的指导下做论文。为什么呢？一方面，我认为，昆德拉不是法国人，他是用法语写作的外国作家；另一方面，我不想仅仅局限在小说和小说理论领域，我想有所突破，所以选择了诗歌研究和艺术研究，继续深造，在巴黎第八大学获得博士学位。因为这两个领域和许多其他的领域搭界，20世纪的诗歌研究、艺术研究和思想思潮（比如精神分析）及宗教研究联系到一起，这一下子让我发现世界很大很大。在这个大的视野内，我开始研究中国，同时真正开始和西方对话。我不单单是和西方的学者对话，而更多的和西方一般的读者、普通的民众对话，尤其是与对中国感兴趣而且心地善良的民众、怀抱善意的人交流，倾听对方的反应，后来甚至和法国的孩子们讲中国，讲中国的文化。这种对话最初带着一定的直觉性，对我也是一种珍贵的经验和体验。我个人认为，搞文学或艺术研究的人，应永远保留一些相对清新的、直接跟体验和感受有关的东西。简而言之，我从小说研究走向诗歌与艺术，在大的世界范围内进行文学研究，尽可能地把研究和创作联结起来，而后，又将研究的目光投向了中国，开始关注东方。

问：可以感觉到，在您的求学经历中，和许多大师的接触对您产生了重大的影响，可否请您具体谈谈昆德拉对您的影响？

答：当年，我曾经同时给昆德拉和布尔迪厄写信，因为和布尔迪厄擦肩而过，我走进了昆德拉的世界，好比一个人在有点迷失的情况下，找不到前方的路，处处敲门，一扇门开了，于是就进去了。这是一种偶然，或许也有一定的必然性。可以说，昆德拉的生活方式和生活历程给我打开了一个新的思路和新的局面。我突然发现，用外语写作并不是那么难的事，高高的文学圣坛不再是那么高不可攀，连出版昆德拉所有作品的伽里玛（Gallimard）出版社也是可以接近的。突然之间，我感受到了活生生的文学，也感受到了一个外国人在国外创作的可能性。世界没有那么复杂，很多事情没有那么难，都是可能的。所以，你可以设想一下，昆德拉给予我的更多的是一种鼓励、一种力量。我们这里不谈昆德拉在小说方法和技巧上的特别之处，说说他的思想。他的思想大多是火花型迸发出的，也许并不能指导我们去写论文或者搞研究，但是，他给我思索和启迪，启发我跳出理论体系，回到自身，聆听内心的声音，敢于在众口一致的情况下提出自己的想法。

问：您曾在《书评周刊》上撰文提道，昆德拉说过不要把法国文学看得太重，而这一点对在巴黎求学时代的您产生很大的影响。那么，请您谈谈这种影响在您的治学道路转向上有怎样的体现？

答：昆德拉的这句话确实给过我一定的震动，使我从一个狭隘的视野跳出来。这和我现在回到中国也有很大关系。他让我这个法国文学的研究者和崇拜者突然感到在法国之上或者之外，还有一个天地，也启发我将关注的目光放回中国。还有一点，在和昆德拉的接触中，凭着一种直觉，我有一天突然感到，昆德拉的悲哀之处是他自己的国家太小了，他想讲什么故事，什么历史，必须扯上全欧洲，扯上法国。人们有时讨论昆德拉，就是谈他是不是回得去。这个问题简直没有意义。他提起他的国家捷克的文学，好像唯一可提的就是《好兵帅克》。而我的身后是广袤的中国，退一步是晴空万里。于是就有了视野的改变，促使我同时搞中国方面的研究，保持对话，用法语写作，包括创作作品，也包括撰写关于中国及中国历史、文化的介绍性兼有随想性的文章。此外，我个人爱好比较广，也在法国巴黎办过各种展览，包括中国摄影和书画的展览。这些经历使我发现天地很广阔，作为个体，作为一个旅居法国的中国人，保留了和自己的国家文化的亲密接触，这使得我在异国他乡没有孤独感。

我开始真正去思考，去体验，眼界开阔了，心胸也开阔了，可谓是一种陶冶。我认为，在国外学习研究不仅仅是为了拿到一张或数张文凭，而更是对自我的生活方式和风格的锤炼，对自身修养的锤炼。如何既保持自己的个性，又能在大的范围内（在学术界和创作界）抒发自己的见地，不带偏见、不卑不亢，这是我在治学生涯中始终追求的境界和状态。

问：在移居法国之前，昆德拉一直用捷克语写作，后来他用法语写了《缓慢》和《身份》，有人说，尤其在《不朽》之后，他不再是典型的捷克作家，而他本人也要求人们把他看作一个“欧洲作家”。和昆德拉一样，您也用法语写作。那么，想象中的读者群体是怎样的？换言之，就是为谁写作的问题。《光明日报》近期有文章批评海外的部分中国作家的作品有迎合和取悦外国读者口味的倾向。这也涉及在国外写作的身份问题。您如何看待这个问题？

答：这确实是一个问题。在国外生活，身处其境，用外语写作无疑对自我是一种挑战，也是一种诱惑。用另一种语言、另一种思维去表达自我，这是许多人一辈子的梦想，同时也是一种需求。我不知不觉地用法语写作，从一开始就是很真诚、很自然的。在写作时肯定有面对怎样的读者群的问题。既然选择用一门外语写作，必然不可能忽视使用这种语言的民族的文化和心理，不可能逃避这个问题。但究竟是否为了迎合他们的口味而写作就不好说了。当然，确实有这样的人、这样的作品，明眼人一看就知道是在张扬，对谈论的事没有经历过，没有真正体验，只是道听途说。我瞧不起这样的人和作品。用外语写作，不仅仅是用语言本身，而更是运用一种思维方式，有时就会撞击出火花。当然，人类理性的思想总有批判的一面，有时候批判其实可能是在骂自己。人的创作总有批判性，比方说，昆德拉在小说中批判捷克的种种情况，我觉得完全有道理。文学可以"怨"，这和有些人靠"骂"来出名是不同的。是否媚外，应区分看待。还是从好处想。批评人家容易，可写一部小说，哪怕只写一两百页，哪怕是写一部烂小说，尤其用外语写作，也不是件容易的事。画出来的东西，看一下觉得很简单，其实真正画起来，就不简单了。要达到高明，就很难了。不创作不知道创作艰辛。用外语写出好的作品，需要花很多的时间和力气，需要加倍的努力，值得我们尊重。

问：20 世纪 90 年代初，中国一度掀起"昆德拉热"，如同一切"文化热"一样，所谓"昆德拉热"也是以误解为前提的。今天时过境迁，甚至有人说他好比过时的时髦，好比《生命中不能承受之轻》女主人公特丽莎胳臂下的《安娜·卡列尼娜》。您怎样看待昆德拉在中国的接受，又怎样看待当年的热潮和如今的落潮？

答：中国的"昆德拉热"发生在 1992、1993 年左右，虽然当时我在国外，但也关注在中国兴起的昆德拉热潮。那个时候，我在法国学习，读了很多人的书。阅读使我打开了一个广阔的世界，令我真正感到昆德拉只是众多高山中的一座。不可否认，艺术作品总在被误读，“热潮”在社会学研究中有很多讲究：在某个国家、某个时代突然兴起接受的“热潮”是与社会潜意识的认同机制有关的。昆德拉作品的“热潮”和“退潮”不改变它的真正价值，不改变它在欧洲文学和文明史上的地位。今天，在“昆德拉热”退潮之后，我认为反而需要再提他，因为他的确是20世纪独树一帜的一名好作家。近几年，悲哀之处在于，没有出现任何一部好的文学作品。在这种环境下，我们有必要再探讨昆德拉的作品，让我们的思想保持清醒。知识分子的思想要保持活力，在新的精神食粮不太多的情况下，重新咀嚼有价值的精神食粮，也是文学研究的意义所在。在思想界，总有“高峰”和“低谷”，总有暂时没有大师和伟大作品出现的时候；在这种情况下，需要坚持“精神锻炼”，就像西方中世纪的一种提法。做学问需要不断地“炼”。脑子是需要不断“锻炼”的，需要对一些主题不断进行思考，而且从各个方面进行思考，从正面和侧面打入一些概念和现象，可以是昆德拉，也可以是他人的作品，这是搞文学研究的基本功。

问：中国人有一种诺贝尔文学奖的“情结”，总觉得这一奖项是世界文学界的桂冠。昆德拉连续多次得到提名，却从未获得诺贝尔文学奖。您对此怎样评价？

答：的确，昆德拉多次得到诺贝尔文学奖的提名，但是都没有得奖。据说沈从文当年曾有机会获奖，但不巧的是，恰逢那年他去世，否则，中国人早就得过一次诺贝尔文学奖了。诺贝尔奖确实是世界上重要的奖项，尤其是在自然科学领域；今天，中国强调科技，强调冲出亚洲、走向世界，也非常重视世界性的奖项。但是，在西方进入“后现代”之后，任何奖项的颁发都需要考虑全局的因素，比方说，几大洲要轮着来。再比方说，假如好几年发给男性，接下来就该考虑给女性了。历史上有些问题遗留下来，在社会潜意识中形成一种“结”，好像发了一个“奖”，就解开了“结”。实际上，说到诺贝尔文学奖的颁发，真正“众望所归”的，少而又少。这涉及很多的问题。高行健的《灵山》之所以获奖与好的翻译不无关系，该书的法文译者做了很大牺牲，当时，高行健的这部作品在法国没有任何一家出版社要它，后来是在译者说“我可以分文不要”的情况下被接受了。如果你可以读懂法文，你会发现译本的语言非常好。而且，高行健的文学可以说是两种文化撞击的结果，他走了一条怪异的路数。简言之，就是中国的“玄学”和西方的“形而上”结合的道路，其中糅合了许多现代的概念，比如西方的“荒诞”。中国的语言用来表达概念，往往并不是那么清晰，而西方的语言强调概念，像德语、法语表现概念则更容易些。比如，米兰·昆德拉的《生命难以承受之轻》，众所周知，“生命”和“存在”不是一回事；西方大凡有文化的人都明白“存在”一词何指，但对我们就有点难，于是只好用不是同一回事的另一个词语来翻译。高行健的作品找到了好的译者，用上了好的语言传达过去，这也是获奖的原因之一。文学奖项是社会层面的某种承认，但承认方式可以有好多种，比如大众的承认。头一个诺贝尔文学奖在世界文学史上就是一个失败，几乎没在文学史上留下什么痕迹。哪怕近十年的文学奖得主，回想起来很可能只能想起两三个。所以，一定要保持自己的见解。能够捍卫某个作家或某种文学，这是我们的责任。切实看出某个作家、某部作品的闪光点，能够说服人们了解和接受，这是我们搞文学研究这行的工作者应当重视的，其他则与我们无关。

问：在阅读中，感觉有这样一种现象，今年听说哪个作家的作品获诺贝尔文学奖，赶紧去找却找不到那本书。在一段时间之后，大批量的书出来。真出来时（笑）也许你就不读它了。

答：是这样的。很多事情有让人惊讶的地方，在现实生活中，很多法国人根本不知道高行健获得诺贝尔文学奖。高行健得奖后和没得奖之前当然有区别；但《灵山》在法国达到的销售总量并不太高，不能算是畅销的书。现在的社会到底在受什么机制制约，实在很难说。当然并不是说，畅销书不一定是好书，绝对不是这个意思。看重足球冲出亚洲，看重加入 WTO（其实，很少国家没进 WTO 的，这是早就应该做的一件事情）：这说明，我们的国家处在蒸蒸日上的时代。我们国家的人需要有一种给我们鼓劲的东西。像诺贝尔文学奖，以前从来没得过，很看重，突然发现得奖者早已入了别国的国籍，在国内的名气也不是太大，有些失落和愤愤然的感觉。仿佛明明应该我们做的事情，让别人做了。这只是一种感觉而已。

问：1968 年，法国发生了一件极其重要的事件即“五月风暴”，作为 20 世纪的最后一场革命，这一事件在 20 世纪后半叶的法国社会产生了深刻影响，它无疑是发达资本主义时代反抗主流意识形态的一次尝试，也是一个孤独的行为表达。可否请您谈谈您在法国留学期间切身感到这一事件对于法国文化与学术界的影响以及对于整个法国社会的影响。

答：你刚才提到“五月风暴”是西方 20 世纪的最后一次革命。我不知道是否可以冠之以这个叫法，似乎前面应当加许多限定语才可以这样讲，比如“法国的”。的确，这是个很重要的政治事件，但说实话，在我到法国时已几乎感觉不到它的余波。应该这样说，如果没有“五月风暴”，法国很有可能还处在很保守、各个方面（特别是在体制方面）都受到许多制约的状况。“五月风暴”使人看到思想的解放，有一定的革命性的力量。

其实，法国在历史上发生过大革命、巴黎公社，这些应该说更多是深层结构的影响。当我到法国时，离“五月风暴”的发生，已经足足过去20年了，当年的年轻人步入中年，曾经的反抗者进入顶层的统治阶层，很多人自己也已经背叛了当年的想法。只有在思想界，一些真正的知识分子，尤其是左翼的知识分子，比如布尔迪厄，他始终保持着“五月风暴”的精神，希望法国还能有这样一次革命。他是其中最明显的。这种思想贯穿到对一些具体问题的认识上，比如对“平庸化”“庸俗化”的反抗。面对现代西方高度发达的现实，这些知识分子认为，最大的弊病是到处弥漫着“庸俗化”的空气，个体不知不觉地被溶解掉，这是最大的问题。通过各种媒体、图像，人们不知不觉地跟随消费社会走。法国知识分子强调，透过西方现代社会花花绿绿的斑斓景象，如何保留自己的清醒意识，如何保留自己生活的风格，找到适合自己的活法。所以，在法国的社会现实中，看不到“五月风暴”事件明显的痕迹。但这一事件在社会的深层意识结构中保留着淡化了的却又确定存在着的痕迹。

问：如果在社会层面不明显，那么在文本中是否还是呈现出了相当的记忆和关怀？比如，罗兰·巴特“在语词中颠覆”，福柯针对话语和社会权力的结构关系的洞见，是否可以这样讲，在退回书斋之后，他们还是在语言层面上进行着反抗的表述？

答：是这样的。但是，别忘记了写作年代的问题：罗兰·巴特的这些作品是什么时候写的？福柯的又是什么时候写的？大多是20世纪70年代的。由于翻译的问题，中间已隔了一段历史。福柯去世前写的东西也已几乎没有太多人看了。世界的变化有时快起来快得可怕。这就是现代社会的可怕之处。去年觉得不可动摇，可今年就已无法把握。比如昆德拉就写过《缓慢》一书，强调现代社会中，“缓慢”作为一种价值的丧失。

打个比方，两个人赛跑1 500米，你跑得比我快，还是有价值的区分；但在真正的加速度之后，你跑得比我快几秒已经失去意义。在速度超出个体的感知能力之外以后，任何东西都在加速度中被溶解了，人们无法静下心来体会和咀嚼一些东西；而思想往往不是一下子迷惑你的那些东西，往往需要你慢慢去体会和消化，就像嚼橄榄一样越嚼越有味。现代社会却已经让你没有时间去消化，今天发生的事情淹没昨天的历史，整个世界的历史也没有了，也就是所谓的“历史的终止”。

在思想界也是同样的情况。以前每天只有三本书看，现在每天有300本，你怎么看？于是，在这种情况下，平庸和优秀混杂在一起，甚至不让人有时间去挑选，到了这种程度，任何个体都没有办法，正如忽然面对呼啦啦的一大片人，你怎么喊也都没有用，这种状况持续时间长了，社会就有问题了，因为个人的声音很难形成。因而，法国的左翼知识分子以及“五月风暴”培养起来的思想家强调指出，希望人们不要被迷惑，不追求“大”，不追求“多”，而是追求“少”而“精”。只有在这种情况下，才有可能真正咀嚼，才有可能保护菁华的东西。就连吃饭也是一样的道理，如果“少”而“精”，才能让人体会出做得好与否；如果每天吃快餐，舌头品味自然降低。为什么西方人那么强调灵与肉的关系、灵魂与肉体的关系，因为，如果身体受到来自四面八方的攻击，会连及思想，从而产生麻木。我想，好在我们国家目前还没有出现这种情况，虽然可能在慢慢地开始出现。所以，我觉得，不能把西方的东西全盘拿来、全盘吸收，这确实是有道理的。西方许多思想也是应运而生，我们要善于分辨。

问：您的专业是文学批评，尤其针对法国的现代诗人亨利·米肖（Henri Michaux）做了深入的研究；但同时，您的个人创作甚丰，童话集（如《万夜之梦》）和诗集（如《远方的手》）都曾在法国引起关注或轰动，可以说是“创作型”的学者。行走在创作与批评之间，您怎样看待写作与批评的关系？您在给法国语言文学系的研究生讲课时曾谈到，“写作是生命的冲动”，那么，您如何理解批评的意义呢？

答：我认为，一般来说，写作和批评是人的思维模式的两个方面，好比太阳与月亮。许多文学大家往往既能创作又能批评，比如作为作家的萨特也是法国最好的批评家之一，你要是读读郭宏安老师译的萨特的东西就会明白。有的人偏重写作，自省的能力也很强；有的人偏重批评，个人的情况有所不同。总体而言，我想，创作是更个体化的活动，侧重内心的抒发，而批评更多地要进入文化，进入知识，进入体系。两者并不冲突，但一个人在某个阶段会有不同的偏重。目前，我更侧重与他者的交流，花很多的时间去翻译别人，去研究别人，并不想有太多自我的东西，而更倾向于进入社会和知识的体系、文化交流的体系。既有大量的创作又有大量的批评，必须进入一种特别的状态才行，需要一种狂热，一种全身心投入，还需要一种似有神助的妙境。这些我自认目前没有。这也是阶段性的。也许突然有一天我发现又有许多自我需要表达的东西。此外，比方说，法国现代的批评家罗兰·巴特没写过任何一部小说，但是他的批评本身就是一种创作，他只不过想改变对传统作家的观念，传统意义上的作家必须写典型的文学种类，比如小说、诗歌或者戏剧，如果这三样体裁一样不沾边，那么就算不上作家。而罗兰·巴特用他的批评突破了这一传统的观念。归根到底，无论是写作还是批评，重要的是表达，是言说的不同形式。选择哪种形式并不重要，最可怕的是谁都不说，不去表达。

问：在一个学者的成长历程中，阅读占有举足轻重的地位。请您谈一下您目前在阅读中关注的主要方面，阅读的兴趣点。

答：我目前读的较多的是思想史和艺术史，越来越多地寻找能真正反映出一个学者研究的成果和结晶的作品。轻松和漂亮的作品反而读得少了。我现在需要知识和文化含量很大的书籍，作者花了很大功夫，确实又做得很像样子，带着一定的思想境界，也就是所谓的“学问”，很难做到。它不是靠一时的激情，而是慢慢沉淀下来的。拿到这样一本书，厚厚的，真的是一种享受。阅读的过程也是与作者对话的过程。不在于他的思想是否艰深，也不在于他的知识是否如何渊博。关键在于，他确实竭尽全力地探讨了一个问题、一个概念或者一个时期，而且清晰地表述出来。读这样的书，确实对我们是一种提升。我手边刚刚译出的一部法国艺术理论著作，叫作《云的理论》，就是这样一本厚厚的书，有些观点在文艺批评理论尤其是主题学方面是具有开拓性的，可以带来很多启发。

问：谈到思想史，在中国 20 世纪 90 年代的思想史上，早期影响较大的就是李泽厚，而目前，葛兆光的《中国思想史》三卷本在中国学术界颇有反响。或许扯一个题外话：可否请您谈一下您怎样看待当代的中国学者对于中国思想史的研究成果。

答：这两位名气都很大，在当今的思想史研究领域很有影响。我在此不想妄评。可以肯定的是，他们的成就跟时代所造就的学术环境和条件不可分。思想和学问如果没有遇到那样一个环境，如果没有新的思想传进来，没有视角的变换，不可能产生新的东西。同样是中国的思想，同样是中国历史，知识渊博、才华横溢的研究者多得是，而他们在新的思想的启发下，就可以带着一些新的眼光，从整体上重新看待和把握。这也证明了还是需要不断介绍西方，不断地和西方对话，和世界沟通。而且这更说明一点，重要的不在于你所研究的“东西”本身：了解中国思想史的人多如牛毛，渊博的人也很多，但真正能像李、葛二位提出新想法的并不多。所以，重要的是新的方法，新的突破口，新的视角，没有一个人可以抬起地球，但还是阿基米德的那句话，寻找到那个杠杆和点，这是很重要的。

我们必须重视西方思想的译介工作，那么就说到了外国语言工作者的责任。可以想象，一部好书翻译得不好，一旦流传出去，它造成的恶果有多大。所以，我老想提倡“回归语言”：不可忽视语言，必须高度讲究语言。无论进行中国研究或外国研究，语言是思想的载体，这两者是不可分的。当然，如今不再是翻译家的时代，不再是傅雷的时代。时代在变，但我们应当鼓励翻译。翻译首先要理解作品，不先吃透一本作品，就很难再用自己的语言传达出来；这个过程需要的时间、理解力、穿透力以及逻辑思考的能力，绝对不亚于做一篇学术的论文。翻译是高强度的工作。李泽厚的出现，当时正好赶上我国在“四人帮”倒台后第一次大量介绍翻译西方。我记得我当大学生的时候，那一套套的西方社科思想名著真是琳琅满目；葛兆光遇上的是第二次或者第三次大量的介绍，可以看出他在方法上借鉴了许多国外的观点，如福柯的观点。时代在向前走，我们需要不断接受和产生新的东西。

问：在读译文时，尤其在社会科学领域，我个人更倾向本学科的人翻译的作品，而不太愿意读学纯语言的人的译著，您怎样看待这一问题？

答：我觉得，这个问题首先是很自然的现象。人们通常会觉得搞社会学的人来翻译社会学、搞哲学的人来翻译哲学著作会更好。但其实也不尽然。尤其涉及现代部分。如果说涉及 19 世纪以前的传统学科，也许是这样；但到了现代，或更具体而言，到了 20 世纪五六十年代以后，特别是涉及法国，任何一次思想革命都是和语言联系在一起的，如果没有对语言的高度把握，则很难深入理解思想。所以，我倒反而认为，至少涉及 20 世纪下半叶，思想革命是从语言革命中生发出来的，或者说，思想和语言的革命同时进行。懂黑格尔的（搞哲学的）不一定懂利奥塔，不一定懂德里达。哲学本身是一种决裂，与自身传统的决裂。我还是强调“回归语言”。归根结底，20 世纪的思想和语言联系紧密，这也是一大特征，新的语言打开新的眼界，从语言探入思想，两者密不可分。也许某些概念，内行的人更容易领悟到。但翻译更需要对语言的高度把握。关键在于，语言不仅是概念，更是一种句法和语法，而句法和语法是一种“关系”（思想归根结底也是一种“关系”），而语言工作者自然对这种句法和语法的关系更敏感。

问：在翻译中，学专业的人可能倾向于转化成自己的理解表达出来；学语言的人也许更侧重对句法、语法的把握。在译本的比较阅读中，我们发现有时候本专业的翻译文本可读性更强，但对照原文，差距较大；而学语言的翻译文本相对更切近原文，但有时候艰涩得让人看不懂。目前充斥着大量的翻译文本，但经常很难找到好的译本，译法也缺少规范化。

答：翻译是难事，吃力不讨好，很辛苦。不可以把这两种翻译绝对化，孰高难说。对一些重要的作品，在读懂原文的基础上写一部书，更有助于学生和爱好者的了解。但翻译有自己的规矩，不能太发挥，偏离原文的阐释应当算作“编译”。不过，两三个版本共存也不是坏事。说到规范化的问题，那可复杂，涉及人与人之间的交往；谁来规范，凭什么来规范，有什么资格规范，这个问题涉及与翻译无关的问题，或许涉及哈贝马斯的问题（笑）。思想界鼓励“百花齐放”，不可能由人来一统天下，不可能出现“暴政”，所以比较难以统一标准。

其实，不存在完美的翻译版本，不存在百分百的翻译。哪个版本更好，对行内人来说是不言自明的，明眼人一看就知道。翻译版本水平的比较不是理论问题，但翻译本身是很大的问题。无论如何，翻译工作者必须有好的语言功底，这不是仅仅局限于句法和语法概念；对语言的高度把握，本身就是一门学问。中国的很多语言大师都有自己的所长，在其他方面也是专家。以前的翻译大家很多都是“百科全书型”的，只不过在快节奏的现代社会很难做到这一点，但这永远是一种理想的境界。

目前对翻译实在重视得不够。最绝的就是所谓的“翻译不算”（评职称、评成果等）。恕我直言，当今我国大学之中，能够写出一部“原创”的学术专著的人不多。有很多人是在那里编写（也就有对译作的参考），而且这是很正常的，学术本来就是互相学习、不断学习的事情。很多领域，没有译作，很难搞出大名堂来。而且，教授教授，要既教又授，没有传译过来的东西，在许多领域，你教什么？授什么？鼓励读原文、写原文当然好，可现在谁还能像钱钟书那样懂那么多外语？翻译是为人做嫁衣的事情，为人做好事的事情。我本人越来越佩服那些现在还能为别人做好事的人，所以我崇尚翻译这个工作，也愿意为之投入极大的精力，不管人家“算不算”。

问：在旅居巴黎期间，您始终没有舍弃对于中国文化的钟爱，一直致力于传播和研究中国的古代文化，同时，还创办了译介中国当代文学作品的出版社，非常关注现代中国文学的走向。跨在中国与法国文化之间，您如何在批评和研究中融合中法文化的差异？在2001年4月北大举办的“多元之美”比较文学国际学术研讨会上，您曾结合西方的诗歌理论探讨中国古代诗歌（《斜阳：节奏与意象》）。在经历了中法文化的撞击之后，您考虑选择怎样的一个立足点来建构自己的学术研究视野？

答：首先，作为一个中国人，永远不可能忘记自己的文化，想忘也忘不掉。2001年12月，我在日本东京参加一个法国文学的研讨会，在交流中我发现，有的日本学者对法国文化钻研很深，但对于本国的文化却一问三不知；但我不可能做到这一点。我不太懂比较文学的理论和方法，但我想，只要涉及外语，任何人自然而然会有比较的倾向，比如，你一说话就看到两个参照物，你就想知道你言说的东西更接近哪一个，这几乎是自然和本能的反应。

在说外语时，你想表达一个概念，可突然意识到这是在中文中也曾学到的，马上就会想到内涵究竟是否一样，涉及的究竟是否是同一个范围的东西。这些都是会自然而然遇到的。比如，研究西方的作家，当然要放置到西方人的历史范围、特定的意识范围之下。这又说到了为什么我不愿意跟着昆德拉写法语论文，因为他相对法国而言终究是外国人，我当时毕竟是要写法国的东西，梦想以法国专家的身份出现。这一点很重要，我们出国留学不是去卖中国的东西，而是真正去潜心学习西方的东西。在我写和中国有很大关系的米肖的博士论文时，我的导师和许多人建议我比较作家与中国以及中国文化的关系，但我无意于此，完全把米肖作为法国的诗人、画家研究，在总共500页的论文中，我只用了50页（即10%）提到米肖与中国的关系，因为那确实是个重要的、需要提、值得研究的问题，而论文90%的篇幅探讨纯粹的诗学问题、现代诗歌的问题。这一点是很重要的，也就是说，从一开始，我并没有把比较作为立足点。在学习和研究的过程中，自然而然会涌现出来自己的东西，跟中国文化有关的东西。在涌现的时候不要抛弃它，而是带着新的目光重新看。回到国内，在新的一年的研究中，在和比较文学接触的特定语境下，也发现了许多有意思的东西。这也是一个眼界的问题。走到另一种文化中，见的多了，再回头看会不一样，肯定会看到别人不一定能看到的东西。而这个时候就会产生有关本国文化和异域文化的比较。2001年年底，我在日本的法国文学研讨大会上作了关于戴望舒诗歌研究的发言，当时的效果非常好，因为我是带着新的眼光去重读戴望舒，虽然我是用法文宣读的论文。但我想，国内研究戴望舒的学者不会那么写，也不会那么去研究。像刚才提到的"多元之美"比较文学研讨会的那篇论文，我是用西方现代的眼光重新解读中国古代的诗歌。这听上去有点奇怪，但其实一点也不怪，中国古代的东西很多有现代东西的萌芽。重新发现中国古代的思想中的现代意识，也是西方现代研究的一大特点。我回国后翻译了著名艺术史家达弥施写的《云的理论》[台湾（地区）出版]，这是很好的一本书，书中就有一整章谈到了中国文化和思想，这是不可避免的。西方的文化不能再独自往前了，特别是在现代。比方说，西方的绘画到了塞尚那里，不可能再往前了，必须去发现东方，走出“逻各斯”中心主义，需要与东方异域面对面对话，与深厚的东方文明对话，在对话中撞击出新的火花。但你要知道，我对中国古代文化也没有什么太深的造诣。这可能也是我们青年学者的一个共同的毛病，也可以说是特点。就是说，我们很难，甚至不可能企及老一代学者学问的深厚和渊博。在 2002 年 1 月的“纪念雨果诞辰二百周年”学术研讨会上，在听完张芝联先生、许渊冲先生的发言后，我就说，虽然不敢说我们之间有“代沟”，但肯定有“断层”。在学问与渊博方面，我们哪怕光了脚丫子去追，也到不了那种境界了。但也许新一代学者有更多的新的方法。比较也好，专门研究也好，我想，目的只有一个：把问题说清楚。如果比较能够带来新的眼光，如果“跨”带来新的视野和新的照明，就可以运用。在文学研究中，我“跨”到艺术和宗教，就是要借光来照；说到底，做学问的目的何在，就是想达到一种境界，不敢说是“通”，而是“豁然开朗”，这是中国学者一向追求和崇尚的境界，如同《桃花源记》中所写。一开始只是看到微弱的光，突然之间“豁然开朗”：一个大的境界看到了。作为个体，在大千世界中是很微小的，好比大海中一粒沙子，但在追求中会感到“神秘主义”一般的身心的愉悦，仿佛突然上了一层楼。撞击给予我们愉悦，这种感受对于从事东方研究或西方研究的学者同样重要。它或许不可能天天有，但正所谓“曾经沧海难为水”，一旦拥有过，我们总期待再找到它，而下一次再出现，有时候需要等待很长的时间。

问：您可以说是跨在中法文化之间的“两栖学者”。可否请您对比一下巴黎和北京或者说中法的文化氛围。也想请您谈谈为什么在旅居巴黎12年后选择回到北京？

答：巴黎从来都是国际化的文化大都市，这是日积月累的；巴黎是没有遭到损坏的城市，城市本身凝聚着厚重的历史传统。北京在中国是文化思想的中心，伴随着时代的演进，伴随着许多事件的发生，北京经历着日新月异的变化，它大有潜在的能力。12年是一个轮回。我在法国住在萨特曾经居住的街区，周围的文化氛围很强，有许多书店，旁边的一条街上，每个周四举办画展，我每次都要去蹭几杯香槟。如同海明威所说，“巴黎是个盛宴”，在我刚到巴黎的头几年中，尤其体会到这一点。巴黎一度使我流连忘返。后来，在巴黎的生活进入相对重复的阶段，西方文化已经进入整体性的消费阶段。人总会追求新鲜和刺激，而中国大的趋势是在向前走，期待着回来进入创造，也许是理想化了(笑)。

“变化”是很重要的概念。我回到北大，仅仅12年，感觉恍如隔世。换换环境，“人挪活，树挪死”，中国古人说，“为有源头活水来”。活水从变化而来。我选择回到国内，希望面对新鲜的东西，也不想错过国内发生的以及将要发生的重要事情。要是错过了，作为中国人，是不可原谅的。如果国内发生的事情不知道，感觉很可惜。不生活在一个国家，对发生在这个国家的事情就只能隔靴搔痒。

我本人还有一个很深的体会：作为一名外国人，我对法语，客观地说，应该说有相当高的把握了。我长这么大，唯一真正可以聊以安慰自己的，也许就是我的法语。但总是有不可逾越的地方。用法语写文章，特别在涉及高深的思想时，总会在语言的一些小问题上有举棋不定的地方，哪怕仅仅是一些标点符号。对于法语，我总不能确切地肯定：就是“它”了。几年前，我就曾达到一个境界，感觉法语是一片大海，只剩下几块礁石了，感觉只要把礁石炸掉，就彻底“搞定”它了。总希望能一锤定音，但总是无法做到如母语般亲近，总没有用母语写作的游刃有余，总隔了一层。当然这是相对而言，哪怕只隔了一点点。这是一个十分令人苦恼的地方。以语言为生的人，不能不解决这个问题。用外语写作，总会觉得是“搭”起来的，是用理性和逻辑搭建起来的，而不是“流”出来的。我也许可以译出深奥的马拉美或者德里达，但一个 5 岁的法国小孩骂我，我也许并不明白他在骂我什么。

问：可否请您对比一下 12 年前的北大和 12 年后的北大，您当学生时代的北大和今天任教的北大？

答：这个问题有点尖锐（笑）。分两个方面来看。第一感觉就是刚才说的恍若隔世。眼前是过去的风景，未名湖还是像以前那么美，校园外观上也没有太大变化。但作为个体，从怀旧感而言，感觉恍若隔世。遗忘是很可怕的。在回国之际，我希望面对一个全新的北大，感慨很多。校园的“硬件”有很多改善，在全中国社会上的形象的树立，世界上的形象，学术气氛和学生的精神风貌，等等，都不错。从前的学生简单些，现在的学生面对的诱惑太多，和外部世界的接触很多，当然这也是件好事。基本设施上，比如教室，则有些“依然故我”。这些是次要的，学校的管理在总体上更规范化，提供给师生定期交流的机会非常多，也鼓励搞研究，强调科研，眼界开阔，学校间交流的机会很多，我回国以后就已经参加过好几个国际研讨会。我在北大打下了法语学习的基础，的确，搞学术研究需要扎实的基础，需要诚实的学术环境，把握机会，不能荒废光阴。我憎恶浪费时间。任何人都没有权利浪费时间，要对得起自己。

问：12 年后的北大有它变与不变的地方；今天的北大保持了"兼容并蓄"的良好传统，也愈加重视吸纳海外归来的学者。正是得益于此，我们才有机会接触到 12 年后学贯中西的董老师，您也给 12 年后的北大法语系带来新的空气。可否请您谈谈，在回国后，您目前的研究方向以及今后的打算？

答：首先，千万不要说我"学贯中西"，这样的华冠，只有德高望重的老教授们戴得下，我会觉得"沐猴而冠"。我想，拿到博士学位真的只是一个起步。一般而言，所谓博士只是了解了某个领域内大概发生过的思潮，或者针对某一点进行了深入研究。这绝对仅仅是个起点，反而会构成一种压力，因为高山仰止，见得多了。"无知者无畏"，博士有了点"知"，不得不畏。说到目前的工作，首先，我会继续脚踏实地从事翻译。我对翻译的看法前面已经提到过了。我打算翻译一些涉及面较广、跨学科的东西，渗透到各个领域，保持对于语言的敏感和好奇心。其次，我在进行罗兰·巴特的研究，他是一个奇迹，既营造起一个象牙塔，又很关注现实，处在各种各样的社会思潮的交叉路口。从整体上去把握罗兰·巴特，探讨他的做法、走法和研究方法，放置在具体的历史环境下还他一个本来面目。看看他思想的各个面，每个新思想都有所触及，快要成为历史但还未完全成为历史，真正读懂罗兰·巴特，必须了解 20 世纪的思潮。通过研究罗兰·巴特，对 20 世纪的文学和思想做一定的梳理，尤其是诗学与艺术。同时，我还会非常关注中国的当代文学，尽全力寻找令我感动的作品，一旦发现好的作品，我会将之介绍给法国，也许进而让世界了解它。在担任大学教师的教学任务之外，我的责任感会促使我继续为推进中法文化间的交流尽绵薄之力。这是件极为重要的事情。

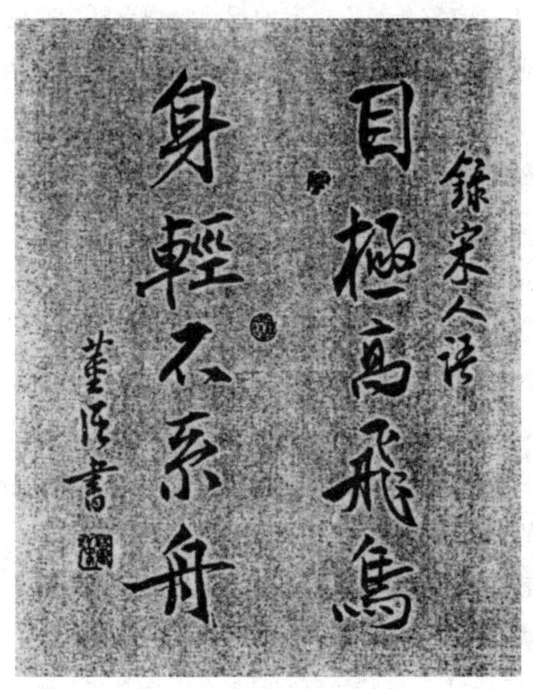

董强先生书法作品

坚守文学性

——访曹文轩教授

[学者简介]

曹文轩，1954 年 1 月出生于江苏盐城，中国儿童文学作家。1977 年毕业于北京大学中文系并留校任教。任北京作家协会副主席，北京大学教授、当代文学博士生导师、当代文学教研室主任，儿童文学委员会委员，中国作家协会鲁迅文学院客座教授。出版有《山羊不吃天堂草》《草房子》《根鸟》《青铜葵花》等。著有《中国八十年代文学现象研究》《思维论》《荒漠的回响——曹文轩文学论集》《面对微妙》《二十世纪末中国文学现象研究》等。2016 年 4 月获“国际安徒生奖”，这是中国作家首次获此殊荣。

一、学术的格局

问：某种程度上，您似乎从一个古典主义者变成了“先锋派”。这些年来，您的一系列文学观点和主张，比如文学要讲文学性、审美等，都显得不合时宜。首先想问：您 2004 年招收了创作方向的研究生，在北大中文系历史上是第一次，这种做法是如何酝酿的？意义何在？有没有遇到什么压力？历来人们说中文系不培养作家，您对此怎么看呢？

答：这样做的目的有两个：一是调整一下学术的格局。现在的格局非常单一，是所谓学者的学术。学术的格局应该是多样化的，而不仅仅是学者的学术。天下的学问仅仅在这样一个学者的体制里面是不够的。在学术的历史里，有很大一脉不是由纯粹的学者做成的，还有文化人、作家。文化人和学者的概念不一样，文化人和学者共同参与到学问的建设……你看鲁迅当时做的学问，和那些纯粹的学者是不一样的。而这两者里你还很难说谁高谁低。我们都知道一个不可推翻的事实：由作家鲁迅所写的《中国小说史略》至今仍是任何研究小说的学者无法绕过的经典。

他对中国小说史有非常独到的见解和精辟的言说，而这些并不是纯粹出于一个学者的经验，它还来自一个作家的经验，而且这些经验是非常宝贵的。回顾一下 20 世纪二三十年代中国学术的格局，是由一部分纯粹的学者和一部分具有作家与学者双重身份的学者共同建立的。这样的格局后来基本没有了，后来的学术全靠学者来建设。这是非常可惜的。因为作家与学者的思维方式不一样，他的学问不是从纯粹的学术理念或逻辑推理来展开，而是出于一种生命的体验、感悟和哲学思考，这种体验、感悟和哲学有时候可能比理性更具有穿透力，能直接达到一个问题最要害的地方去。理性并不是解决问题的唯一途径，这个问题我在《第二世界》一书中论述过，就不细说了。

问："五四"时期，北大和南京几所高校像东南大学、中央大学、金陵女子大学治学风格很不一样，北大开风气，建立现代学术，更多的是纯粹学理创造与建设；而南京的高校则研究与创作并重，创作为研究应有之义，更多一份独有的文人雅致。这样的治学理路，现在依然存在，不知您如何看？

答：是，但也不完全是。我非常欣赏 20 世纪 30 年代的一批学者，像陈寅恪这样的，和今天的学者有天壤之别，他们是古典的学者而不是现代的学者。那个时代的学者的学问和现代学者的学问差别很大，他们有严谨的学术态度，也有非常厚重的学术背景，对历史、对资料的掌握都是我们现代学者无法企及的。更重要的一点是，他们把生命、体验带入了学问，而现代学者的生命体验不带入。我不欣赏现在这种学问，也不会去做这样的学问。大家看看陈寅恪的《柳如是别传》，会看到他把自己的经验带入学术中了，他考证的柳如是有一个情感、心理变化的过程，甚至包括她来来往往的过程。他说，柳如是的船那天为什么停在苏州城外，他有论证，有材料，但是同时把自己的经验带入其中了……他们做学问是以“我”这个人称进入的。我非常欣赏。他是在中国的文化背景中长大的。现在的学者则是从知识到知识，而知识并不是从他的生命体验得出来的，而是从课本里、从德里达、福柯那里得到的。从人家那个地方接受知识，然后来传播、接受、条理化，加以分析，分门别类。在福柯那边本来很融合的体系，我们把它切成一小块一小块供自己需要，很少有自己的体验。所以今天的这种学风，我实在怀疑。

最有讽刺意味的是，当我们在津津乐道地谈论这些大师的时候，却没有想到他们并不是按照我们的思路来思考的。德里达是吗？福柯是吗？他们是性情中人，从他们个人的生活状态到做学问，并不是我们想的那样，坐在椅子上一天到晚冷静思考。他们的文字表达也不像我们这样死板。海德格尔在表达哲学问题时，常常用散文化的方式。你们做论文能这样吗？在他们那里，也并不只是引经据典，反而经常主观地发表一些看法，甚至是非常极端的，一点不像我们这样四平八稳、左右摇摆、含糊其词。他们在表达思想的时候总是非常倾斜的，并不是把一个东西用一根又一根的柱子支撑着，而可能仅仅用一根柱子，很倾斜的。但是他们的徒子徒孙却在严谨的学术名义之下罗列一些知识，然后用这些知识非常机械、非常生硬地去解读研究对象。这是一个学术枯萎和衰败的现象。如果一个学者的任务仅仅在于将知识条理化、清晰化，在于某某主义的传播，我认为不是非常理想的状况。所以我更欣赏中国 20 世纪 30 年代的一些学者，包括西方现代很多学者。我老举这个例子：黑格尔是一个大学者，标标准准的学问家。然而，他居然用这样的语言来进行学术著作的书写："你要知道阿拉伯人吗？那么你就要了解阿拉伯的天空、沙漠、骆驼。"但你们能用这样的语言写论文吗？不可以。这个"不可以"的语境的形成，就是由于包括我在内的我们这些所谓的学者，在阐释一套学术理念、学术系统和学术的表达方式、规范和体制，这个过程当中，很多活性的、有弹性的、有美感的思维被排挤掉了，非常可惜。我们从来没有论证过学问标准化的合理性，但是众多言说形成了一个很大的"场"，然后把你们陷在其中，你们在写论文的时候必须按这个来，没有其他的选择，虽然这是一个不可靠的学术框架。

我们回到文学创作与研究这个方向的设置上。当时是出于这样一种考虑：能不能培养一批这样的人，他们懂得一些文学创作，也懂得一些文学研究，而创作也不是要培养作家，或者说不完全是为了培养作家。只是一种方式，它的意义在于并非要培养什么实际的人才，只代表一种理念。近几年中文系的体制进行了一定的调整，而这个调整并不是我或者哪几个人的异想天开。许多大学都有这个专业，美国的、欧洲的，包括台湾地区的。现实压力没有，倒是有一个理论上的压力，就是我们多年来一直认为，北大是不培养作家的。从前中文系的迎新会，要做的第一件事就是泼冷水，说中文系不培养作家，中文系是培养学者的。其实，中文系培养出多少学者来了？有的人能够成为学者，不一定就是中文系培养出来的，他们只不过是利用了这样一个空间，加上他们自己的造化。我认为“中文系不培养作家”这个观点不可靠。我们没有反问过，中文系为什么不能培养作家？一个没有反问过的观点，是需要斟酌的。只有一个被反问过，甚至被反复反问过的观点才能取得相对可靠性。

这个观念的产生，要追溯到《在延安文艺座谈会上的讲话》。毛泽东的这个讲话，涉及两个大前提，一个是文艺要为工农兵服务，另外一个是创作和生活的关系问题。生活是创作的源泉，而且是唯一的源泉。这两个大前提设置在他的讲话里头，是讲话的两个基本点，并形成了一个非常简单的思维的、逻辑的模式，你不在工人、农民之列，你就失去了创作的源泉，那么你也就失去了创作的理由。因此，大学是不可以培养作家的。在当时的语境下，这种讲法有其合理性。而我们今天把它抽象化以后，就不太可靠了。首先要问，生活可以被等级化吗？为什么只有工人、农民的生活才是有价值的生活，是应该被我们关注的生活；而工人、农民之外的生活就是可以忽略不计的呢？生活跟职业没关系，生活是平等的，一个大学教授跟一个在马路边捡垃圾的人，他们的生活经验是平等的。

世界上的很多东西有高下之分，唯独经验没有。国家、大学可以有三流、一流之分。一个三流的国家可以办一流的大学吗？反过来说，一个一流的国家，它没有一流的大学吗？大学决定于一个国家的实力，当国家是一流的国家时，自然会有一流的大学。但是，有一个东西是可能的，一个三流的国家，一个非常落后的国家，可以有一流的文学。为什么呢？文学是个人的经验，经验是平等的，它不存在富和穷的问题。普鲁斯特，患了病，一年四季必须在小黑屋子里待着，不能见阳光，但他能写出《追忆逝水年华》，他有他独特的经验。曹雪芹的一部《红楼梦》记载的是曹雪芹个人的经验。文学就是这样一个绝妙的东西：一个记载个人经验的文本，恰恰可能反映一个阶级的经验和一个时代的经验。《红楼梦》所记录的历史画面，是那个时代的任何文章典籍都不可企及的。我觉得《红楼梦》比当时的社会历史更可靠，这就是为什么我们不断地追求文学，为什么文学很神秘，为什么有这么多人前赴后继地亲近文学的一个重要原因。它是一种独特的意识形态，他的功能其实非常奇怪。

问：关于开设这个方向还做过什么工作？

答：我们进行过论证。后来这个创意得到了温儒敏老师的支持，他说，我们即使培养不出一个“作家”，培养一个“写家”行不行？（笑）就是我教你怎么写。不是说每一个大学都能培养出作家来，也不能反过来说凡是作家必须由大学来培养。我没有这么说。我们这也是一种尝试。但是现在情况严重到什么程度呢？就是说认为大学就不能培养作家！为什么新中国成立后没有一个作家在大学教书的呢？就是教书，他也要放弃创作。比如吴组缃先生、林庚先生，还有废名。记得陈贻焮老师讲过一件事：有一次，他骑车走到北大校门口，废名先生看到了，说“下来下来下来……”然后说：“陈贻焮，我可告诉你啊，大学是不培养作家的。”（因为陈贻焮当时想搞诗歌创作）这就是废名先生。他也拿这个来要求其他人。

问：这可能跟他后期的文学思想有关系，他后来的小说，比如《莫须有先生坐飞机》，都完全是真事，他完全不虚构。

答：这是一种理念中毒，然后大家都陷在这里边。就是这么回事。所以我们开了这么一个方向，今年招进一个学生，挺有才气的。但她能不能写出东西呢？我们并不是说非要她能写出东西，就像我们有古代文论这个专业一样，我们一定要培养出一个古代文论的学者来吗？没有谁能够担保，而且这个担保也实在是不可靠的。

问：现在国外的作家，学历越来越高。美籍华裔作家哈金就是一例。

答：打开 20 世纪五六十年代的作家创作谈和当时的批评文章，都是面对现实的东西。本来就是在生活里边，为什么说我没有生活呢？这里把生活等级化了，认为只有工人的生活、农民的生活才叫生活。所以 50 年代作家全部离开了大学，在大学的也不再搞创作了。正是这样一批人的缺少和离去，造成了学科的单一化。所以现在的大学又开始请作家回来。这几年我们可以看到作家回流了。以前的那种方案有可能导致我们离文学越来越远，导致我们研究文学的人离文学越来越远。我认为研究文学的人应该是性情中人，而不是纯粹的知识机器。作家在整个学术格局里头，可以渲染一种气氛。这对于学生非常重要。过去那些学者多有情调！比如 30 年代，大家一起喝喝茶，一起看看戏。瞧我们现在，所谓的“现代学者”，虽然我是其中一员，但是我并不习惯这种生活。说老实话，为什么会有后来的北大？是因为老北大那些学者，他们每一个人都是独特的，每个人都是按照自己的方式生活，所以北大才有那样一个学术的黄金时代。老北大的那些学者，有闹革命的，有生活得非常有趣的，五花八门，非常有性情，所以他们的学问能做成那样。现在的学问你能看得出来是谁的吗？看不出来。反倒现在的国外学者，能够独立地构建他本人在学术场合里的地位。当然，西方学者可能也分两路。我们看西方的那些大学者，其实他们的知识和他们的人是两回事，然而我们只学到了他们体制的设定和要求，而没有学到大师们做人的方式。改变一下学术的格局，这就是我们开设文学创作与研究这样一个招生方向的想法以及它的意义。

二、文学的基本面

问：文学性的问题我觉得很重要。上次我们跟洪老师访谈，他曾说很多人文学观念都在不断变化，变来变去又回到原来的位置。在咱们系里，您和吴晓东老师是坚持文学性的，但是吴老师更接近“现代派”，认为文学能表达一种不能被规约的现代性经验、体验，他也有所变化，而您则坚守一种比较恒定的、永久性的文学性。

答：这是一个很大的问题。我认为肯定有一个统一的文学性，这是毫无争议的。我一直在想，到底有没有文学性？如果没有文学性，我们还有可能谈文学吗？我们之所以能够坐在一起讨论文学，其中肯定有一个共同的东西。如果没有这个东西，我们可能讨论吗？可能有关于文学的学问吗？不可能有。如果没有文学性，我们会有文学史吗？所以说这是一个常识性的问题。正是因为它有一个基本的东西，我们才有可能去讨论它，才可能去争论它、研究它。问题仅仅在于，我们如何理解这个文学性，或者作为作家个体，怎么来发挥文学性，在文学性的前提下怎么来完成独特的创造。为什么我支持邵燕君老师开设“当代文学期刊点评”这样一门课，就是要回到常识，回到文学性。你不回到常识怎么行啊？常识其实非常简单。

问：鲁迅早就强调过宣传不等于文艺。可能人们的分歧在于，把文学的功能和审美二重性分开了。功能强调当下性，比如文学是投枪、匕首，可以是宣传和革命工具；而审美则更体现空间性，比如我们现在仍能感受李白和莎士比亚。最近左岸文化网站对曹征路小说《那儿》的讨论就能表明这一点，认为这篇小说好的论者，可能更侧重于它的社会功能，强调它反映现实的力度，而对语言、结构、叙事等因素的考虑则在其次。

问：这样的划分有点简单了，我不是功能论者。

答：文学性本来就包括功能，你那个功能其实就在文学性里边。强调文学性的人也不一定要否定文学的功能，但文学的功能一定要放在文学的框架内解释。我强调过，文学的功能要放在文学的框架里边，而不是一般的社会学的框架里。这是我们讨论问题的前提。当一部小说拿出来的时候，你怎么知道它是小说的呢？你怎么不说它是一篇杂文呢？你怎么不说它是一张桌子呢？关键是因为有文学性。我们只能说这个小说写得好不好。即使写得不好，但是你要承认它是一部小说。而一个根本不是小说的东西我们都说这是一部小说，可能吗？

问：是不是从形式方面讲，像新批评那样从形式方面界定文学性？

答：你们在谈论文学性的时候都仅仅以为是形式，文学性怎么是形式呢？不仅仅是，还包括主题啊。文学的主题和一般的社会学家关注的主题是不一样的，处理主题的方式也是不一样的。

问：文学性是很难定义的，非常复杂。

问：特里·伊格尔顿在《当代西方文学理论》的导论“什么是文学”中，就认为不存在本质意义上的文学。

答：他只是举了文学的许多反例，而且把很多事情极端化了。对此我是很怀疑的。就是说，有一个观念延续了数百年数千年我们都不否认它，今天你能随便推翻它吗？不可以。你说没有文学，那你怎么写一个叫文学理论的书呢？没有文学你就别谈文学好了。这是一个自相矛盾的地方。一个不承认文学的人谈文学原理，不是自相矛盾吗？

问：可否这样说，肯定有文学性这个东西，尽管所有的界定都不准确。

答：对，在有那个东西的基础上，然后我们的理解是千差万别的，它的神奇就在这个地方。你只能说它有什么，而不能说有和无的问题。它有，也就是有它的“性”，就像我们人，人有人性，文学有文学性。这是一个根、一个本、一个基础、一个基本面，谁要反抗这个基本面，是没有好下场的，不可能有任何结果，就像人类反抗人性一样。人们都在说“什么不是文学”，而这样说的时候，他是指向“是”的。

问：旷新年先生在一篇文章中说钱理群老师等的《中国现代文学三十年》是一本“犹豫不决”的文学史，意思是说即使是同一部文学史著作，它的文学史标准也是有矛盾的。洪老师在写《中国当代文学史》时也遇到过类似的尴尬，他曾开玩笑说我们研究的对象是“说来惭愧”的文学。这两个例子都表明他们在文学性问题上是有矛盾的。您是不是打算写一部审美的或者说文学性的文学史？

答：什么都可以原谅，文学史是不能原谅的。中国数千年的文学，大段的空白有的是啊，并不能因为它曾经有过一百年，文学史里边没有它的位置，然后我们现在必须给它地位。不能说要把中国古代文学史再重新做一下。实际上的空白是价值上的空白。诗人有的是，散文家有的是，但是我们要的是他们的艺术成就。历史的薄弱点、薄弱环节、薄弱时段有的是，所以在走完了五十多年历史的时候，我们都在拼命地想十七年文学的合理性。我们想原谅它，并反问自己是不是不能用一种惯常的文学标准来衡量它？这个态度是对的，但是，当你想不出它有什么合理性的时候，否定也应该是非常坚决的。十七年就没有什么太高的艺术成就。我的心中有一个固定的东西，李云雷他们可能没有，他认为《艳阳天》《金光大道》也是很好的。我承认它是文学的，但我不认为它们是很好的。我说那是文学，它有一些文学的基本面在里边，比如语言、风景描写。这些我不否认。我否认的是“文化大革命”时期像《牛田洋》《虹南作战史》等作品，我觉得这些不是文学。它们是一种很变态的东西，因为它们离开了文学的基本面，离开了对人性的挖掘，离开了对人的正常感情的理解和描述。它采用的是政治符号，而没有形象。文学能把形象丢掉吗？即使卡夫卡这样的作家，他也离不开形象，离不开那个虫子。我在课堂上也讲过，对于十七年，大家说不能用现在的眼光看待过去的作品，都感觉这好像是一种很人道主义的、很宽容的、很悲悯的态度。但是，唯独文学史不能存在这个观点，因为文学不存在进化的问题。难道后来的就一定比以前的好吗？今天的小说一定比过去的好吗？臧棣的诗肯定比李白的好吗？科学可能是进化的，而文学不是。

问：这跟现在的文学观念和界定有关，而我们通常说“文学是语言的艺术”，这样界说未必得体。中国古代“文”的概念更广泛，包括说理性的文字、应用性的文字，《文心雕龙》里面所列三十多种文体，按现在的理解，很多不能算作文学，但这些文体作品的文学感并不弱。

答：那是一个大文学概念！我们现在谈的是一个小文学概念。大文学太大了，包罗万象，我们现在说文学的时候，有一个泛指，即小说、诗歌、散文，不包括杂文等东西。不能用现代的思想来要求过去。我是一个历史主义者，但是不同意这种文学史中的历史主义。浩然的小说是在那样一个语境中写的，我们现在也能理解，但标准不能放宽。

问：现在有人的看法跟以前不同，像李杨老师认为《红旗谱》写得要比《白鹿原》好得多，鲁太光认为《创业史》是20世纪写农村的最好的小说。我对他们的看法有些保留，但觉得他们提出了一个新的思路。

答：这几个文本本来就是要肯定的，我也觉得写得好，但是，我不说《红旗谱》就一定比《白鹿原》写得好，《红旗谱》是文学，但它不是成就很高的文学。成就很高只能在心里领会，比如说，世界的复杂性、人性的复杂性，它达到了吗？它里边还是有一些按照政治符码把人简单化的情况。所以我并不承认它艺术成就很高，但是它还是有一个文学的基本面：故事、情节设置、语言等。当然，像《保卫延安》这样的，我很难说它是文学。

问：您最喜欢的、认为艺术成就最高的作品，都有哪些呢？

答：鲁迅所有的短篇。鲁迅的行为证实了我们的观念。对于一个文学的研究者，鲁迅是非常令人遗憾的：他为什么仅仅就只有一些短篇？他难道不能写一些长篇么？绝对可以。按照他在《呐喊》《彷徨》以及散文中表现出来的天才、那种语言的张力，他可以无休止地创造长篇，但是他没有。对于一个文学史研究者来说，这是非常遗憾的。但是对于一个历史的研究者则是幸事，他本人是伟大的。他个人，从国家、历史的利益出发，走上了另一条道路，小说不写了，写杂文。因为在鲁迅看来，文学的力量是迟缓的，而那个时代需要立竿见影、一针见血的东西。文学杀人、救人都是一个缓慢的过程，而杀人、救人都是当务之急，所以鲁迅放弃了小说，对于一个历史研究者来说，他应该为鲁迅的选择感到骄傲。文学只能按文学的路数来做，而文学在当时的作用有限。

问：好像不少人认为在鲁迅的作品里面，杂文的成就是最高的。钱理群老师等认为，杂文虽然是一种“无体”，却是最足以发挥鲁迅“创造天才”的文体。

答：杂文并不能说有多高艺术成就。我们讲鲁迅是伟大的思想家、革命家、文学家。杂文只能算在他的思想里面。他的文学地位主要体现在他的《野草》和他的小说里。

问：有意思的是，鲁迅认为，没有永久的人性，这是他跟梁实秋论战时的一个主要观点。您怎么看这个问题？

答：一个作家所说的话，有当时的语境，他说的并不可靠。我站在你的对立面了，论战起来了，我就不可能跟你说同样的话。鲁迅说这话的时候，语境是相当复杂的。不能简单地以他的结论为依据。鲁迅讲人性分作两个部分，他肯定承认人性永恒的一面，但是他也承认人性中有一个部分是会变的。像尼采讲的强力意志，变过吗？没变，只不过是在每个人身上变通的形式不同。它有一个基本的东西。我觉得，鲁迅把文学的功能和文学以外的那些意识形态的功能划分得很清楚。

问：鲁迅与梁实秋论战，有意气之争，但有一篇长文章写的是很认真的。

三、“处理”与文学性

问：在您看来，现在的大学生，尤其是文学专业的大学生，应当怎样看待文学和现实的关系呢？高一点可以说是学术和历史使命，低一点可以说是学术和现实。

问：我觉得现在人们老是把这两者隔离起来。

答：这里边要做一个区别，就是现实和现实性的问题。我们说“现实”的时候是指它的实际存在状态，什么什么正在变革，332路汽车从这儿过了，就叫现实。但是，现实性是大于这个状态的一个抽象的东西。我以为作家关注的不是现实的问题，而是现实性的问题。就像我写一个非常遥远的年代的事情，不可能是写现实的，却是写现实性的。这是文学和其他东西的区别。现实性可以落实在现实里面，也可以落实在非现实里面。在思想上我可能是一个很现代的人，但在文学上我却很保守。在其他行当里头不要谈永恒，但在文学里头要谈。即使没有也要谈，因为这样可以使我们保持更好的心态去追求更好的东西，更何况我认为有呢？最近在课堂上又讲了一次《战争与和平》，它离我们已经有很多年头了，我重读它，居然热泪盈眶。在主人公的那样一个过程中，文学表现了人的一种基本的感情变化方式。这些东西，变化过吗？

问：我觉得您主要考虑的是娜塔莎、安德烈公爵、比埃尔这些人的情感变化与人生，但小说中还有另一条线索，就是托尔斯泰对拿破仑、库图佐夫之间关于战争、人民的思考，以及安德烈公爵在农奴问题上的解放与尝试，这也是托尔斯泰考虑的重点。现在不少情况都变了，像农奴问题就不再重要，但正是这些决定了他们的情感方式，是不是应该考虑这些变化呢？

答：你研究那些变化的原因有什么意义呢？当你写的时候，这个具体原因自然就带入了，还要你说吗？就像我在写东西，我还要研究清楚这喜怒哀乐跟情节的关系，这不是多此一举吗？一个自然的东西，你去研究它其实是没有意义的。

问：现在很多学者的思路，为一个很自然的东西找一些没有意义的、简单的原因。弗莱有一个很有趣的比喻形容这些人的思路：美国因为有了铁路，所以建立了联邦。

答：是的，所以我们只讲文学的基本功能，首先是一个情感功能，你们讲的是一个社会性的东西，实践功能，情感在里面是一个基本框架。在文学中，思想必须被赋予一个文学的形式，你认识了文学修辞的意义吗？你可能否认它的思想，但不能否认它的艺术，不能否认它对思想的处理方式。你们为什么挑我的小说的语言毛病啊？语言不过关，你们还认为那是文学吗？绝对不可以。我就非常非常讲究这些做法。我为什么要用四个成语“无中生有，故弄玄虚，坐井观天，无所事事”表达对文学的看法呢？直接说不就行了吗，何必要创作呢？肯定是有一个文学性的东西。有一个词在文学中很讲究，叫“处理”。“处理”这个词非常重要，就是将现实生活变为文学作品的时候，一定要进行处理。处理就是艺术。从处理这个地方就显示出文学性和艺术性。而现在有些作家，为什么说他写的不是文学？就是没有处理或者说没有处理好。最近我到处讲真文学和假文学的问题，通过对四个成语的解读来阐述我对“真文学”的理解。我看到有一些假文学，是以文学的名义出现的，但那是我说的范畴之外的东西，而不是文学。

还有，被处理的对象也是很重要的。既不能离开被处理的对象，同时又不能离开如何处理。两者都是要讲究的。

问：您一直强调文学要表现美，而不是刻意表现丑，您激烈地批评那种老盯着屎盆子的写法。但是，从浪漫主义代表人物雨果的《〈克伦威尔〉序》发表以来，美丑对照原则实际上已经确立，您如何看待？

答：中国作家所说的丑不是丑，而是脏。丑不等于脏。罗丹的雕塑《老妓女》，我们觉得她很丑，但是我们不觉得她很脏啊。

比如，这个人长得很丑，但不等于说他很脏。说不定他是一个很干净的人，浑身散发着一股清新之气。

问：这可能是一个处理效果的问题。

答：是的。同时还是一个作家思想境界的问题。你看电影《美丽人生》，父子两个被纳粹关到集中营里头，父亲天天在哄这个小孩："你不能出来，我们在做游戏。你只要不出来，我们这个游戏就玩成功了。"这就是艺术。生活中绝对不存在这样一个事实，但我们觉得它就是真实的。这也是处理。它里面的思想并没有什么了不起，无非就是反纳粹、反战争，但这个点是很重要的，所以它能给我们震撼。正是艺术才达到了如此惊人的效果。最后，小孩在垃圾桶里，他爸爸为了保护他，死掉了。他还以为是在做游戏呢。他说："爸爸怎么还不来找我啊?"于是他推开了垃圾桶的盖子。游戏完成了，爸爸奖励他的是什么，是坦克。正好他出来的时候，联军的坦克进来了。

问：您最喜欢的电影是哪部?《泰坦尼克号》您喜欢么吗?

答：所有好看的电影我都喜欢。《泰坦尼克号》不算非常好的电影，但我也喜欢。有时候，艺术不需要追求什么无止境深刻的东西，它能给你一种非常好的感受就行了。为什么要追求那种非常冷酷的、深刻的东西?

问：比如现在的一些地下电影?

答：对，他们比你们还讲究功能，在艺术处理方面也非常讲究。它很有想法。但是这时候我在看它给我带来了什么。我的日子已经过得如此糟糕了，我已经过得如此心灰意冷，社会已经给我够多的失望了，你还要给我什么?你只能使我更加失望，更加猥琐，更加心灰意冷。我其实是一个非常矛盾的人，所以说当你们在讲艺术的时候，我可能在讲功能。就像上次评奖，评《狼图腾》和《手机》，我不矛盾吗？在艺术上《手机》肯定比《狼图腾》要成熟，但这个时候是功能压倒我，我说，假如我们还承认文学有社会功能的话，现代的人已经很狼了，你《狼图腾》还要让人更狼？而《手机》里，则是一种猥琐、阴暗和人与人之间的不可信。我也不知道怎么投。但《狼图腾》毕竟还是有一些让人震撼的东西在里面。

四、娘家理论和婆家理论

问：许多论者将您看成儿童作家，您看儿童动画片吗？

答：《萤火虫》那个动画片你们看了吗？太棒了！那就是艺术，就是文学。美感·意境，这就是文学的艺术品质。艺术的成分很多，可以是这种因素，也可以是那种因素，但不管是哪一种，都必须是艺术。比如废名、沈从文的作品，它们有一种意境，这才是文学。我们不会在哲学这个地方谈，也不会在科学方面谈。按理我们研究文学的人经常使用的是美感、意境这样的概念，而不是现在使用的现代性、意识形态等一套概念。我以为文学的理论有两种，婆家理论和娘家理论。现在的问题出在哪里？是批评的格局不完善。我不是反对现在的理论研究，以前人们做的都是娘家理论，就是关于文学本身的理论，是专门为文学做的理论。但是现在，到了20世纪以后，出现一个大的转向，文学使用的理论是婆家理论。就是说我们把文学嫁出去了。像那些哲学的、社会学的理论，我叫作大文化理论，都属于婆家的。我不反对婆家理论，文学你总要嫁出去啊。但是你不能嫁出去以后就把娘家的东西全忘了。什么“雅兴”“意境”，什么“羚羊挂角”“赋比兴”等，基本理论都是娘家理论。为什么我对现在的文学批评特别反感呢？它把娘家的理论全部丢掉了。其实我对当下文学批评的不满不是对哪个批评家的不满，而是对批评格局的不满。就像儿子娶了媳妇忘了娘，这是不合理的，你应该在娘家和婆家来回走动。这才是正当的文学批评。

问：中国文学史上，西方理论的引进有好几次。您认为鲁迅时代的引进和现在的引进有什么区别？这涉及西方理论在中国的适用性或者说转化的问题。您的《第二世界》是不是对娘家理论和婆家理论的一种综合？

答：娘家理论不是指中国的理论，而是指文学的理论。而有的理论它不是说文学的，而是谈社会学和政治学的，但是我们可以拿来评价文学作品，这就是我们说的婆家理论。

问：那么您怎么看待严复、梁启超他们对西方理论的引进呢？您认不认为20世纪90年代以来兴起的文化研究能成为一次新的大思潮？梁启超曾认为，中国思想史上有四次大的思潮，汉代经学、隋唐佛学、宋明理学、清代考据学。

答：我们在谈文化批评，不是谈文化研究。要区分这两个概念。你看整个这个访谈里我一直都在区分很多概念：学者和文化人、文学和文学性、现实和现实性、娘家理论和婆家理论。我现在再区分两个概念，就是文化研究和文化批评。我们现在谈论的不是文化研究，而是文化批评，就是拿文化的理论来研究文学的，叫文化批评。文化研究就是研究文化，不搞文学研究，这是另一个行当，另一个学科。我们现在是在讲文化批评。中国人的思维有一个很大的问题，就是不精致。这是需要向西方学习的地方。我们思维的笼统性非常严重，对讨论的东西没法做一个精确的区别，这可能跟我们的语言有关系，具体原因我也不太清楚。其实，文化批评跟文化研究是两个不同的东西。

问：从前边的谈话中能看到，您对西方理论家有不同的理解。您说海德格尔、福柯他们都是性情中人，但另外一些学者可能更重视他们规范的一面，比如我们的文风，强调客观、价值中立，强调引注。您怎么看待学术文风的问题？

答：有各种各样的学术，有各种各样的行文模式。你提到的这个学术规范到底把我们的学术规定在哪一个模式上？假如是规定在某一个模式上，那我就要问，为什么？鲁迅的《中国小说史略》是不是一种学术？我说是，那又是什么样的？福柯他们强调引文没错，他们已经是大学教育出来的。学院制度在西方其实一直遭到一部分人的反抗，像福柯他们。我们把福柯这些人拉到学院制里面来了。我们没有继承福柯的精华，也没有继承德里达的，只是继承了一套学院制度。福柯他们其实是反对学院制度的。但是我们现在又试图用学院制度式的东西来表达他们的思想，这是一个非常有意思的事情，这个问题可以当一篇论文来做。

问：您的意思是说，我们恰恰误读或者说片面理解了福柯、德里达他们？

答：你看福柯的《疯癫与文明》《规训与惩罚》等书，不觉得他感性化么？不觉得他简单化吗？就像《狼图腾》对草原民族和农耕民族的分析一样，把非常复杂的东西简单化了。我们谈海洋文化和大陆文化也同样太简单化了。这就是我们的大师！大师在某种程度上就是把某些问题极端化、简单化！可是你们做学问的时候，能允许你这样吗？打死你！非把你的论文毙了不可！

问：那您看我们现在的学术规范……

答：不可靠！

问：包括我们《学志》的文章，许多重要的问题，有的是因为学术规范而难以深入，有的则缘于所讨论的对象不合乎学术规范，而得不到学术界认同，很遗憾啊！

答：没办法啊。学术规范本身似乎有点可笑，学术是多样的，但因为学院制，所以不得不有这个规范。你们现在也不得不遵守这个规范。

问：您是作家兼学者，您怎么处理理性思维和感情经验之间的问题，我们现在许多同学写文章时都在告诫自己，要尽量客观，要排斥感情介入。

答：我没有你们这个过程。这就是个话语权的问题。我现在掌握了话份，你们没有（笑），所以你们必须在规定的范围里“熬成婆”。我写一篇长文，人家不要求我的注释怎样怎样。规范的对象是你们。

问：小学生苗苗采访您时，您曾比喻说，对待创作和学术就像看电视换频道，这个频道看腻了，就换另一个，没有什么冲突和痛苦，但我还是常能感到学术与创作间的冲突。我有些不太相信您对苗苗的说法。

答：这要因人而异。先例太多了。比如萨特，你说他是文学家还是哲学家啊？那是大学问家、大师。加缪也是。很多理论是一个假理论、假问题。鲁迅也讲两者是矛盾的，但是鲁迅自身呢？他结合得非常好，虽然他说他有矛盾的地方。鲁迅还不算典型，萨特最有代表性，那学问做得真叫学问，全是靠抽象的术语、专业的名词和逻辑推理，在剖析材料的情况下做出来的。再说艾略特，伟大的诗人，同时是“新批评”的开创者。我们这个结论怎么就这样得出来了呢？

问：是不是有的人在学院里时间长了，就会有某些变化？

答：那就要提高警惕了。个人要把握住。你们看我的小说里有什么做学问的人的痕迹吗？就是有痕迹，也是一种好的东西。

我觉得它们两者在转换的时候并不涩和难。当然，我个人的经验可能不能代表鲁迅、萨特。学术创作在他们那里并不存在矛盾，反而相得益彰。假如我不搞学术，我的小说可能写不出那样一个样子。包括我对审美的追求，可能和学院的环境有关系。我毕竟没有和一些“土匪”在一起，我是和你们在一块，和洪老师、温老师他们在一块。所以这可能是我的一个财富。

问：在您的著作中，《第二世界》是一本非常独特的哲学著作。我看了以后觉得很奇怪，作为文学研究者，怎么想起来写这样的东西呢？出于爱好还是别的动机，背景是什么？

答：写这本书的时候我年纪并不大。当时的学术界，对文学的认识有我这个想法的，几乎没有。我对文学包括思维的看法，等等，在当时找不到第二个这样的东西，而且我讲课的时候更早。那个时候，做学问的雄心壮志非常重要，初生牛犊不怕虎。这跟我的哲学底子有关。我是从头读起的，从苏格拉底一直到现代科学哲学，中间的线索清清楚楚。历史给我提供了一个契机，“文化大革命”的时候我在大兴干校劳动，那个地方只有哲学书，马克思主义哲学以及与马克思主义相关的哲学书。现在如果我要玩黑格尔、波普尔那种写作方式，都可以玩，对他们那种架构问题、提出问题、解决问题的方式太熟悉了。所以在做《第二世界》的时候，我有一个强大的欲望，就是一定要做一本重要的书，要颠覆过去许多非常重要的文学问题。看了那些哲学书后，我找到了一种推究问题的方式。对于一本书，我最感兴趣的就是推究问题的方式。

当时我的对立面的观点就是“文学是反映现实的”。而我强调独立思考，不凭借知识，要把这个世界的个人经验加以理论化。我当时住在一个小破屋子里，整天把自己打扮成一个哲学家的样子思考这个事情，我不凭借别的哲学家讲了什么、学者讲了什么，而要凭借我自己的亲身体验，以此来谈文学是什么。我创造了许多新的名词和术语。

问：您在书中有一个观点，就是对文学的理解必须上升到哲学的高度。这是不是促成您写作本书的一个因素呢？

答：我在这本书的“引言”里讲过，我承认权威，因为权威是必要的，但我是权威主义竭力的反对者。意思就是我们一定要消除对权威的恐惧感，要自己思考。我常问你们，造物主在把这个世界交到你们手上时，你们是否听见他说：“一切给了你了，你自己思考吧”？庄子看的书有我多吗？肯定没有（笑）。但是他有一个大学，这就是自然，这就是存在。而我们现在忘了自然存在这所大学。

问：他们的学问是一种慧性，比如陶渊明，他“不求甚解”，这一点我们是学不来的。比如熊十力，他的学问自然是一种慧性。还有梁漱溟先生，他的学问是由自己生命躬行中生发出来，由自己发愿而成的。清代章学诚说学问纠偏，现在我们创造的是一种知识性的学问，并把这种知识性学问推向极致，这或许又成了另一种偏执。

答：两方的哲学家把这种慧性和知性结合得非常好。他们独立思维的能力特别强。以前中国的大师参照西方的学问，找到了一套建立知识系统的方法，我们没有。一切都要由自己去独立思考，不要求诸别人。我没有必要知道你们怎么讲的。我面对的是这个世界，我要看这个世界怎么讲的。我们现在就只能面对福柯怎么讲的、德里达怎么讲的，后来又有一个赛义德怎么讲的，现在又来了一个布迪厄。还有一个因素，学问要做好跟你的性格中的挑战性的一面有很大关系。我认为那些大师，他们的学问中，人格、性格起决定性的作用。我们现在把这个因素忽略了。就像我的《第二世界》，如果我的性格里没有一种叛逆的东西，不可能写出来。这本书在当时没有引起重视，是忽略不计的。但回到20年前，你们去看看人家在表达什么，我在表达什么？所以你们做学问都要想到这个问题，不要从书本到书本就完了。

五、现代化与文学研究

问：曹老师，您执教北大很多年了。对于现在的学生和以前的学生的心态，您如何看？我们听到很多意见，我自己也甚感压力重大，但这种压力并不是从志向和理想中生出来的自觉担负，而是由外在许多规定性强加于我们的，又不得不去完成，这种紧张和焦虑渐渐消磨了以前的人做学生的那种求学精神和学习心态，您怎么看？

答：首先，我不指望、不要求你们之中出一个陈寅恪。不可能。首先你们大量的精力就被这个现代化的社会耗散掉了。

问：是，我们前20年宝贵时光，被高考前和大学耗散掉了，真正有意识做学问，却是20岁之后，而且一切都是从最基本的学起。

答：所以你们也不要指望自己能成为陈寅恪。现在的学术是朝着一种非常简单的方向去，太华贵了，太芜杂了。首先时间不能保证，就像今天。这个星期我什么事都没干，就吃饭、赶场，今天遇到陈晓明，明天遇到张颐武。现代化的生活决定了我们不可能成为陈寅恪。陈寅恪可以坐在一个没人打扰的环境中，但我们不行。你看我今天和你们坐在一块，电话接了几次了？还不断有来访者。陈寅恪呢，一天能收到一个电话就不错了，根本没有什么活动，更没有什么表格让他填。所以我非常怀疑现代化。现代化给我们的更多是物质上的东西，但是，它使我们的精神世界变得更加富有还是更加苍白呢？是使我们变得更加高尚还是更加庸俗呢？这种体制化、规范化、信息化、格式化等几十个“化”，都是现代化里面的东西，它们最大的特点是要占用你的时间，你没有被“化”掉的部分就所剩无几了。像我，总有人问，你也写小说，也做学问，还要带那么多学生，有那么多的社会活动，你怎么做出来的？现在的学生，处在这样一个时代，其实我也不指望在你们中间产生一个什么样的学问家。你们只能从另外的标准来衡量，在这个标准中把自己的事情做好。成为陈寅恪，成为维特根斯坦，是不可能的，除非你们改变、放弃你们目前的生活方式。你们天天在上网，网上给你们什么了？只是一些信息，信息跟知识是两种不同的概念。信息并不参加你的精神世界的建构。你知道今天早上有一个船失事，淹死 50 个人，明天又知道早上有一个船失事，淹死 50 个人，有意义吗？没意义！

现在你们就在这样一个语境里边。然后你们就只有在现有的条件下把自己的事情做好。你们这一拨人，还有我们这一拨人，事情很多，没有一点刻苦精神确实不行。这当然与我们的生活态度也有关系，好不容易活一辈子，首先是生活，其次才是学问。这是一个新的观念。陈寅恪没有这个观念，在人家那里，做学问就是生活。

问：现代化的生活总把我们朝与学问相悖的那一方面牵引。

答：对，就像我们培养学生，一拨一拨的，其实都挺好的，包括本科生在内，还有其他老师的学生，情况都差不多。出类拔萃的很少。即使分到科研机构、学术单位，能作出学问来的也少。这也是我的一个基本感受。

问：还有一个问题，文学的处境问题。作家的身份、作品出版、流通机制，与以前有很大的不同，20 世纪五六十年代是以国家为主导，现在是以市场为主导。一些商人也开过作品研讨会，而一些作家则做了商人，如张贤亮。您认为这对文学有什么影响呢？

答：这个商业化的社会对文学的影响大不大？毫无疑问是很大的。它左右文学，文学和商业必须是结合的。比如在写我的新长篇小说《天瓢》的时候，这种影响很明显。从我的角度来讲，肯定还有某种纯粹性：我在写小说。但我在写的时候，潜意识里有商业的观念，我希望这本书能赚到更多的钱。当这本书离开我后，几乎就进入了一个纯粹的商业运作之中。金丽红、黎波他们对文学都有很执着的坚持，并有很好的文学眼光，但他们现在在操持这本书的时候，即使是在做文学，也是为了商业，为了获得最大的利润。这个事情不能把它看得太绝对了。作品进入商业也可能是以文学的价值进去的。如果是这样，商业化的推广岂不更好？比如说，我写的《天瓢》，自认为是一个文学色彩浓厚的作品，是让文学回到文学。我当然需要代表这样一个意念的作品有更多的读者。我得卖书。这个时候借助商业是很有必要的，我需要让很多人看到我自认为是一部很好的文学作品的作品。所以对商业的效应，不要光看到它的负面，也要看正面。另外，在这样一个商业化社会里，还是有一些认真的作家，他们并没有一味地去跟商业结合，还是在想：我在写小说。

问：您的意思是，真正优秀的作家与商业并不矛盾，像巴尔扎克、毛姆他们……

答：对对，毛姆太成功了。好莱坞拿名画去和他做生意，不付钱，给他名画。

问：是否整个 20 世纪 90 年代以来的文学，包括先锋文学在内，都有某种商业化的逻辑？先锋文学强调形式上的创新，比如马原的叙事圈套，但他并不彻底地排除消费者，而是要寻找像李陀这样的消费者，有点像一所豪宅，它的消费诉求是一位亿万富翁，而不是一个边远山区的农民。

答：这是没有什么问题的。但是你如果要说像马原这些人在做这些事情的时候想到了商业，不一定中肯。他有这个倾向，但他是想要引起批评家的注意，而不是要引起读者的注意。其中有商业逻辑，但他不是为了赚取商业利润。这可能是他的一个策略，也可以说使他进入了市场。双重的东西都有，不是单一的。他也知道这些东西是不可能有什么读者的。

采访者：其实我们几个人还有不少问题想请您谈，因为已经十二点半了，就放在来日吧。感谢您接受我们的访谈。祝您的长篇小说《天瓢》早日面世。

法人类学的解释与延伸

——访朱晓阳先生

[学者简介]

朱晓阳，北京大学社会学系副主任，社会学人类学研究所副所长。主要研究领域为法律人类学、人类学发展研究、工业人类学和社会科学方法论等。著有《罪过与惩罚：小村故事（1931—1997）》《面向“法律的语言混乱”——从社会与文化人类学视角》等。

第一部分　从文学创作到人类学研究——“其实我最有意识要做的是要当一个作家”

问：您好像开始一直是挺爱好文学的，那大概是从什么时候，是大学吗？

答：更早。我们是知识青年嘛，1974 年中学毕业，然后下乡，下到小村那个地方，就是后来博士论文里我写的那个村。1977 年到一个电台当工人，那是一个转播台，每半个小时或一个小时中央台的节目要变，就变一变频道。爱好文学真正应该是从那个时候开始的，周围有几个工人一起以手抄的形式办刊物。1977 年恢复高考，1978 年到 1982 年就读于云南大学经济系。

问：为什么不报中文系呢？

答：我没考上。开始没有经济系，云大经济系在 20 世纪 50

年代初被撤掉，一些人被并到外语系里去了。后来 1979 年才恢复，我考进去时是政治系，后来经济系重建要人，说要选人，大家造反，就集体转过去了。1980 年于坚、吴文光他们也入校了。我们就开始一起搞文学。

问：就像于坚的《尚义街六号》里写的那样？

答：对。《尚义街六号》这首诗很出名，里头基本有六七个人吧，那个时候就是白天一写完，晚上把乱七八糟的稿子往兜里一揣，就跑到尚义街六号去。那时候没有手机，也没有电话，可是总会有几个人在，你就把稿子一念，念完大家批评。就是这样一个团体。有机会出省旅游了，就到处去联系其他团体，比如现在《新周刊》的主编叫封新城，是甘肃兰州大学的，也要我们的稿子在他的油印刊物上发，我们就跑到那边去找他。那个时候还是有很大政治压力的，可以给你扣上罪名扔进监狱去的。当时刚二十出头，写的都是些离经叛道的东西，写的既不是正面人物，情绪也不是高昂的，基本很难找到正规渠道发表，所以很难坚持。现在尚义街六号基本上就成了中国新诗的一个符号，跟其他的符号并列在一起，比如朦胧诗、南京的“他们”，还有四川的“非非主义”等。前年《南方周末》登了一篇《寻访尚义街六号》，就写了一下 20 年后这些人的情况。

问：那您的诗歌的代表作是什么？

答：很可惜，我的诗歌基本停留在地下诗阶段，后来我就不再写了，写过几篇小说，然后发出来写得最好的大概是在 1987 年，深圳有个《特区文学》，上面有一篇叫作《谋生在北京》，应该说开流浪文学的先声吧。后来我主要写报告文学，在于坚看来就是急功近利，比较好的一篇是 1987 年《中国作家》上有个长篇报告文学叫《盲流中国》，实际上就是写当时因为户口松动，招聘制实行后的一些情况。那时候毕业后分配到一个单位，觉得很不自由，现在你们如分配到一个国家单位，恨不得赶紧去，是吧？（大家笑）你们现在争破头去考公务员，我们当时分到政府机关，简直就是掉进了灾难里头。

问：您是大学毕业后马上就去澳大利亚留学了吗？

答：我1982年毕业后到云南省政府物价局工作了一年半，1983年10月份停薪留职，到新疆建设兵团农业第四师，具体地点在伊宁市，在那里的教师进修学校教书，一直到1985年年底。1986年进北京，当时叫盲流，在《自学》杂志社、《中国文化报》做编辑，到中央电视台是因为做报告文学有点名了，当时他们要搞一个大节目叫《中国人》，我是他们的总撰稿。但是那个节目做完以后也没播成。不过当时用剧组的机器和吴文光一起拍了一些自己想拍的东西，叫《北京拉丁区》，实际上就是写盲流的，这个后来由吴文光把它完成了，做了后期编辑，就构成了纪录片《流浪北京》。我1990年就去了澳大利亚，念了半年语言之后，就到澳大利亚国立大学当代中国研究中心，他们说你做的东西挺像社会学的，就说你到这里做一段访问学者吧。写了一本书，《象征与暗流》，从今天看，倒有点像是自发的某种象征人类学分析了（笑）。但也不完全像，因为那时候没读过特纳、奥特纳他们的东西，那里面更多的是学了点罗兰·巴特、福柯，还有些从象征角度搞政治分析的美国学者，像威斯康星大学的埃德曼的东西。后来想要念书，开始打算念亚洲研究，旁边的人说那个不是一个学科，你都可以教他们，要念就念一个学科，就选了社会学，1993年从研究生念起。1994年停了一年学，当时有机会到青海来做扶贫项目，1995年又去念了一年，念完研究生文凭，要拿到master还要念一年，当时我等不及了，到处找奖学金，当时申请到了澳大利亚联邦政府奖学金，那份奖学金是在悉尼的 Macquaire 大学人类学系，所以从 1996 年开始，就从社会学进入到人类学，一直到 2000 年。开始（转变）还可以，因为那里的人类学是布朗的传统，当时还叫"比较社会学系"，它的原则就是用社会学的原则来研究不同的社会。后来读了一半就改成人类学系了。不过奖学金是三年半的，只到 1999 年上半年，当时我的论文还没做完，所以就开始给 Anita Chan 做助理，做工人研究，但后来 2001 年回到北大就辞掉了。

问：当时怎么想要回北大社会学系做博士后呢?

答：当时就觉得你做的中国学的东西在那里太边缘了，其实现在也是，你做的东西大概只有很少的人感兴趣，而且你做的东西基本都是书斋里头的，也就是找个刊物发一发而已，和研究的那个对象没有什么关系。还有一个就是文化的根，我是 30 岁以后才出国的，（在外面）总是觉得寂寞。这样两重想法加起来，所以毕业典礼 4 月举行，一过五一就到北大了。

问：当时在澳大利亚没有做当地的研究?

答：嗯，基本上是有意识地在做中国研究，在澳大利亚只是作为一个居民在体验，再往后也许会写关于澳大利亚的。

问：我记得您在《罪过与惩罚》的前言里面写过："说穿了这本书在一定程度上是一个小人物在为'人类式'生存而努力并在不断遭遇的情景中随遇而安的结果，正如一个人落入一条大河，抱住了一根木头。这是一个没有什么预谋而成的东西。"其实也许有时候选择做学术，以及选择什么学科并不是事先有计划的。

答：在我来说是这样的，另外我想表达的就是，有时候，人左右不了命运，有时候是没有办法，只好在两个东西当中选择一个相对来说更接近自己兴趣的东西。我没有想过要出国，更没想过要学社会学、人类学，更没想过后来会回来当老师，这一连串经历有时候回想起来连自己都有点目瞪口呆。其实我最有意识要做的是当一个作家。当然，你现在把我看成一个作家也可以，但是和我当初想的是差得蛮远的。唯一能感到欣慰的是，我还挺自在的，还抱住了一根木头，别人都沉下去了，而且我学会了欣赏这根木头，跟这根木头结下了不解之缘。就是说，虽然你没办法，但是你应该把事情做好。我出国的时候一下子就从一个文化人落到了一个打工仔，而且不像你们现在从小学英语，听又听不懂，说又说不出来。怎么办？只有重新定位好自己，老老实实去学好、做好。

问：朱老师的生活经历特别丰富，感觉和纯学院派的学者的生活轨迹非常不同。

答：所以也耽误了很多时间。就只能自己把这当作一辈子也经历过不少来自慰，要不然，你会后悔很多，就像该上学的时候不上学，该出国的时候不出国。实际上就是说回到头来还是要欣赏生活，就比如说想到我在澳大利亚打工，可是这经历使我对澳大利亚社会很了解，可以说从各个细枝末节到国家政治，也许总有一天可能我会用这个写一个人类学的民族志，就像现在我写了小村，那接下来我可以写一写新疆。

第二部分　法人类学的法研究——“法律、规范是个很好的入口，它可以上升到哲学方法论的层面，因为它牵涉如何理解‘真’和‘事实’的问题，朝下又联系到实践的层面”

问：就像您刚才说的，要学会欣赏自己抱住的那根木头，那您觉得人类学有什么特点会让“所经历过的事情都没有白白浪费”呢？

答：这个不好说，我人类学做得还不算好，我只能说，感觉是它能够使我把短处都躲掉。

问：是不是因为人类学写作范围特别广？

答：也不是，要说是特别想了解异文化我也不是。没有那样的冲动。但也可能吧，只能从这个学科上来说，他们看我还像是个做人类学的，这个能把我那些乱七八糟、各种各样的东西都糅合进来，天地比较自由倒确实是。像我最初接触社会学，做了几年觉得还得心应手，但是当时我最想写的还是像《陈村》那样的，当然那还不是人类学，当时我就觉得我也可以这样写故事，写这样的。后来又看看马林诺夫斯基、特纳的东西，哦，人类学是那么写的，我也可以写，包括后来我做 Ph. D 的时候看到的阎云翔的、景军的东西，挺符合我的背景、想法或者气质吧。可以把我原先的那些讲故事的本事都用上了。你还要尽可能写得生动，这是实证社会学不能容纳的。

采访者：歪打正着。

问：感觉好像首先是因为朱老师您原先做的事情就和这个比较相合，然后碰上之后就自然进来了。

答：嗯，可以这么说，好像是从生活的人类学家变成了学术的人类学家。

问：一开始并不是从理论的层面进入这个学科的。

答：不是。

问：更多的是从形式上开始接触的。

答：对。另外我觉得还跟人类学自身的变迁有关系。自 20 世纪六七十年代以来，人类学自身的边界也开始模糊了，模糊了之后，他们会觉得像我这样的学科训练背景也可以做。我的课程做的都是社会学的，但是他们也觉得我做的东西可以是人类学的。而且，当时 Macquire 的布朗传统首先对实证主义的社会学传统也不排斥。

问：那当时您选择法人类学这个方面的东西也是出于偶然？

答：这倒算不上。因为我在做研究生的时候比较迷福柯，90年代初校园里走到哪个系都在讲福柯。那个时候正好从北欧来了 Borge Bakken，他从社会学的社会控制理论角度做中国的教育，当时跟他交流意见的时候我就觉得社会控制很有意思，就定下来以后做论文要做社会控制方面的。我估计就算没有念人类学，念社会学我也照样会做这方面的。社会控制与秩序、规范相关，从人类学来讲就是在法人类学这一块。

问：您刚才也提到，人类学的边界比较模糊，那么，乍一看，似乎法学和法人类学研究的领域是重合的，那法人类学的研究要怎么相对于法学研究来体现出它的价值呢？

答：我觉得只能那么说，就是拿法学院的法学教育与人类学者做的东西比较的话，他们的教育还是基本上以正规法、国家法和这些东西的运用为研究对象，而且，在方法论上，他们都不做田野，即使做，时间也很短。而非法学家的法人类学，像 Bohanna，基本上提倡的是面对实践，面对真实生活里头的秩序，不讨论这里有没有法律，这个法律与西方的法律有什么区别等。他们面对的是只要与秩序维持、纠纷调解有关的东西，在特定的文化下，就是我们研究的东西。

问：等于在研究范围上把法扩展了。

答：或者用现象学的话来说就是我把“法”给括置起来了，直接去面对类似法的东西，包括格尔茨的地方性知识里说的，去面对那些 confusion of legal tongues。

问：也就是说法学所研究的法实际上只是法人类学所面对的法的网络里的一部分。

答：可以那么说，它所研究的实际上是与国家暴力工具有关系的那一套强制系统，正规法律。

问：我感觉您那本书（《罪过与惩罚》）里面写的好像已经超出法律的范围了，感觉很宽，是一个村子整个、各个方面的。

答：嗯，实际上可以很宽泛地说就是一个村庄政治史。概括地说，法人类学就是用民族志的方法去研究特定文化中或者说一个群体中规范、秩序是如何建立的。这样的话，就不好（与法学）比较，因为这个问题比较大。法律、规范是一个很好的入口，它可以上升到哲学方法论的层面，因为它牵涉如何理解"真"和"事实"的问题，朝下又联系到实践的层面。我们可以看到很多社会科学大家都有法学背景，比如卢曼。

问：就是说实际上它们之间的比较并不仅仅是一个概念比较的问题，实际上牵涉社会科学认识论上的问题。

答：我是这么认为的。这方面格尔茨实际上论述得很清楚，比如他在讨论格雷瑞这个个案时，他就说人类学关于法的研究实际上是一种 world version 的阐释，或者是他引用维特根斯坦所说的生活形式的阐释，再进一步说就是对 legal sensibility，即法律意识的阐释。

问：朱老师，我看您那篇《事实与情理》当中就是想借鉴格尔茨的路数，受格尔茨关于"法律意识"的解释路径的启示，以基层个案来对司法过程中的"事实"确认这个问题进行讨论，然后以这个为入口，进入社会科学方法论的讨论当中去。

答：是的，我正是有这个想法。

问：如果从这个层面讲的话，似乎法学研究注重正式法规的研究也不仅仅是因为一个概念限定的问题，而是似乎开始就受到了某一种方法论的框定。而人类学就是不仅希望扩展这个概念，也希望扩展一种狭隘的方法论。

答：可以这么说。也可以说是要注入一些新的知识论的东西，其实这些东西早已说滥，只是人们不读。就比如大家都读德沃金的东西，那么就应该看看注释里面，德沃金又在读谁？德沃金读伽达默尔、蒯因，那么就把伽达默尔、蒯因的东西再找来读一读，这本来就是一个很容易的做法。

问：的确，好像现在批判实证主义有很多条路数，但像朱老师从以蒯因、戴维森为代表的后经验主义入手对其讨论、修正的似乎不多。

答：国内没有，国外已经基本上（接受了）。国内现在一谈就是现代司法理论和本土资源论，最大的问题是一些人不读这些（背景理论）就来互相批判，那么这样就解决不了问题，而实际上好多已经是虚假对立了。（国内）社会科学还有另外一个问题，就是搞哲学的人又没有精力来搞这些事，国内也有做分析哲学做得好的，但是又没有精力来看法学的东西。这几块就连不到一起。之所以强调后经验主义，就是觉得经验哲学也不是（传统的），就像现在大家感到的那样，现在欧陆哲学和英美哲学有合流，而百年以来社会科学最强大的还是以科学和经验论为基础，这个是不能否认的，你就应该自觉地用这样一些知识论传统的方案与他们对话。你不能简单地说他们是说不通的，说我用老子、庄子解释会更好，这样没有对话，好像一对聋子在自己说自己的思想，这样是长久不了的。应该能把这些统合起来，要试试有没有可能性。

问：德沃金的《法律的帝国》似乎前一段时间很热。

答：嗯。一些读者的问题就在于不太注重（书）中知识论的东西，只注意实体性的东西。同样的问题在对待哈贝马斯的《在事实与规范之间》（也存在）。只注重民主、“商谈治国”，而不关注比如他怎么讨论规范，不，其实这个翻译得不妥当，应该是有效性，而且他用很大篇幅是在批判实证主义法学的，这些都是有关知识论的讨论。

问：似乎还做得比较表层。

答：嗯，我与一个法学院的博士生讨论过，他说在国外，做法理的人是两股人，一股是从部门法上来的，部门法很熟悉，然后再上升到理论，另一股是从哲学家过来的，是像卢曼、哈贝马斯、德沃金、苏珊·哈克这样的人，他们也教法律。中国呢，好像是夹在中间的一部分人，既跟部门法沾不上，又跟哲学接不上，没有做通。而中国做哲学的人基本上没有转过来做法学的。这个沟通很少。只有学法理学的人自己找些哲学书来看了。

问：就是缺乏做所谓法哲学这方面的人。

答：可以这么说，比如说中国学大陆法系。中国是从日本学过来的，日本主要是从德国学过来的，但是德国的法学背后有很强的哲学背景，像康德、黑格尔，一直到现在。反过来，中国在制造法的时候，不注重背后的东西。

问：关键是立法作为新的规范的订立要考虑已有信念、规范的延伸。

答：嗯，这也是我读《法律的帝国》最深的感受。就比如里面讨论了一个埃尔默杀人案。埃尔默为了尽早得到遗产把他爷爷给杀了，杀了以后，争议就是，他能不能继承遗产。法官判他不继承的话，违背了一种法，判他继承的话也违背了一种法，最后还是判他不继承，这是因为立遗嘱继承法案的人并不是为了将来由一个杀了立遗嘱人的人来继承遗产。就是要回到立法者的本意。

问：就是要考虑到立法者想建立的规范是什么样子的。

答：嗯，德沃金把法律比作一部连锁小说，每一个法官看看前面的人是怎么写的再来续写，他用这个来说明法律的整体性。我觉得这层意思对我们更有意义。

问：按照我的理解，您提出的整体性原则似乎就是要指出单个阐释行为与某种共同信念的天然联系？

答：还不是，实际上我就是觉得，任何一个真值判断，如回到语言哲学，并不是说每一个真值判断的句子都对应于一个现实，实际上它背后是一个社会约定，是这个约定、这个规范来决定句子的真值的。那么，在某一个地方，比如在美国的社会约定下为真，在中国不一定为真。

问：这样来推的话，那比如说我们去研究一个地方，我们觉得那里的法律处理得很混乱，但可能当事人会认为他这么做就是可行的？

答：当事人就太复杂了，就拿Z厂的个案来说。那个公司拿《公司法》说它这么做是对的，公司所有财产都属于它，可是别的人认为就是完全无道理嘛，我们几代人都在这里工作，你用一个公司法就把我们抢劫了，按你的说法，我们是雇员，哪里都不沾，又买不起你的股票，你也不卖，那么就变成你可以把我们撵上街头，因为你的公司要改组要提高效率。

问：那么这样的话，岂不是不管我们进入哪里，面对的都不是一个单一的信念、规范，而是规范的冲突？

答：我说的没有那么复杂，我说的就是作为立法者应该考虑一个新法必须顾及这个语境的前历史，不是说它在别处用得好就好。公司法的治理结构中应该包括所有与这个企业有关的利益相关者。美国也已经有二十几个州变了，在那里，利益相关者要包括股东、管理者、工人、工厂所在社区、债权人等。不是说大股东我买了你的股票想干什么就干什么。

问：朱老师，你的假设是一群人有一个共同的信念、共同的规范，但是这个信念、规范里面有裂痕、冲突怎么办？好像我们一说起来中国人就有个什么共同的东西，但是，这里面还是有冲突的。

答：我觉得我还没有解释这个问题，我只是想说解释背后有一个约定，至于这个约定怎么达成，维特根斯坦的语言游戏就一直在谈，哈贝马斯的好处在于谈到，后面是有权力在作用的，而不是纯粹语言学的。

问：他还引入了一种交往扭曲的状态来与理想的交往状态做比较。

答：对，到他这里慢慢解释得还可以了。起码提供了一种解释，这样一种共同体、共同信念是怎么建立的。

问：朱老师您是否觉得，您谈的这个整体性原则跟情理的问题恰恰是一个开始的层次，就是想利用后经验主义的知识论成果来寻找一种更有解释力的方案，但是可能还有很多东西需要补充进去的。

答：我想是。实际上我也只是初学。我想做的是什么呢，实际上整体主义，也就是 holism，人类学里面已经讲滥了，但是它更多的还是到功能主义、结构主义为止。到结构主义为止讲得最好的是路易·迪蒙的等级人，他以涂尔干、莫斯的路子来讲整体主义，假想敌是方法论个体主义。不过他是写于六七十年代，对于实证主义的后蒯因主义那一段并不太了解，在他看来，实证主义就是方法论个人主义的经验主义。我在处理的时候就是用当代经验论的知识论方法来充实传统人类学传统里面的整体论，使得这个原则变得更有解释力，另外，使原来像延伸个案这样的具体方法获得一个新的知识论背景和语境，但可能文章里还说得不是很清楚，还有很多断裂的地方。

延伸性怎么跟整体论联系在一起呢，一个是从时间上讲朝前朝后，一个是从空间上讲，这涉及你面对的事实是什么，它不再是孤立的。

问：空间上延伸？

答：空间上我们可以直接接上马库斯所谈的多元地点民族志，就是当你面对一个村庄的真实的时候，你不能仅仅陷在里头，你必须联系到更大的系统。

问：但是一从空间上把握的话，从什么层次上谈这个人考虑的规范，将是一个很难把握的问题。在这个价值上面加上了两个字——共同，这个转换就不是一件简单的事情了。

答：哦，你这样说倒是对我的一个批评，你可以说我那基本上是涂尔干式的集体良知，铁板一块，倒是把我没讲清楚的挑明了，那些信念也只是某些人的价值而已，这些人可能是法官，比如他依据他与前代法官的对话而作出判决，背后是有权力、利益、知识背景的差别的。这样又带出一个问题，就是这个信念是怎么传播的，怎么样做成全体人的信念的。这些以后都可以考虑进去。

问：就好像格尔茨在谈符号的公共性时，对这个公共性怎么去清晰把握是一个大问题。

答：对格尔茨这方面的批评的确很多，包括他的学生奥特纳，如他凭什么认定在斗鸡时所有人都是这么想的。

问：朱老师，那可不可以说您现在所谈的整体性原则实际上停在了与格尔茨碰到的问题相同的地方，但是它比较新的地方乃在于它引入了后经验主义的传统，从而扩大了参与讨论这个问题的人的范围？

答：可以这么说。并没有再往前推进，还要好好想想。

问：朱老师在认识论原则和方法论上都做了一些尝试。从具体分析方法上来讲，我感觉好像朱老师似乎是在比较、梳理很多种方法，比如关系/事件、过程—事件、人生历程分析、聚焦性事件方法等，然后找出它们的共性，并希望把它们都融合到延伸个案方法当中，去推动一种新的方法论的形成。

答：没那么大野心。具体就延伸个案方法来讲的话，这是法人类学的看家手艺，但是传统的延伸个案方法背后是一个结构功能主义的背景，实际上我那个做得也不完整。总的来说，单拿一个工具来说的话，从今天来讲，或者它完全不可用，或者你把它做一些改进，让它和当代的知识论做一些对接。我觉得 Burawoy 做的也是这样的，他是从反思科学入手的，重新诠释延伸个案，做得更加清楚。但不管怎么说，这是必要的。

问：那朱老师的“野心”是什么呢？

答：就是我们今天面对这样一个现实，但是我们解决问题、讨论问题的框架又很西方化，用起来很难受，因此，就特别需要从知识论的高度来思考方法论在哪里。但是也绝对不能简单地回到儒学、老子、理学，我们生活在一个共同的世界里头，要找到能够互相沟通的方案。

问：重要的还是对话和融会贯通。

答：对。确实是有一些在一定层次上与现实对应的概念图式，比如说研究中国，互惠性已经谈了很多。而我就抓住情理，情理与事实这方面，可以试一试，可能未来逐渐在做之后可能比现在的那些理论框架更有解释力。

问：聊了那么多经验哲学、整体性原则、方法论反思，能不能聊一聊这些想法的根源、思想的来源，为什么想写这些？

答：我想得挺简单，实际上知识分子还是有一种责任、一种道义，特别是有时候明摆着是混乱的东西，特别是法律上混乱的东西，知识分子就应该指出来，不应该让它继续，就像费先生谈的法律下乡中的混乱，更不应该让不法之徒利用这种混乱。特别是我在做Z厂工人研究的时候，就有这种感觉。还算幸运，在很多人的推动下，2005年10月28日《公司法》的修改草案中在公司治理结构上把利益相关者都包括在内了，包括职工董事、职工代表大会等。过去的《公司法》中只有国有企业，给工厂的法人代表、大股东的权力太大，他们以为是在按照市场经济办事，但实际上是已经过时的东西，只是把各国的公司法东抄西抄了一下。这也是我为什么要谈整体性原则，你必须要有一个信念、规范在背后，要从规范的层面来讨论问题，不要看到“好”就现抄，要考虑法背后的规范信念。要不然，还会搞得很多人“流离失所”。

迫力下的社会科学需要诙谐

——访王铭铭教授

［学者简介］

王铭铭，1962 年生，人类学家。1985 年至 1987 年厦门大学人类学系研究生，1992 年 6 月获英国伦敦大学人类学博士学位。著有《经验与心态：历史、世界想象与社会》《西方作为他者——论中国“西方学”的谱系与意义》《中间圈：“藏彝走廊”与人类学的再构思》《由此及彼，由彼及此——人类学随笔》等。

问：我们今天约您的主要意图，是想请您谈谈学术与人生。不少同学对这方面的问题很好奇。您学术做得那么好，那您学术背后的人生经历是怎样的？比如像您书里提到，“外婆的世界”对童年的你有很深的影响，您也经历过“文化大革命”，之后留学海外，经历不少事情，您能否跟我们讲述一下？

答：没想到要谈这么长的故事，我还以为你们只是来跟我谈学术上的个别问题呢（笑）。

问：那我换一个问法吧，您的人生经历和您的学术之间有什么必然的联系吗？

答：一个人的学术与他的人生必定是有关系的，但我并非一个什么“人物”，走上学术道路，多半出于偶然，与自己的实际生活密切相关，很难说有什么超然的“必然联系”，何况谈诸如此类的事，会给人一种错觉，让人以为自己的“学术与人生”值得谈，那是一件荒谬的事。

问：那我们具体点吧。您之前学音乐，之后学人类学，之间是否有某种联系？

答：学音乐当然是有好处啊，特别是西乐，它要求得比较严，是接触西方文化一个好的渠道。不过，我也不了解音乐与人类学之间有什么关系，我真不知道怎么谈（笑）。

问：那就谈谈对您影响比较大的人吧，比如说您的外婆。

答：我们福建这个地方，文化延续性比较强，而人们主要是通过老人得到文化延续性的。在我的印象里，最具有独立思想的是那些农村的老人，他们对政治、对历史都有独到的看法，他们身处乡间，年纪大，见识的历史比我们长，看法就不一定盲从所谓的“主流”。我的外婆就是个典范，她读过私塾，也上过教堂，我记得她老是在看《说岳全传》这一类的书，形成比较强的善恶意识。她对一些政治人物的评论，比如对“四人帮”，就比我们的父母辈及我们这些小孩子有先见之明得多。外婆私下对我们讲，她说事儿没啥障碍，又不是什么政治人物。记得外婆买东西的时候会常和卖货老头聊天，那些老头一边卖东西，一边自由谈论国家大事。他们说得很自然。今天回想那些场景，我以为在这种文化延续性中存在着某种智慧。当然这不是说自己从这里得到什么好的判断力了，无非是说，我们的老一代经历过许多事，比如说，外婆见到过美国兵、国民党兵。我小时候，宣传说他们都是些坏蛋，而外婆的态度不同，她说美国兵“有礼无体”，有礼貌但是体态很不端庄，不正经。

问：一种“他者的眼光”？（笑）

答：对，她说国民党兵很可怜，跟我们的评价不一样，国民党兵是被抓壮丁拉去的，没吃的，瘦巴巴的等，她的说法不同于

“主流”。

问：她是既接受过中式的私塾教育，又接触过西方的东西。

答：她是缠足的，脚特别小，走都走不动，我们最烦的事就是跟她上街，嫌她走得慢。（笑）不过，我们都很爱外婆，觉得她很亲近，不像我们的父母，那时他们还年轻，归属于不同“派性”，今天说起来会觉得很荒诞，但那时很正常。他们觉得那是事业，经常为观点吵架。外婆对于我们这些小孩，更像一个正常的慈祥之人。我记得她不大关心“斗争”，而更关心所谓“封建迷信”，实际上这就是我说的“文化延续性”。她的活动，我们今天美其名曰“保护非物质文化遗产”。如果这个说法贴切的话，那么，也许从她那一代人，工作就开始了。我越来越觉得，从外婆的角度来看当下的很多事情，我们会更冷静。如果你问的是这样一些事儿，那么我愿意说，从外婆那里，得到的主要就是这样的启发。

外婆的冷静，与父母的狂热，这个对比，如今我仍然记忆犹新。

我小时候生活在泉州，泉州是座城市，当时很乱，城里闹派斗，双方打得很厉害，你们没见过吧？因为城里很乱，怕伤了孩子，父母尽管政治观点不同，但他们还是将我们送到乡下和我外婆住。

问：这样啊。

答：他俩雇一辆三轮车，拉着我们三个孩子往农村走，到海边外婆的村子去，一路上遭遇到对立派设的关卡，守关的人往往躲在掏空的厕所下面，见有过路的，便出来盘查。幸亏父母是对立派的，而两派一路都设关卡，父母分别轮流应付两派，也分别得到很多方便。（笑）我们坐三轮车，距离就 50 公里，但走了很久很久才到外婆家。在外婆家，听了许多故事，留下很多美好记忆……我们夏天睡在楼顶上，海风一吹极其凉快，只是会感冒。（笑）

问：对，您那篇谈“天”的文章，谈到天井，觉得特别可爱，现在城市里的孩子很少有看天的体验了，晚上只有霓虹灯，所以一些直观的感受就少了。

答：现在的城市很卫生，房子建得很高，这两个方面对我们的生活都有很大的影响。我们小时候就没有那么严格的卫生观念。回过头去看，觉得我当时怎么那么脏！（笑）住在外婆的村庄，我们小孩子觉得连猪大便都没有什么脏的，晒干了，堆成小山丘，人可以坐在上面，从上面往下滑，像今天的游乐场。（笑）现在不会再有那个感觉了。另外，我们离天上的东西也越来越远了，楼建得那么高，那么密密麻麻，我们除非当天文学家，否则，要看星星就很不容易了。问题自然没有那么严重。若是你离开北京，到乡野去，要看天还是容易的。我要说的是，尽管我们还是可以通过行走、离去看到天，但我们的脑子不能离开“中心”（如北京）。说这点并不是没有所指。我曾说，人类学和社会学的不同在于，社会学更集中在这种中心的氛围里，而人类学想逃离这个中心的氛围。你可能觉得逃避不现实，但我还是相信，逃避有一定道理，特别是有文化上的道理。你问到我儿童时代的经历，我提到外婆、提到父母、提到派性，都是为了表明，那段历史，也可能是我们反省自身的参照。怎么理解呢？我们说那个时代好或不好，对于这个我们分歧不大，不过，离开我们这个时代去想问题，我看我们还是能得出不同的结论。比如说，当时的“读书无用论”被认定是错的，这没问题。但是，请你设想一下，如今大家把读书等同于拿学历，那也不对劲。不是说大家都想读书不对，也不是说“读书无用论”对，但“读书无用论”对于我们这个“学历主义”时代而言，是个有趣的参照，能反衬出“伪读书”的问题。我说到“天”的观念，说到天井，无非也是要反衬出我们这个时代的特征与问题，别无他求，特别是不想说自己说的就是“真理”“理论”这样的东西。

问：您能否也谈谈您的小提琴老师呢？

答：我的小提琴老师是在北京华侨大学学的音乐，“文化大革命”时被遣送到福建乡村务农。一个北京的少女音乐家到了山区务农，肯定出了不少笑话，但据她说，农民对她印象不错，知道她会看书，就请她当赤脚医生。她表现得不错，又把她调到泉州教我们。我的老师性格很急，特别严厉，如果我们拉不好的话，她会拿着琴弓敲我们的琴。这样的老师，给我很多震撼——她当老师能做到那种份上！当时她教我们一点不收钱，她内心特别热爱西乐，可以说是为了教音乐而教音乐。在那个时代，我们学音乐也算是伟大的事。（笑）今天五线谱很便宜，家长买了一本又一本，送给孩子。我们当时的五线谱都是手抄的，那东西“政治上不正确”，属于资产阶级文化，印刷不被允许。乐谱都是我们偷偷抄写，从第一个音抄到最后一个，根本不靠复印机。

问：真是挺执着的！

答：执着的人是老师。她招的学生都是成绩最好的，我当时的语文、数学都是最好的，跟她接触之后就变成课堂学习的“叛徒”，不干了，反正要学音乐。我的成绩一落千丈。

问：进入一种很痴迷的状态。

答：老师有比较深的功底，也读了不少书。她看问题很客观，处在一种游离状态下的她，对当年的很多事情没那么热衷，自己却有始终如一的坚持。

每个人少年时代都不乏懵懂的经历，我很怕老师，但喜欢我外婆，两个给我影响最大的女性，性格完全不同，却给了我不少教益。

问：您为什么老说您转到人类学来是偶然的事呢？是真的吗？

答：上大学后，我先是学考古学。我高考考了地区第一名，如此一来，全国各地的高校都可以选择。我探听了一下，听说学考古的都有一年实习时间，能参加发掘，到处参观，觉得好玩，就选择了它。父亲对我选这门无用之学感到特别不解以至愤慨，不过，我后来越来越感到，学考古也不错。

中国的文科里，考古学的方法最成熟。幸运的是，那时我们的老师都很和善。20世纪80年代初，他们刚从"臭老九"的阴影中走出来，原来都是被打击的对象，现在有这个机会来教书，感到值得珍惜。

考古学也不是没有值得推崇的东西。比如，大家今天时髦地从事所谓"物质文化研究"，怎么理解呢？我认为无非是从考古学那些延伸出来的。考古学奇特的地方在于能告诉我们何以能够从物质的存在透视出精神的存在，考古学家依据的资料是陵墓啊、器具啊，这些东西有丰富的宗教意味。我们学考古学时，精神性的解释还不是很被允许的，但张光直先生的作品已开始介绍到大陆来，他从结构和象征人类学的角度来解释考古资料，给我们这代学生的启发很大。

不过，我不能粉饰自己，我必须说，在我学考古学时，也怀有某种对它的不满及对新名词的"拜物教"。当时有一股学科建设的风气，北京要恢复民族学，南方要恢复人类学，我们的老师受他们的老师的影响，崇尚人类学，而且是比较西化的人类学，他们认为，外国怎么样做人类学，我们就应该跟着做。于是，在我进入高年级时，他们开始将考古学专业纳入新建的人类学系里。尽管我当时也很喜欢考古学，但受林惠祥等前辈有关人类学的论述、张光直对于青铜时代的研究及费孝通《乡土中国》的论述的影响，对于人类学这个所谓的“新学科”比较感兴趣。

转入人类学，使我更广泛地接触到一些老师，特别是从事人类学学科重建的老师。渐渐地，我们与他们形成师徒关系，比较亲密。我的硕士导师陈国强先生就是一例。他说话很直白，曾对全班同学说，学生只要学好英语和专业，其他不用管了，这话在当时说，很令我们振奋。尽管我现在意识到，英语如今的语言等级地位，存在令人难以接受的地方，但陈老师的那句话，在当时的情况下说出来不容易。我们与老师之间的关系比今天的师生关系密切，我们晚上没事，就可以直接到他们家去，他们家住得不远，我们去蹭吃蹭喝，师母们也特别善良，对学生有一种特殊的感情，那时“臭老九”很艰辛，师母跟老师受了不少苦，而能如此热情地为丈夫的学生服务，真不简单。我们这些“蝗虫”，有这段美好的回忆，真是不赖。（笑）

问：我们今天也是像“蝗虫”一样！（笑）

答：不过，我做得不如我的老师好。我的老师是由衷地把学生看成自己的孩子，与他们形成父子式的关系。今天不同了。我们要实行“教育改革”，要改的就是师生间的师徒关系，要将传统的师徒关系改造为现代的师生关系。这使我们之间隔阂越来越大。过去的师徒，是有儿子或者孩子这一面的。现在这一面只是特别局部地维持着，主流实质是要消灭师徒关系，代之以新式的师生关系。这没什么不好。不过，我觉得其中也有值得反省的问题。比较我的老师和我自己，我还是觉得我的老师比我好。我不能像他对待我那样对待你们。这一方面是因为我还没有能够像他们那样有那种师徒情分，另一方面是因为制度的原因。如今的高校改革者担心学者近亲繁殖，所以要淡化师徒关系。其实，从我的一些国际经验看，西方发达国家也是存在师徒关系的。比如，我去英国留学，就发现我们系的老师之间存在师徒关系。许多年轻老师毕业出去，根据规定，要到外地大学混两三年，不过，过后他们中优秀的，也会被招回来。为什么要招回来？那是为了维持一种门派。西方的大学也确实有门派之分，如果没有这种维系，谈学派就很难。教育改革不能操之过急，过早消灭一些本来值得珍惜的传统。我的人生和学术经历就大致谈这么多吧。

问：很多人可能都是通过读您的书了解您的，您平时博览群书，自己也写了很多书，能不能从您选书、看书到写书，从思想到文字，谈一谈这样一个过程中所得到的一些个人感受，给学生一些经验？

答：“博览群书”不敢当，况且，不同人的学习方式各有不同，不应强求一致，把我这种可能是不当的方式错误地当成“模式”来模仿。你说到选书、看书、写书，先说选书，我以为不存在我自己的方式，基本还是我的老师教的，他们铺垫的基础，使我有一个标准来衡量新旧著述的区别、看到它们之间的联系。这些年选书，围绕的主要是自己感兴趣的问题（特别是历史人类学），我时常也考虑到上课，博士、硕士生需要读什么，受到此类事情的影响。关于看书，很遗憾，我家里买了不少新书，没足够的时间来阅读，很惭愧。备课使我重读一些旧著、浏览一些新著，所以我看书最多的时间段一般是有课的时期。另外，我外出调研、旅行，也有看关于那个地区、国家相关资料和论著的习惯。至于读书的方法，以前老师教我们要区分精读与泛读，我过去也是那么读书的，现在读书凭兴趣，跳跃性比较大，不一定有什么可以值得借鉴的地方。至于写文章，这些年我形成一个坏习惯，比较随意，随笔写得多了，一年写一两篇学术论文。如此自以为是“不刻板的书写”，是在给自己一点补习和书写训练，兴许也不值得学生学。不过，我这么写，确有我的想法。关于书写和思想，我以为，书写的目的不是替所谓的“大理论”作注释。过去，我犯的一个毛病就是从理论到理论，囫囵吞枣，粗枝大叶。这些年，我看到自己的文风存在问题，另外，也看到国内很多学术论文和学生论文多追求以中国经验为西方理论作注脚。了解西方理论很重要，但我从费孝通老师那里学到，在了解理论之后，自己还要观察与思考，而学术书写的方式，也应当是多元的。时下学界出现了一种并非很健康的潮流，论文存在装模作样、装腔作势的意味。论文写得正式、规范，有助于读者看出作者的创新或守旧之处，但走到了极端，社会科学的创造力就受到限制。反思自己存在的问题，看到自己也难以幸免自己对他人的批评，我感到，作为个人，我也可以选择不同的书写方式，如随笔，这个看法，也许是针对时下千篇一律的社会科学“新八股文”而形成的。

谈到随笔，还需要有一点补充。现在的学生善于写网络文学，这一代人跟我那代人不一样，学生在网络文学上下的功夫比在读书上的多，我觉得这个很好，因为很多写网络文学的学生，文笔都比我好，能把一件事说得很唯美，把自己的心理感受说得很细致，对一些事件的评论也很尖锐、直白，不乏妙趣横生之处。但这样形成的一种习惯就是不关心别人的生活，只关心自己的内心感受。当然，书写若只关心伟人，只关心君子，那也不对。兴许关于“小人”的文学才是最伟大的。“小人”的自我中，

“大我”妄自尊大的方面所占比例会比较小。围绕“小人”来铸造新文学，有好处。中国需要这样一个时代，可以把“英雄叙事”放在“小人叙事”里考验。不过，我还是有个人体会，这便是：社会科学家应该更多地关注他人的生活，学生要注意领会社会科学的这点思想，不要自以为是。

我选书、看书、书写的方式，与个人的经历密切相关，一些方式是老师教的，另一些方式可能不是，自己有什么经验值得学生学习、有什么教训值得学生引以为戒，我得好好想想，现在也特别模糊。当然，有一点可以说，我给研究生上课，的确存在引导学生形成良好的阅读习惯和志趣的设想。

在这样一个时代，学生也应意识到，如今教育存在一些问题，无论是要成为好教授，还是要成为好学生，基本都要靠自己。西方教育有制度化的一套，而中国教育则因制度化的东西比较弱，而需要所谓的“榜样”。我们有很多榜样，他们能够教好书，写好文章，有独特的洞察力，对社会有责任心。学生要知道，这些东西都不是课堂上能学到的。我们的教育存在一些问题，在课程的安排方面，从形式到内容，现状难以造就社会科学需要的人。如果学生满足于现状，觉得只要懂得老师讲的就行了，那么，就没有太大希望。学生应该更多地去思考我们教育的缺憾在哪里。我们社会科学的训练不完整，社会科学的教学经常是为了完成所谓的“任务”，而从中间插进来一些没有一般意义的东西。本来这个不要紧，因为老师之间若可以互补，就可以形成一条完整的社会科学途径。然而，互补的机制还没有形成。你们知道，因人设课，是大学教育长期存在的问题之一。国外也因人设课，但是在教授招聘前就定了大学需要哪些课，再根据需要招聘。我们的情况则不同，基本上是根据在职教授的专长来设课。另外，因人设课要注意到"人"可以有很多种，一种就是根据他所知道的知识来设课，另一种是根据他在单位所占的位置来设课。大学改革以来，根据学术专长来设课的情况多起来了，但多数课程还是有相互重复之处。课程存在诸如此类的弱点，学生就应意识到，自己可以做的工作很多，要比较主动地寻找课程的缺憾，以便给自己"补课"。

我意识到，对于北大，怎样让你们这样的学生成为好的社会科学家，是个重要问题。社会科学对北大来说是新学科。过去北大人文比较强，新中国成立之初把燕京大学并进来，实际没有保存它的社会科学。社会科学重建了二十多年，时间太短，还没形成学术传统。这样一来，社会科学的老师们所充当的角色都应该是你们的"垫脚石"，我们能把你们垫上去，就是有建树了，而真正的社会科学缔造者，应该是你们这一代人。你们怎样才能成为好的社会科学家呢？首先要知道，我们的社会科学，既缺乏西式的严格训练和探讨方法，又容易对西洋的东西过度崇拜。应当说，我们的研究水平，确实离别人太远，我们做的实证研究、历史研究或者批评研究跟别人一比，差别特别大。所以，我们要学习别人，真正学好西学。不过，如果我们不基于自己的经验来学习，而满足于模仿，满足于鹦鹉学舌，那就有问题了。有了自己的立足点，对于西学才可能更感兴趣，能从其内部了解西学。但是，如果我们的学术志趣缺乏，满足于鹦鹉学舌似的跟着美国翻译的法国理论走的话，那么，就可能导致我们社会科学的"三流化"。鉴于国内社会科学存在这些情况，我以为，我们的学科既要学西学，又要注意到中国的学术传统。从清末到民国，不管人类学还是社会学，都出现了我们自己的大师。可惜的是，如今的社会科学课程，涉及这些老一辈的并不多，比如说，我们社会学系，似乎就没有《中国社会学史》这门课。最糟的是，我们研究的出发点都具有实用主义的色彩，所谓“社会科学”，经常是政策性关怀与被简单化的实证主义西学的简单结合。北大社会科学本来应该是精英的、象牙塔式的，它的社会科学要对全国社会科学的学科建设、理论思考、方法论的探索起到先锋的作用。可惜的是，我们这些学科的实用化倾向，使我们这些老师在理论、方法的探索方面存在不少缺憾。在这种情况下，作为学生，你们自学的余地就特别大，今后能有建树的方面也就特别多。

问：刚才您好像是从社会科学总体来谈问题，而人类学也是一门社会科学，您认为，具体来说，这门学科能为社会科学带来什么启发和思考呢？

答：这些年，我花了不少时间谈论人类学对中国社会科学研究的启发，说到的第一点，往往是它的调查研究方法。二十多年来，社会科学重建，我们重新介绍了许多西方社会科学学科，在众多学科中，我以为，人类学有三个主张是值得学习的。人类学在调查研究方法上，要求调查者必须与被研究者直接地、面对面地接触，要求我们在调查期间及分析材料阶段要谨慎地站在被研究者的立场上来思考，不是说一定要永远如此思考，但至少在调查研究阶段，这种换位思考的方法是必需的。另外，人类学主张要完整地看人，不要只看到人的个别方面，如经济学关注的生产、消费这一面，而要看到人的其他方面与我们关注的某一面之间不可割裂的密切关系。人类学在这三个方面的方法论主张，说起来很复杂，其实很简单，它们共同构成一种研究态度或姿态，这个姿态可以用“从当地人观点出发”来概括。什么是“当地人观点”，也就是我们所研究的一个共同体或文化体系内部的观念，比如，我们中国人的“人情”。诚然，这不只是说，人类学家要纠缠着“地方观念”不放，人类学的这些主张，要求我们承认被研究者的观点是有意义的，被研究者的活生生的生活不能被割裂和抹杀，被研究者的生活与思想，只有在对他们的生活进行长期的密切关注之后才能得到深入理解。人类学的方法论主张，对于改造社会科学以往的调查方法意义重大。以往的所谓“社会调查”，在调查者和被调查者之间营造一种政治性的和意识形态性的关系，调查者总处在关系中的优势一方，被调查者是作为所谓的“数据”存在的，他们不能有思想，不能有思想的表达，你没有必要与他们直接接触，通过问卷接触他们就行了。过去，国内社会调查表面上强调遵循“群众路线”的原则，但我们的社会科学调查的实践，实际上并非如此，而是相反，是“干部路线”。当下中国社会科学研究有了不少进步。不过，现存研究往往为了所谓的“填补空白”，为了所谓“发挥专长”，为了所谓“完成任务”，把活生生的人和社会，像切蛋糕似的，分给专家去“管理”。你们知道，中国社会科学在不同时代有不同的政治任务，如今国家提倡创新，但不少学者的社会科学实在只能说是“迎合科学”。比如说，过去二十多年，国家的工作中心转移到经济工作上来，几乎所有的社会科学都对经济问题极度关注，即使是非经济学类的学科，也硬要戴上经济学的面具，甚至连人类学这门本应研究社会与文化的学科，也出现不少不带人类学特征的“经济人类学”研究。经济学主义是一个时代的产物。而今，人们又呼唤社会学的春天来了。国家提出要建设“和谐社会”，为社会学的发展带来新机遇，这很好，但假使所有研究课题都只关注作为“和谐关系”的所谓“社会”，那么，社会科学的研究就太简单了。我的意思无非是说，各个学科应从各自不同的角度来探讨人与社会生活，人类学所能提供的是一种比较谦逊而整体的角度。人类学的方法论主张，曾对社会学的“中国学派”之建设起到积极作用，现在对于社会科学整体，也该有比较全面的影响。人类学对于我们的思考也有许多帮助。人类学研究很多方面，如社会组织、宗教生活对于社会生活的关键意义，经济、政治与文化观念及社会组织和宗教的关系等。我个人认为，人类学的特征除了上面说到的之外，还有意义和符号，从各方面讲，人类学研究都特别重视所谓的“仪式行为”，这种行为被我们当代人看作是无法理解、缺乏实质内涵的东西。而人类学家坚持认为，恰是这些东西使人们的关系、秩序得以维持。比如，亲属制度、经济活动中的送礼、政治象征的王权、宗教中的规矩，今天看似无意义，实际上对于社会的构成起到关键作用。有人或许认为，我们今天的社会发生了不少变化，仪式性的这套不存在了，在人们成为实利主义者之后，这套东西被认为是要不得的。我觉得并非如此。比如，你们可以设想一下，在我们今天的经济生活中，节假日有多重要？而节日又是什么性质的呢？

问：象征性的东西。

答：过去我们错误地认为，民间文化活动是“浪费”，我以为，并非如此，它无非是一种公共消费方式，无非是这里的“公共”指的层次可以有不同，可以是社区性的、地区性的，也可以是国族性的。我们的老祖宗遗留的观念之一是，一个国家如果没有这样的“浪费”，何以为“国”？你设想一下，如果你是只有自身利益的个人的话，那你的生活可能吗？另外，说大一点，外交上我们难道也不需要“浪费性的礼仪”吗？外交说得难听点是要“摆谱”，说得好听点是要有国格意义上的自尊，而“摆谱”和“自尊”又是什么呢？

问：国家形象。

答：可以想见，大到国家，小到乡村，象征的东西都是很重要的。我觉得国内社会科学对这些方面研究得特别不够，而人类学对于这些方面有专长，能告诉我们不少奥妙。人类学通过“仪式行为”的研究使人们省悟到，一些社会科学学科中“个体理性”的概念是错误的。这一点对于中国社会科学的改造特别重要。

问：您指的是“理性经济人”观念？

答：对，“理性经济人”。社会科学要研究的是社会生活而不是个人生活，有智慧的学者应当为我们研究社会如何秩序化、如何分化、如何混乱化、如何结合提出看法。人类学与社会学都特别关注诸如此类的问题。遗憾的是，其他社会科学对它们丧失了关注。在这样的情况下，做好中国人类学研究，对于中国社会互动的良性化会有帮助。

除了上述实际意义之外，人类学对于学科建设，意义也比较大。人类学这样一种尊重事实、尊重人和尊重人的存在的态度，对于人文科学和社会科学都是很重要的原则而不只是方法。人文科学和社会科学若没做到这一点，很难留下好的作品。

人类学这门学科值得在中国好好地研究，我乐观其成。我虽然不同意“21世纪是中国的世纪”这一说法，但我隐约地感到，中国的某一种东西很独到，它的现代化经验，它的混合性，它的不同于西方直线历史的历史观，它的消费主义，等等，可能为包括人类学在内的社会科学之视野拓展、理论反思，提供良好的素材和机会。提到“素材”一词，我必须强调，我反对将中国当成社会科学素材的来源地，而主张中国是一个有自己哲学的国度。我提到“素材”，要表明的是，有这样的“素材”，若能与我们的哲学相结合，中国学术将对世界社会科学起到重要的推进作用。

在这个过程中，人类学的方法论主张，特别是它的“从当地人观点出发”的主张，也会起到重要的推进作用。

问：您对人类学“本土化”有不少反思。据我所知，您反对“本土化”这样一个概念，而且您强调中国人类学要有“天下观”，要有世界性研究，特别是要有自己的海外研究。您是不是认为，“我看别人”和“别人看我”，二者不可偏废？

答：提到“本土化”的问题，要说的是，我不反对这三个字前面的两个，而只是反对最后一个“化”字。这种区分有什么意味呢？我认为，不同国家、不同地区的人类学，自然而然都会有自己所谓的“当地观点”，而要“化”这种“当地观点”，等于是在排斥其余。“本土”所指为何？可以是汉族东南沿海的“本土”，也可以是藏族的“本土”，等等。而怎么“化”？用什么来“化”？用哪一个“本土”来化？问题不好回答，而学者经常给的是政治地理方面的回答，使“化”成为一个政治使命，排斥“他者观点”。我说我支持“本土学术”，反对“本土化”，是因为在我看来，好的本土思想、好的人类学、好的社会科学，一方面要有自己的独到贡献，另一方面这种贡献的内涵必须是世界主义的，因为只有如此，才能具备超地方的学术精神。没有一种哲学不是普遍的，本土哲学也应该是普遍的，人类学和其他门类的社会科学也应当如此。

问：您是否指应当有“普世的解释力”及与国外对话？

答：我的意思基本上是这样的。我特别关注古代中国“天下”观念，在古代中国，我们有这么一种观念，因而，对世界万物保持着浓厚的兴趣，并有“以天下为己任”的政治观点，我们又曾以自己的角度书写世界。“天下”观念对于当下中国人类学特别重要。人类学要妥善处理自我与他者之间的观念与书写的关系，而人类学的思考，既要有自己的“当地关怀”，又要有世界眼光。怎么处理“当地关怀”与世界眼光之间的关系？我认为，要将我们的人类学建立在自身独到之处与世界主义心态的双重基础之上，对殖民主义与国族主义进行双重批判。“天下”观念，不同于我们学术研究中的殖民主义与国族主义。诚然，它也不是十全十美的，但对于我们反思我们的时代意义重大。我曾经说过，中国的社会科学家充其量是“汉学家”，之所以这么说是因为我看到，我们的社会科学家不管研究什么，都只关心我们自己的国家，缺乏一种将“当地观念”与世界关系的解释结合为一体的追求。具体对人类学而言，我们大多数人类学家都在研究农民问题和少数民族问题。这些研究本来很重要，但一旦停留于迎合不同时期的“政治任务”，就可能丧失世界关怀，没有对研究所得的资料进行世界性的解释。“文化大革命”以前，重视以民族学来促进民族团结，人类学分到这块里去了。改革开放以来，人类学多做农村研究，也与农村现代化的使命有关。人类学的应用意义很大，但如果人类学研究局限于应用，就会约束我们的想象力和解释力。

问：那么，在您看来，推进海外研究有什么样的意义呢？

答：鉴于人类学的“国族化”倾向比较严重，鉴于古代中国的天下主义之存在，我提出要推进海外研究。

我说的海外研究，并非要舍弃我们的“当地观点”。中国要有自己的海外人类学，首先需要解决一个问题，那就是，在我们的文化中，存在不存在具有普遍解释力的学术观念。我不是一个本土主义者，我的观点是从对人类学的“解读”中得来的。比如，法国人类学的结构派思想，有解释世界万物的雄心，但仔细考察其思想会发现，其代表人物列维·斯特劳斯的思想可往前追溯到卢梭等，而卢梭的思想，又与法国宗教的传统有一定关系。而我们呢？我们今日的“本土人类学”，有多少思想与我们的老祖宗有关？其实太少了。提倡“本土化”的人类学家，用的理论大抵来自历史唯物论。

问：我们早期的人类学者，比如李安宅、费老都做过一些很好的海外研究，我们可能并没有很好地继承这些传统。

答：我部分赞同你的意见。是啊，问题就出在这里。相比20世纪40年代，我们这个时代的人类学更缺乏世界主义，另外，我们也很难说已做了多少好的民族志研究，出版了多少好的民族志文本，很难说视野拓宽了多少，理论挖深到什么程度。我一直想，我们的学术要追赶的是历史而不是未来。不过，我不是说除了追赶历史，我们再也不要做其他工作了。其实，历史上存在的海外研究，问题也颇多。比如，李安宅对祖尼人的研究、费老对美国人的研究，一个是与美国人类学家的简单对话，另一个是试图以美国的文化模式来拯救中国。这些都不错，至少有“他者的眼光”。但我们是否应当停留在简单的对话、停留在模仿现代美国文化上？这个问题就比较复杂了。我很崇尚费孝通先生晚年的观点。他提出要实现“文化自觉”，所谓“文化自觉”，其意味已经和他早年的跨文化研究不同了。费先生晚年特别强调，中国学术要有自己的立足点，同时，要意识到它对于创造世界性的“和而不同”局面承担一定的文化使命。听起来，有点民族主义，但实际不是。

问：您写过一篇题为《继承与反思》的文章，是否可以用它来概括您刚才所说的？

答：“继承”与“反思”这两个概念有点俗，内涵的确就是我刚才试图表达的。一方面，我们的学术水平远比五六十年前差，所以要“继承”。另一方面，又不能拿这个当棍子打别人，要看到学术是变化的，是需要宽容和世界眼光的，知识的特性与所谓的“真理”不同，所以要“反思”。

问：您刚才也谈到，有一个难点就是中国古典文献和西方现代社会科学理论之间存在着张力，在您的研究中是怎样处理这种张力的？

答：你的批评很尖锐，在中国文化与西方科学之间的确存在所谓的“张力”，我们甚至可以认为，存在鸿沟。比如，我自己的作品，可能也犯了我一开始说的那个毛病——为外国著作作中国注脚，用中国古代的资料说的事儿，却主要是外国人关心的。不过，我更愿意用一种诙谐的态度来看待这一张力。文化之间的紧张关系，恐怕是我们这个时代的普遍特征，我们自己也不能脱离这个时代。既然如此，我们不妨把它看成是“有意义的游戏”。在两个不搭界的地方，在两个差异甚大的文化之间建立某种联系，展示其间的鸿沟，可以说也是在承认“张力”，不过更重要的是要考究关联的可能性。而且我也强调，一方面，我们要有自己的立场，但不要声称这个立场和世界无关。所有的文化都是一个复合的整体，不要以为我们中国历史上是一种孤立存在、“孤芳自赏”的文化，以往的中外关系广泛存在，对我们的文化构成及影响也很大。任何学术都是极其局部的创新，今日中国的学术观点不可能与外国无关。我们的观点可能与他人不约而同，也可能只是在论证他人观点存在的局部问题。因而，任何作品都不是观点的终结，而只能是观点形成过程中的一个阶段和过渡。我说要有诙谐的态度，意思是说，要对观点的这一相对性，观点与“真理”之间的差异，对文化之间的差异，对所有所谓的“张力”，采取一种“俏皮”的态度。记得有本书叫《调皮捣蛋鬼创造世界》，作者对于采取戏谑的态度对待“张力”的那些滑稽之人表示赞赏，说世界缺不了他们。我看，中国社会科学太缺乏这样的人了。（笑）

问：我读杜蒙写的《阶序人》，大家对他的批评也是说，他用了很多吠陀的经典来研究印度当代社会。

答：杜蒙是人类学史上一个很严肃的“调皮捣蛋鬼”，是个最优秀的人类学家，他用印度文化作为镜子，来照西方文化，使之显得荒诞不经，特别是对近代个体主义，给予了冷嘲热讽。你可以质疑他这一做法，不过，无论是他还是他的老师辈列维·斯特劳斯，所做的工作，无非就是我说的那种“俏皮”。如果要总结整个人类学史，我认为所有最伟大的人类学家都是在这个意义上的“调皮捣蛋鬼”。社会学家也可以是这样，你必须在疆界之间跨越，知识分子就必须这样，但是现在理解的知识分子是社会的“寄生虫”，我觉得不对，知识分子的性格是漂泊。

问：有漂泊也有洞察。

答：对，但之间有因果关系——没有漂泊就不能有洞察。这个“漂泊”是广义，心灵上的。你若不漂泊，那就固定，像农民一样耕几亩地，你就跟农民没有区别。

问：您说过，知识分子应该有自己的独立思考，和自己所关注的对象有一定距离，不要太远也不要太近，可以形成自己独立的见解。那您如何看待知识分子的社会责任感？

答：我似乎是没有资格来谈这个问题的，因为我是一个凡人，不是一个完人，也不是什么“人物”。不过，我最近写了一篇随笔《作为陌生人的人类学家》，谈到了自己对你所说的“责任感”的一点看法，我认为知识分子的使命在于成为社会的“陌生人”。齐美尔说，“陌生人”并不是天外来客，都是有一定社会归属的，那为什么会把他们叫作“陌生人”？无非是他们老是与他们所在之处格格不入，形成一种偏离在外的感受，比所谓的“土著”、所谓的“熟人社会”更容易流到其他地方去。因此，他的意思是说，社会内部需要有一群人在心灵上飘移在外，但其社会存在方式不一定飘移在外。我觉得知识分子，都应该重新担当起这一使命。应该有更多的知识分子能相对地疏离，而且要更相对地看问题，不要认为有绝对的对与错，你可能很失望，因为我没有回答你的问题，我没有谈知识分子的社会使命，只是谈了知识分子的自我定位，而我认为这就是知识分子的社会责任。我们不要当社会的害虫，而是要当社会的陌生人，这样社会才会和谐，社会需要一批人来反省社会自身，我们的使命就是要当一个“陌生人”。(笑)

问：请谈谈您的专长——“民间宗教”的研究吧。您一直对民间宗教有很深入的研究，那您是如何看待“民间宗教”和所谓“制度化的宗教”（比如佛教、道教）的关系的？

答：这要从杨庆堃谈起了，他区分“弥散式的宗教”与“制度性的宗教”。所谓“弥散性的宗教”是什么？特点很简单，就和我们人类学所说的“文化”一样，它存在于日常生活的实践当中，没有形成一种分离。而所谓的“制度化的宗教”，通常是有经典的存在、祭祀空间的区分和“教众”（信仰人群）的分化，也可以说，从内部看就是内部的结合、外部的分化，比如说教派，这三者形成一种疏离于日常生活的状态。我觉得，对杨先生的评价要从两方面看。一方面，他的区分有意义，我们去调查时确实会发现这两种东西的并存与区分；另一方面，他的区分在今日看来也是有问题的。我过去研究闽台民间宗教，尽管它主要是“弥散式”的，但它存在与制度性宗教重叠的地方。我们不能说民间宗教没有专门的祭祀空间，没有使用经典，不存在组织。民间宗教的庙、经典和组织跟“制度性的宗教”的的确确有所不同。民间宗教的崇拜场所在规模上要小得多，它与日常生活的结合也要紧密一点，民间宗教的经典不需要被教众阅读，在组织方面，它当然没有自己的和尚团、道士团，而必须外聘。不过，这些东西在民间都是存在的。我们不应轻易地否定乡村组织的存在、经典的存在和祭祀空间的存在。如果否定了这些，那不就否定了农民的社会性了吗？我认为，杨庆堃的说法可能过于简单地把西方概念套到中国来了。社会科学关于农村、民间文化的研究，往往存在一种错误的观点，认为农民是一盘散沙，无组织、无文化，也没有自己的公共空间。从梁漱溟等人开始就如此，要为他们创造“团体主义”，通过基督教精神的引进，或者通过新的意识形态的灌输，使他们具有“团体精神”。我觉得这个有待论证与反思。只要回顾历史就会知道，中国历史上皇帝最怕的不是农民成为一盘散沙，而是他们组织起来，而农民通常也是有组织、有自己的文化精英的。这就是我想通过自己的民间研究指出的。

问：那最后一个问题，我们来谈谈北大吧。您从 1995 年回国到北大，已经有十多年，您也见证着北大的变化。您如何看待今日的北大，以及您理想的北大应该是什么样子的？

答：北大变化很大，首先表现在外观上，我们盖了很多新楼，就像所有的大学一样，成为工地。（笑）我们需要教育空间，建这些楼特别重要。但是，我又感到有些遗憾，这遗憾感纯属个人的。过去，我们北大东门外有很多旧书摊，很多咖啡店，书店都设在村子里边，别有情趣。（笑）现在这些被拆了以后，我们消费提高了，旧书都要到装修得很漂亮的地方去买，咖啡店也现代化得很，没什么味道，价格也涨了一倍。从生活上看，我觉得北大好像越变越像一所城市大学，原来中关村有点农村似的感觉。变成“城市大学”，可能是很高尚的事情，从农村走向城市，好像是在“进化”。可是，我隐约感到，大学与乡村结合挺好，我印象中的好大学，就是在乡村地区独立成镇的、一枝独秀的（如牛津）。过去那些小地方消失了，我们只好选择在这个地方（进行访谈的咖啡店），不得已。这个地方我最熟悉，接近轻轨站，我从家里来方便，也真没有其他地方可去。这个都市式的咖啡店和以前北大东边的那些乡村咖啡店不同，有点不好，它有点假模假样的小资情调。（笑）提到这并非没有含义。整个北大的变化跟这样一种咖啡店的象征意义之变化也是一致的。我们的架子搭得很大，但实质内容需要增添。

采访者：非常感谢您接受我们的访谈！

哲学作为一种生活方式

——访杜小真教授

[学者简介]

杜小真，1946年6月生于河北承德，1978年9月起任教于北京大学外国哲学研究所，1993年被破格提为教授，1999年获博导资格。现兼任北京大学比较文学、比较文化研究所教授，曾多次在法国、瑞士、加拿大、意大利等国做访问学者、客座教授。主要著作有：《萨特引论——一个绝望者的希望》《勒维纳斯》《自由与存在的重负》《遥远的目光》等。

问：杜老师您好！首先代表我们《北京大学研究生学志》编辑部对您接受我们的采访表示感谢！我们知道您到北大工作已经快三十年了，在北大您是非常受同学们欢迎的老师，明年就是北大的110周年校庆了，所以能不能请您和我们大家分享一下您对于北大精神的理解？

答：这么大的题目！我还是从一个角度切入吧。我写过一篇文章《我的未名湖梦——一个“非正宗”北大人的回忆》，里面也涉及这个问题。我自己走上哲学研究这条路出于很多偶然的原因，而且我属于一个“非正宗”的北大人，并不是北大培养出来的学生，所以我的感受也许会和“土生土长”的北大人不一样，但是我还是会感受到北大有一种特别的气氛。正是这种气氛使我愿意一直留在北大，也许你们毕业后再回过来就会和我有一样的感受。比如在课堂上我们北大的同学都能和老师有非常好的互动，在我们哲学系，到了研究生阶段，老师和同学一起来探讨哲学，并不是老师单向的教授，这是其一。还有的感受就是这种自由的氛围。在北大，老师和同学对于问题都可以提出自己不同的意见，而且这种自由背后大家都有一种"容忍和理解"的态度，包括我自己，就是一个教书的，这么些年也写了一点东西，译了一点东西，自然也遭到过一些批评，但是这种学术上的批评是很正常的，对于自己是促进。第三点就是，在我们北大出色的人特别多，大师特别多，所以，有时候想到这些大师也会有人批评，那我自己也就释然了。我经常和同学讲，现在年龄大了，只是能做多少事情做多少事情，很多事情不可能完成了，其实这也是很自然的，每一代人都有自己希望又可能做成的事情。

问：但是您对我们学生的影响和对学术界的影响还是非常大的。

答：没有没有。不过我觉得像你们这一代年轻人如果想做的话真是可以很纯粹地做，全心全意地去做自己喜欢的学问。

问：但是杜老师正是您引领我们进入了学术之门，我们也需要好的老师来引导我们。

答：其实准确地说就是做介绍的工作吧。实际上这一点我倒是一直坚持，就是尽量把自己知道的一些东西告诉大家，虽然我自己的研究不可能做得特别好。尤其对于法国哲学，现在有很多年轻人都特别感兴趣，而且很多中年学者也做得非常不错。这是一个非常好的趋势。我刚到北大的时候，在哪儿都是最小的，大家那时都叫我小杜。时间过得特别特别快，自己都有点转换不过来，有很多事情自己还是非常想去做，实际上根本就没有想到已到了这个年龄了。还是需要慢慢地转换过来。现在的年轻人条件都非常不错，包括语言、信息等，我记得80年代的时候，要来一个外国专家什么的，特别隆重，大家都抢着去占座。现在北大几乎每天都有知名的外国学者来访，大家出去交流的机会也多了很多，成为很平常的事情，也就没有那么大的热情了。

问：杜老师，您在20世纪60年代最早是去法国学语言的，后来怎么进入了哲学研究的领域？

答：肯定是历史原因。当时中国为进入联合国做准备，需要派学生到国外学习语言，去法国的人数最多，那是戴高乐任法国总统的年代，中法关系好，其实我当时并不是特别想学语言，家里也希望我学理工科而不是文科，为什么后来去了呢？一个是服从分配吧，还有就是当时觉得出国还是挺新鲜的，所以也就去了。我们是1965年去的，1967年回来。后来下到军垦农场两年多，又回到北京，分配工作的时候我就提出一个愿望，希望自己的工作和法语沾点边。我后来分到了外语学校教外语，还真是多亏了在外语学校，一直没有放弃法语学习。在那里我一直待了8年。

问：外语学校是现在的外国语大学吗？

答：不是，是现在的首师大外语学院。那时候还是一个独立的中等学校，很不错的学校，当时那里有很多受政治原因影响但业务非常好的大学毕业生，师资力量很强。我遇到非常多的好老师，还有外国专家，给我挺多帮助。本来我一直比较喜欢文学，原来的梦想就是进北大中文系，但由于很偶然的机会来到了北大外哲所。那时候所里的老先生们还都在，当时我还是有点犹豫，因为身边有人说，搞其他的还好，哲学你没有受过什么训练不能轻易碰。当时我自己也没有特别多的想法，当然，之前在外语学校有一个法国外教，也是好朋友，经常和我聊法国哲学什么的，多少还算有一些了解，因此后来就到了外哲所。

问：杜老师能不能再和我们聊聊20世纪80年代的北大外哲所以及外哲所的几位老先生？

答：当时我们的所长是洪谦先生，副所长是熊伟先生，我到的时候外哲所已经成立很久了，我们的老所长洪谦先生的为人、治学态度给我留下了深刻的印象。因为当时年轻，所以有一些事务上的事他就找我，接触比较多，有点什么事也会给我打电话。他的为人很好，是从来不批判自己所做研究对象的知识分子，他总是承认"我搞的就是资产阶级哲学"。其实你要回过去想，我觉得这一点的坚持真的挺难得，而且他治学的态度非常严谨，我印象比较深的，是他不止一次说过对学习外语的看法，比如曾经有人说他精通十几种语言，洪先生就说，精通一种语言就不错了。他的英语、德语都很出色，可总说会一种语言，就很不容易，这个给我的印象非常深，也很有启发。我也是觉得学语言是非常难的一件事情，所以对我的翻译的批评意见，我觉得都是可以理解、可以接受的，确实翻译是非常非常难的事情。德里达经常说，利科也说过，这其实是在做一件"不可能的可能的事情"。

问：有的东西确实是"不可翻译"的。

答：对。

问：杜老师您最早是从学语言开始，然后因为对文学的爱好开始法国哲学的研究。我注意到法国哲学界也有一个共同的现象，那就是像萨特、加缪、梅洛·庞蒂等，他们既是哲学家也是文学家，这和英美以及德国哲学界有所不同。您能不能就这方面谈谈您的看法。

答：对，这的确是一个有争议的问题。现在有人会说，这哪是什么哲学？现在有"纯哲学"之说，但是我自己不是学哲学出身的，所以比较适合这种哲学和文学结合的道路。包括你刚才提到的萨特、加缪、梅洛·庞蒂，也包括后来的德里达等人，有人就觉得他们不是纯粹的哲学家，但是他们都有这样一种观点，法国很多人也有这样的讲法，就是非哲学和哲学之间的关系，它不是反哲学的。他们认为，哲学自己的问题不可能靠哲学自己就能得到完全的解决，而是需要借助一个他者来审视自身，这当然也是跟20世纪法国哲学的发展有关系，就是说，有的东西你只能用不是你的东西来解释才能说清楚。当然这个问题很多人都有不同意见，他们觉得这样一点都不纯粹，认为我就是应当看你的文本，然后从文本中归纳出几个要点来，知道你说的是什么。可能因为我自己原来不是那种纯粹搞哲学的人，所以我读文本的时候总是会想，作者他（她）为什么要说这些话，这些话的背景包括他（她）其中提到的一些人以及跟这些人的关系等，都应该纳入我们的视野加以考虑。

问：福柯曾经讲过，哲学家的角色应该是一个社会旁观者，但像萨特这样的哲学家却又积极地介入到现实当中，并且影响很多其他的哲学家，这是法国哲学的一个特色吧？

答：确实是这样。实际上福柯自己也是一个积极介入的哲学家，但是他嘲笑萨特，不要以为自己就掌握了真理，以预言家的姿态出现在公众面前，告诉别人你应该做什么，实际上你并不能成为历史先知。

问：现在中外的学术对话越来越多，您也参与筹备了很多国际学术会议，那么在同外国学者的交流中我们是否能有很大的收获？外国学者研究中国哲学的思路、方法等对我们有哪些启发呢？

答：我并不简单乐观地认为交流就是很容易的，我有一篇文章的题目就是《困难的对话》。这有好几个方面的原因，一个是长期以来我们处于一个不对等的对话状态中，包括我自己做的一些工作，很大程度上都是去解释别人的一些东西，把别人的东西引进来。

问：这在社会科学研究方面也特别明显，我们一直在强调要与西方接轨，结果最后西方的问题意识就变成我们自己的问题意识了，我们在某种意义上忘了自己是谁，陷入了一种自我认同的困境。

答：对，反过来讲，国外对中国思想界和学术界的了解是非常有限的，有外国学者来中国访问后会非常吃惊，中国学生怎么连我们的什么事都知道？我们的同学知道他们的事情肯定要比他们的同学知道我们的事情要多得多。第二点就是实际上我们现在使用的很多概念都是西方的概念，所以搞中国哲学的学者有时候很难与西方学者真正有效地对话，说来说去不是一个东西，这也是一个困难。当然，在某些观念、制度、操作层面，西方有很多值得我们借鉴的地方。但如何在我们这儿落实，我觉得是一个很困难的事情。在开国际学术会议时，很多时候是中国学者说中国的，西方学者说西方的，没有展开真正的对话，当然这与发言时间限制有关系，但也还有更深层次的原因存在。另外，这种交流的障碍当然也有语言的问题，我们的学者去国外几乎都是用他们的语言，但是他们几乎不用我们的语言，这也是我们展开反思的一个大的背景。

问：所以还是需要像于连这样的学者，对中国有深入的研究，然后又能够同我们对话。

答：他其实在中国和法国都是争论非常大的人，他希望大家能理解他，其实这是很难的。

问：我们研究当代法国哲学一般都是从萨特开始的，在20世纪六七十年代，萨特是非常受关注的，中国在80年代也是非常关注萨特的，但近些年来好像没有以前那么关心这个哲学家了，那么在市场化、后革命的时代我们是否还应该研究萨特，研究他对于今天的我们有什么意义？

答：20世纪80年代刚开放时，思想界确实对国外的东西很注意，萨特的关于人的自由的思考对当时的青年人非常有影响，对于长期处于封闭时期刚刚走出来的中国来说，尼采、萨特等西方思想家的进入对于当时的思想界的确是一个非常重要的事件，所以翻译引进是一项很重要的工作。我做法国哲学也是从萨特开始的，不好意思，当时也就知道这么几个人，经过这么多年的研究，我还是认为萨特是非常值得研究的一个思想家，不光是因为他的左派知识分子的角色，积极参与社会政治活动，在理论上，他也是一个非常出色的人。现在国内对萨特的研究已经有很多进步且比较深入。我写过《萨特引论——一个绝望者的希望》一书，我自己的感觉是他早期的理论也非常值得重视，包括他对法国现象学的发展都作出过非常好的贡献。另外一点就是法国哲学真正源头的精神应该追溯到笛卡尔那里去，国内的很多研究者都注意到了这个问题。现在国内对笛卡儿的研究还是很多的，这样追根溯源的研究路径容易使我们获得一种比较整全的视野，从而更好地理解当代的一些法国哲学家，包括萨特。但是他们对于传统又不是完全地遵循，接受传统但都有他们自己特定的角度和出发点，这也是这些哲学家的思想出现差异的重要原因。不管怎样，他们的思想发展确实都跟他们对于笛卡儿的接受和继承有关系。

2005年萨特百年诞辰时，有许多纪念活动，也出了很多书，我觉得现在还是应该更多地从其在思想界和理论界的贡献来关注萨特这样一个人物，包括其与现象学的关系，与意识哲学的关系，其实现象学在当代法国哲学界影响非常大，影响了几代人，其中，萨特是非常重要的一个人物。

在上海曾经开过一个纪念萨特百年诞辰的会，在会上大家一致的看法是一个人在理论上和思想上的价值是肯定一个哲学家的重要标准之一，从这个角度讲，萨特是应该得到肯定的。很多时候不能简单地用对或错来评价一个思想家，其实最重要的是看他给我们留下了什么样的精神遗产，我觉得这才是最重要的。

问：萨特的《存在与虚无》和海德格尔的《存在与时间》在80年代都是“畅销书”，甚至卖出了好几万册，这在今天是不可想象的，最近有一股80年代的怀旧热，您能不能和我们聊一聊80年代？

答：之前也有朋友找过我让我谈谈80年代，可是实际上我并不是“80年代人”，我也和他们一起做过一些事情，但其实我比他们大得多，所以感受肯定是不一样的。我觉得在80年代我自己就是一个做具体工作的人，整个80年代我就是一个教师，一个教法国哲学的人，这是最确切的说法。

问：我自己现在也是刚刚踏进哲学的殿堂，对自己的专业也非常喜欢，希望能继续做下去，女孩子可能做哲学有自己的劣势，但我觉得您在这方面是非常成功的。在这方面我们有什么优势和劣势，我们又应该在哪些方面作出努力？

答：我记得十几年前在瑞士的时候，有一件事给我印象特别深，外国朋友们老让我讲中国哲学，后来我就给他们讲了，那些外国朋友也挺感兴趣的。这时有一个宝岛台湾来的小女孩，她一直在那儿留学，她说，您刚才讲了半天中国哲学和西方哲学的不同，现在我来讲个中国哲学和西方哲学相同的地方，我说："有什么相同点?"她说："中西方哲学家中女的都特别少啊。"（众笑）后来有一个男同胞说，古希腊有一个女哲学家，说了一个名字我也没记住，可见是很不有名的人。（笑）你和我还是不太一样，我觉得，你还是经过了一个比较正规的训练才进入这个哲学殿堂的，有些女学生希望学哲学，刚开始的时候我会泼冷水，不过如果真正能一辈子做自己喜欢的事情也挺好，但是光喜欢有兴趣还不够，还是得有其他条件的配合。最重要的我想还要有自己的执着和付出。

问：您觉得我们在这方面有没有什么优势呢?语言算不算是?

答：语言可能是一个优势，有的时候感悟可能也是一个优势，确切地说，这个优势有的时候又会变成一种劣势，你若经常想着要想让自己的东西去感染别人，过于关注文章的可读性，有时候就会误入歧途，所以这个是应当避免的。女同胞的一个显著特点就是感性思维比较多一点，说它是缺陷也好，长处也好，关键是看你自己的心态，还是要学会努力做好应该做的事情。

问：我觉得您是将学术和生活结合得特别好的老师，您能否就这方面和我们谈一下您的经验?您的学术态度对您的生活有些什么影响?或者说，您的生活态度对您的学术研究有些什么影响?

问：是否可以这样说，学术研究的一些思想已经内化到您自己的精神气质中，并通过外在的生活方式表现出来?

答：这个更多的也跟经历有关。当你的经历多了以后，你就会对生活、对学术有自己的看法，确实是这样。做学问很多时候只有自己才知道其中的快乐，这种快乐是真正的快乐，而不是说自己有很多钱买了很多东西就开始炫耀的那种快乐，所以最重要的还是自己心灵的那种感受。现在有的大学生心理比较脆弱，我的意思是说，生活里碰到的任何事情都是可以过去的，而且不管碰到什么事情，最重要的就是你要活下去，不光是为自己也是为别人，就是要好好活着，做一个正派的人、一个好人。活着有时候其实比死要难得多。

问：听了您的这一番话，让我想起了萨特和加缪这样的哲学家，好像您也受他们的影响。

答：对，是这样。加缪是我最喜欢的一个思想家，虽然我研究萨特比较多，但最喜欢的还是加缪，还有一个思想家亨利，我也很喜欢。他最近刚去世，咱们国内关注得不多，他是一个非常棒的现象学家，写过《生命现象学》。还有一个国内关注得比较少的法国思想家叫哈多（Hadot），他也写哲学史，他写了一本《什么是古代哲学？》。在书中，他就说，哲学归根结底就是一种生活方式，所以你如果真的不把它当作职业或谋生手段什么的，你可能会得到更多的乐趣。

问：这是否意味着我们有时候应当有一种“没事偷着乐”的精神？（众笑）比如读到一本好书、一篇好文章，或自己写了一些好的东西，自己就会有发自内心的快乐。

答：对，如果刚好还有人理解了你写的东西，那就是一件更值得高兴的事了。

问：杜老师，我们提最后一个问题吧。

问：那我们提一个文学的问题好不好？因为我知道您特别喜欢文学，刚才您也提到您曾经的梦想是到北大学中文，所以我们想请您谈谈您比较欣赏的法国文学作家，您的文章中经常提到梅里美，您能不能就这些和我们谈一谈？

答：我觉得文学可能比哲学更难说，这个喜欢吧你真不知道确切地该怎么说，但是它确实能影响你很多方面。我在《南方周末》写的一篇文章提到过好几本文学作品，很难确切地说它们到底给我什么影响，但是确实对我的性格和为人有很大的影响，特别是我们那一代人。因为我是女校出来的，女校学生的独立性特别强，也是跟看这些书有关系，尤其是梅里美，他的许多作品给我印象都特别深刻，特别是《嘉尔曼》。当时看的时候觉着就是一种冲击，而且他的作品你看完以后会觉得心里特别有感触，但就是很难表达。

问：我看加缪的《鼠疫》时就有这种感觉，我想这是不是法国哲学家的一个特色，他们善于通过文学作品来表达自己的思想，并且和读者产生共鸣？

答：对。很多哲学家都写过小说、诗和剧本，这算是他们的一个传统吧，其实从笛卡尔到柏格森、到现在都是如此。

问：我觉得中法之间有很多共同点，中国也有很多哲学家是诗人，或者说很多中国哲学家以诗的方式来表达自己的哲学思想。

答：可能是这样的。

问：最后，我们想请杜老师对我们《学志》的读者以及喜欢哲学特别是法国哲学的同学们、朋友们，说几句您最想说的话。

答：我自己的体验就是应该好好读书，然后保持非常好的心态，平和的心态很重要。

采访者：非常感谢杜老师！

答：不客气，欢迎你们经常来做客。

【采访手记】采访之前和杜老师的联系非常顺利，尽管工作特别忙，杜老师还是欣然答应了我们的采访请求。采访的地点是杜老师在法国哲学研究中心的办公室。房间虽小，却布置得相当雅致。采访开始之前，我们还有幸得到了杜老师送给《学志》编辑部的礼物：一本《远去与归来——希腊与中国的对话》。在一个多小时的访谈中，给我们留下印象最深的就是杜老师爽朗的笑声。我们都明白，作为长者，杜老师的笑声中所饱含的豁达与睿智，还不是我们这些年轻人现在所能真正领悟的。但同时我们也都感觉到，“哲学作为一种生活方式”其实也并不遥远。采访结束，和杜老师一起走出哲学系的小院子，看着温暖的冬日阳光洒在熟悉的静园草坪上，我们明白，短短一个多小时的访谈，我们已收获了很多很多。

读书与研究[①]

[学者简介]

张伟仁，江苏吴县人，台湾大学法律学士及政治学硕士，后获美以美大学比较法学硕士、耶鲁大学法学硕士、哈佛大学法律科学博士。现任台湾“中央研究院”历史语言研究所研究员，兼任美国纽约大学法学院“环球法学讲座”教授。研究方向为中国法律史、法理学。主要著作有：《中国法制史书目》、《清代法制研究》、《明清档案》、*Judicial Process in Late Imperial China*。

梁治平，1959 年生于湖北孝感。1982 年毕业于西南政法学院法律系，获得法学学士学位，1985 年毕业于中国人民大学法律系，获得硕士学位，毕业后留校任教。现为中国艺术研究院中国文化研究所研究员。2002 年参与创办洪范法律与经济研究所，并担任所长至今 。代表作有：《清代习惯法：社会与国家》《寻求自然秩序中的和谐：中国传统法律文化研究》《法辨》《法律的文化解释》（主编）。

张伟仁：李老师，梁老师，各位同学，大家好。我和梁老师

① 本文系 2008 年 12 月 2 日张伟仁教授和梁治平教授在北京大学法学院研究生会举办，由北大法学院李贵连教授主持的“学术从这里起步”系列讲座中所做演讲的录音整理。整理者：何海锋。本文已经张伟仁教授和梁治平教授审定并授权发表。

最初相识远在20年前。当时我在纽约大学教书，他在哥伦比亚大学做研究，我们一见如故。我比他虽然虚长几岁，但对他做学问和做人都非常钦佩。我今天好不容易才请到他来给大家谈谈读书与研究这个话题。为什么请他谈读书与研究，不仅因为他原来在国内有很好的研究成绩，而且因为他在欧美对西方的文化也认真地探讨过。我在国外多年，看到我同辈和比我年轻的，真正能对西方学问有深入见解的少数学者之中，梁老师是最杰出的一位。现在很多人开口就谈西方如何如何，梁老师可能会窃笑。（梁老师修养好，不会这么做，"窃笑"二字是我用的。）可贵的是，梁老师对西方有很深的了解后，回到国内所做的大多是对中国问题的研究，研究范围与领域很广，包括法史、法理以及中国习惯法，其成果对我都有很大的启发。所以，我请他来讲读书和研究的历程和经验。我们欢迎梁老师。

梁治平：谢谢李老师和张先生。张先生刚才讲了我们认识的过程，其中的溢美之词，我实在是不敢当。这几年跟张先生陆陆续续总有见面机会，可以当面向他请教。张先生是我十分敬重的学界前辈，他做学问的精神，我向来都很敬佩。本来我对今天这个讲座很感犹豫，因为这个题目太大，对我来说像是冒险性质的"旅行"。不知道"旅行"中会看到什么，甚至不知道终点是哪里。但是张先生相邀，我很难拒绝，原因除了上面所讲的，还因为这也是一个当面向张先生请教的机会。

跟张先生这一辈学人相比，我们的学术训练是先天不足的。张先生小时候读过私塾，打下非常好的基础，之后到宝岛台湾读大学，进研究班，再到美国最好的大学深造，最后回到宝岛台湾"中央研究院"史语所做研究。他的经历是比较典型的更年长的那一代学人的经历，张先生有缘赶上了这个潮流，得以接受中国传统的熏陶和海外的新知，在中学和西学方面都有很好的修养，令我们这代学人十分羡慕。我在1970年代中期完成高中学业，可那连现在的初中资格都不如，后来上山下乡，再后来上大学。上大学虽然学的是法律专业，但当时几乎无法可学，因为那时正在实施的法律实在很少，只能讲些泛泛的法律原则。而且那个时候，教育青黄不接，学术也不受重视，有很多意识形态的东西。这样的经历就造成了我们的先天不足。虽然因为工作和兴趣的关系，我的研究里中学、西学都可能涉及，但是离专、精还差得太远，更不用说通了。

这次很高兴能听张先生讲治学的心得。张先生深入研究的是中国的传统，受的训练却主要是西方的。他的体悟对我们一定会有很大的启发。另外，他这几年常来大陆讲学，接触了很多大学的师生，许多感想很有针对性，值得我们认真倾听。

张伟仁：正因为你经过这么多苦难，而能有如此的成就，更是令人敬佩。我于五六年前才初次回到大陆，对大陆的法学教育和研究了解有限，应该多留点时间给梁老师讨论这方面的问题。现在我先说几句话来抛砖引玉。首先谈读书，我们今天要谈的是如何去读与学习法律有关的书。这一个学习的过程可以分成几个阶段，各有不同的目的，要选择不同的书，用不同的方法去读。在最初的阶段，为了建立与法学有关的知识基础，所以要读政治学、经济学、社会学、哲学、史学、心理学、理则学、文化人类学等科的书。因为不可能将每一学科的书读得很多、很深，所以要找一本好的介绍性的书来读。这样的书会先指出该科目所探讨的是些什么问题，以前的研究者已对那些问题提出了什么看法，目前最受重视的问题是什么等，最后会列出一个详细的参考书目，告诉读者如要进一步去了解某些问题，可以去看那些书刊。

许多好的教科书便是这样写的。将这样的书每科略读一本，便可以对于上述各类学问得到一些概念，看到法律与其他各种学问的关系，因而了解在探究某些法律问题时，必须具备哪些相关学科的知识，才不至于将这个问题孤立起来，得到一个狭窄和可能不切实际的答案。

到了做研究的阶段，因为目的在于探索一个特定的问题，当然要选择与此问题有关的书和资料来读。这种书和资料可能也很多，与其直接有关的要细读，比较间接的也要略读，不宜疏漏。最近有一位年轻学者告诉我说他正在“精读”卢梭。我说如要专门研究卢梭，细读他的书是有必要的，但是和卢梭的书同样讨论某些问题的著作不少，也应该读，否则自己的思想会受卢梭拘束，研究的结果至多只是对他的说法作一些诠释而已。总而言之，读书是为了增进自己的知识，启发自己的思想。开始时要读得广，进一步要读得深，但仍不可太偏太窄，以免成为一家之言的信徒。梁老师你认为对不对？

梁治平：读书这个问题是个很私人化的话题。读书有不同的方法，也可以出于不同的目的，并无一定之法。张先生讲的是刚开始涉猎学术、打基础的时候读书的方向，这是个一般性的问题。张先生的看法很有见地。我想补充一点的是，读书是学习的重要途径，也是学术训练的重要环节。现在的学生课业很多，研究生还有发表文章的压力，还有多少时间读书？我读书的时候还不是这样，我到了研究生毕业的那年才开始发表文章，而且不是迫于什么压力，而是因为自己有表达的冲动，我觉得这样比较好。关于现在教育制度上的问题，我还有一些深刻的经验。

最近几年我有机会在香港中文大学教书，我的班上每次有大约二十个学生，从本科生到硕士生、博士生都有，其中还有北大、清华的交换生。我在跟这些交换生聊天时发现，他们在北大、清华每学期选十几门课，但在这边只选三四门课。问他们的感受，都说感觉这边的压力更大。为什么会这样呢？他们说在本校选课虽多，但过程很简单，无非就是上课、考试。这边的情形不同，一门课分成好几个环节，除了上课，还有课堂报告，有辅导课的报告和讨论，最后是论文。每个环节都要有一千多字到数千字不等的书面报告，在这个过程里必须不断地去查找资料，组织题目。论文题目也不是考试时才确定，而是很早就要开始准备。这个过程老师也要介入。也就是说，读书、报告、讨论，还有同老师互动，是一门课里彼此有联系的有机过程。作为老师，我的工作之一是帮助每一个学生找到适合他们兴趣、能力，同时又有学术价值的论文题目，从选题到材料的搜集和运用，到结论的论证，都可能涉及。甚至在课程结束、论文完成之后，师生之间还可能就论文涉及的问题有后续的讨论。这是一个完整的学术训练的过程。北大、清华没有这套程序，老师讲完课就走了，最后交一篇作业，也只有分数，不知道文章哪里好，哪里不好。这样的制度耽误了好学生，也辜负了好老师。

张伟仁：现在我想来谈一下怎样去读法律本科的书。我大略地翻阅了现在大陆常见的各门法律课程的教材，见到的大多只是介绍西方的制度和理论。再看看大陆法学刊物里的文章，大多也是如此。即使是讨论国内某些问题的，也用很多的篇幅在叙述西方对同类问题的看法和处理办法。无怪一般人认为学法律就是学西方的东西，甚至有人声称如果想要了解法律的发展，就该学西法史。听了这种说法使我感慨良多。西方的法制和法理是值得学的（任何前人的智慧都值得学）。假如其目的是去了解一点他人的想法和做法来充实自己的见解，当然是一件好事。然而法学是一门致用之学，最终目的是要解决社会问题。不同的社会虽然可能有相似的问题，解决这类问题的办法也可以有相似的原则，但其细节必然因各个社会中的若干特殊情况而异，没有一个社会可以将另一个社会解决某一个问题的整套办法搬过来适用。即使我们只想拿西方的办法用作参考，也应该对西方产生那个问题和提出那套办法的整个文化背景，包括其政治、经济、社会、思想等，作一番深切的探究，取得正确的了解。恐怕时下那些强调学习西方法则的人都没有下过这样的功夫，因而他们夸夸而谈的，都只是一些西方的皮毛。我觉得这些人和我国一般学习法学的人都应该多用功一点，多想想，除了读一些西方法学的书之外，要多读一些关于他们的政治、社会等方面的书。更重要的是要多读一些关于我们自己的社会、文化的书。

梁治平：我很同意张先生的观点。张先生鼓励我们广泛阅读，特别强调要超出法律的范围，这一点很重要。我们读书首先是要去了解思考的对象，而这些对象是不受知识分类限制的。其实，知识的分类都是人为的。我们今天看到的各种学科分类都是很晚近的东西。如果我们去追溯一下就会发现，我们今天熟悉的很多东西都不是固有的，而是因为时代和社会需要人为构建的。所以，读书的时候我们首先要超越人为的界限。我们过去所有的教科书都强调各自的学科范围和研究对象，这实际上是把我们思想固定化了。

张先生曾在耶鲁和哈佛接受教育，这些都是美国乃至世界一流的大学。按照美国的分类，法学院都是职业教育，区别于所谓的人文教育。但是在这些一流大学的法学院，学科的设置非常广泛，也很前沿，许多新学科和传统的科目并存。法学院没有很多的老师，讲宪法的也可以讲合同法，知识的界限被打破了。甚至，从这些法学院出来的学生很多是理想主义的，跟我们的想象不一样。至于我们的法学院，那里的情形大家都清楚。我们的学科不但陈旧，而且彼此隔绝，开出来的新课也少。这些年大学扩招得很厉害，法学院也一样。政法学院都变成了大学，法律系都成了法学院。其实里面很虚。新设的学院和系很多是标新立异的，没有学理上的根据，除了增加混乱，对改善教育全无益处。在这种情况下，讨论怎么样读书，怎么样训练自己，建立起开阔的眼界，培养缜密的思想方法，这些都是非常重要的。

张伟仁：梁老师说得极是。各类知识应该是相通互补的。我常常觉得古今中外的人们所面临的社会问题在最基本的层次上是共同的。例如人们为什么需要社会？个人与社会存在的目的是否相同？如果相异应如何解决？社会为什么要有权威者和规范？它们是怎样产生的？一个社会里是否可以有数类权威和规范并存？如果可以，它们有没有位阶？个人与权威者之间的关系应该如何？这些问题都是学法律的人应该关注的，所以我说学法律的人应该有广博的基础知识。现在我再以自己的经历为例来补充说明此点。

我在台湾大学学法律时，老师们大多都受了注释法学派的影响，对各个部门法一条一条、逐字逐句地解释其意义，好像每一个法律都各有其独立的生命似的。同学们也都觉得学习法律只要细究条文的内在理则就好了。我到了耶鲁，才改变了这种想法。记得上第一堂美国宪法课的时候，老师就当天要谈的若干项目依所谓 socratic method 提出了许多问题，引导学生寻思作答。每一个项目的第一个问题都是很简单的，学生们的反应都很快，答案都与课前阅读的资料相符。但是老师又继续提出了一连串的问题，追问为什么、为什么。逐渐地我们才了解，他是要我们探索那明显的法律问题背后的许多社会问题和文化因素。因为那些因素都不是从教材中找得到的，只有少数的美国学生（全都是美国著名大学的高才毕业生）还可以说一些；所有的外籍学生（大多是世界各地来的 fullbright scholars）都瞠目不知所对。后来我转入哈佛博士班，上各种课时也见到类似的情形。1973 年美国曾有一部关于哈佛法学院的电影叫作 *The Paper Chase*，其中描述上课的状况很是逼真。这些经验使我觉悟到读法律不只是细读法条，不能像学修车一样仅仅知道如何适当地装配零件，要真正学好法律，必须先具有广博的基础知识，读许多法学以外的书。我现在要特别强调的是：应该多读有关中国的书，使我们对自己的社会和文化取得比较深入的了解。

说到这里，使我想起另一个问题，那就是如何去读中国的书。对中国人而言，这个问题听来似乎很可笑。其实不然。我们常说中国有五千年的历史，自有汉字以来约两千多年，以汉字记录下来的文化资料真的可以汗牛充栋。其中最初两千年里，绝大多数人们留下的记录是用文言文写的，只有民国初年“五四”运动之后的记录才逐渐改用白话文。因为许多因素，近人大多已不学文言文，所以已经不能阅读两千多年来的中国文化的记录；能够阅读的只是以白话文记录的近百年的中国文化和少数以白话文翻译的西方文化记录。（近来有些以白话文注译的中国古籍，但数量尚少，品质也良莠不齐。）无怪现在大多数中国的读书人对西方的文化似乎略有所知，对于自己的传统文化却懵懵懂懂，不能见到中国人的智慧结晶。更可悲的是若干著名的法学界人士亦复如此，而且还鹦鹉学舌，响应了西方和日本的学者，指称中国并无传统法文化可言。孔子说，“君子于其所不知，盖阙如也。”像这些人士的作为，实在令人感慨。

说起西方和日本的学者，他们是有一些很认真研究中国传统法制的，但都不够深入，因而有一些误解。然而因为中国人自己不在这方面下功夫，所以常常听任他们侃侃而谈中国传统法制是这样的、那样的。我就常常遇到这种情形，最初是在哈佛的时候。因为我原来是学国际法的，对中国传统法制所知甚少，所以听到洋人高谈阔论时，虽然觉得有些不对劲，但是像哑巴吃黄连一样，不知道说什么。后来我尽弃所学，回头探究中国法文化，果然发现他们有许多肤浅、错误、臆测、武断之处。所以我现在一再提醒国人，要多了解自己的传统，不要等外国人来告诉我们中国的传统是什么，使我们噤若寒蝉、无地自容。要了解中国的传统必须学好文言文，对于不懂文言文的人而言，以此记录、阐述的中国五千年文化，可以说是不存在的，当然也不必谈对它做什么研究了。

梁治平：张先生讲的这个发奋图强的故事很有感染力。在深入到研究的问题之前，我还想补充一点。我想把我们今天讲座涉及的概念作一个小小的改变，那就是把“读书”改成“阅读”。阅读和读书不一样。首先，读书的对象基本限定于书，阅读的对象却要广泛得多。我们可以说阅读的对象是文本，文本可以是一本书、一段乐章、一幅画，也可以是社会、人生、自然、文明和传统。其次，读书是后天的行为，为了能够读书，我们必须先识字，但是阅读却是人来到这个世界以后就开始了。我们可以讨论读书的方法和技巧，而在谈论阅读的时候，我们是在讲一种哲学。因为阅读要处理的问题是与生俱来的问题。从阅读的角度理解读书，思考和研究的问题自然就会带进来，因为阅读就是研究。阅读是观，是学，是思，甚至可以进一步说是反思，是对思想的思想。换句话说，阅读是我们无法摆脱的东西，每个人都有对世界的看法，这些看法有差异，也有深浅，它们取决于我们有意无意间获得的知识，取决于我们整合和运用这些知识的能力，也取决于我们的反思能力，在这个过程中，读书当然是很重要的。

张伟仁：梁老师系统地谈了读书的层次。我现在想补充一点，说一说如何学文言文。文言文虽然也是用汉字写的，但与白话文不同，不是以人们日常用的语言写出来的。这两种文体的用字和文法都有些差异，所以对于现代人而言，文言文几乎近似一种外文。我们学外文除了识字之外，都花了大功夫去讲究其文法。这是一种技术性的错误。语文虽然有其规则，但是例外太多，所以人们说话和写作之时，很少先考虑文法的问题，只要听起来或读起来通顺就好了。我小时读私塾，没听说过文法一事。读书就是背书（全是文言文的书）。背多了，不仅会将书里的意义自然地逐渐领悟，而且会下笔写文言文。我后来学外语也用这个办法，虽然也苦研文法，但是发现在讲话、写作之时，出口、落笔全是以往背过的字、词和句式，无须去思索文法。我现在将这个经验提供给你们参考，你们不妨去试试，每天抽出一点时间来背古文和外文，一定会有很好的效果。

梁治平：张先生这一席话让我很想回到过去，重新来过，可惜没有时间隧道。这些年有些人倡导读经，也有人批评。过去很多非常出色的学者有过类似的教育背景，他们后来回忆这段经历时也都肯定这种教育有成功的地方，而不是像很多人所批评的是不人道的、反智的。但是一种方法对成功者来说是资源，对失败者来说却可能是负担。应该怎么评价和处理这种教育和学习方法还需要仔细讨论。

张伟仁：我们现在要来谈下一个话题——怎么做研究。做研究是追求知识的人在读书之后进一步要做的工作。我觉得做这个工作有两点要特别注意：一是要正确地掌握研究对象的切实、重要的资料，而不是只用一些肤浅虚构的东西，当然更不可以只用二手的旧货。二是要由资料来决定结论，不可以先有了一种看法再去找资料来证实此种看法。现在先说第二点，因为我在国内看到一些有关的问题，使我感慨甚深，所以想先提出来谈谈，然后向梁先生请教。如果我的观察或想法有误，请他加以纠正。

我看到国内的学术界有一个相当普遍的现象，就是把自己对于某一些社会问题的喜好或厌恶，投射到他们对这些问题的研究上去，先有了一套情绪性的、价值性的看法，然后去找寻合乎他们这种看法的资料，以学术性的文字和形式写出来，作为其研究的成果。这样的例子很多，因为我是学中法史的，所以特别注意到下述的这个例子：时下有些学者看到了与近代法制有关的一些不良现象，但是没有直接地指陈出来，却找了一些古代相似的现象，猛烈地批评。这种借古讽今的做法，在中国是常见的。明眼之人一看便知道其为指桑骂槐，但在不知底细之人的眼里，却造成了一种形象：现代的种种问题都是古代遗留下来的，因而推出了一个简单的、情绪性的结论：中国的传统法文化一无是处。(近人曾引日人滋贺秀三的话说中国传统法制“没有什么可说的”。)此一结论否定了中国法文化，甚至也否定了相关的其他部分。后一个结果或许不是时下那些学者的初衷，但是为了掩饰他们对现况不满而又不敢直接批评的心态，他们并没有出来加以分辩，结果是加深了中国过去近二百年受外力侵侮而产生的自卑心理和崇洋行为。这是极其可悲的。这些学者的行为之所以有这样的结果，主要是因为他们犯了做学术研究的一个最大的忌讳：先有成见、后寻证据。这种做法不仅不能得到正确的结论，而且违背了学术研究工作者应有的最基本的人格要件——对知识的忠诚和直陈所见的道德勇气。

当然学者与常人一样，可以对社会现象有一己的好恶，对社会问题有一己的看法，也有权利（甚至有责任）去参与社会运动，拥护某一主张，批判另一主张，而且要比常人更有勇气去直率地说出来。（像梁启超要保皇、孙中山要革命，即使其主张被认为是反动或是叛逆，会被唾骂或会被处死，也不隐瞒。）这是想解决社会问题、导致社会运动的一种做法，是值得敬佩的；但是做学术工作却不可如此，不能凭一己的好恶，勉强去“证明”某一看法的是非，而要以充分的资料为据，如胡适强调的“有一分资料说一分话”，证据引向什么结论就作什么结论，即使与自己的好恶相悖，也不敢稍有扭曲，这就是对知识的忠诚。因为学者常常担任了教育的职责，这种忠诚就格外重要。一位学者可以在社会上对某一问题鼓吹某种主张，但是一进教室，便不可以这么做，而应该将这问题的由来和可能的发展，提出客观的分析，然后将各种可能的解决方法（包括他自己所主张的在内）一一陈述出来，由学生们自己去判断其良窳、是非。这不仅是忠于知识，也是尊重学生的一种表现。做教师的不可以为了将自己的思想灌输给学生，硬将它说成是研究的成果、是学问，更不可以将自己先有成见然后找资料去“证实”它、支持它的这种倒行逆施、欺人欺己的做法，有意或无意地传授给学生，使他们觉得这就是做学问的方法。这种做法不仅加害于直接受教于他们的学生，而且可能贻害于其下数代，使中国的学术工作一直在歧途中乱窜。此一危机使我十分担忧。此外因为一些这么做的学者在目前颇有名望，对于学生和一般青年很有影响力，他们那种鄙视中国传统和崇拜西方文明的心态更使我觉得悲痛：一个国家的学者丧失了对自己文化的信心，这个国家还有什么希望?！我想在座各位之中，将来必然有些会从事研究和教育工作，所以在此诚恳地奉劝你们，千万要看清楚这种研究方法的错误和它所反映的对知识的不忠，力加纠正，不要以后也如此再误导下一代。我的这一点观察和感受不知当否，让我们听听梁老师的看法。

梁治平：我觉得张先生是有感而发的，我的第一个印象是，张先生非常敏锐地感觉和触及到我们身边一个很多人不大注意的现象，它涉及知识的性质以及不同角色、不同领域之间关系的问题。这个问题在我们的社会里有很多表现。我先讲区分领域的意义在什么地方。有一位美国学者写了一本书，书名是《正义诸领域》，他认为社会的不同领域有不同的规则和正义观，让各个领域的规则各行其是，就维护了正义，否则就会导致不正义。比如，商业、政治、家庭各有不同的规则，让商业上的规则进入政治或者家庭领域，或者让政治的规则去支配商业和家庭领域，都会带来不正义的结果。这里和我们的讨论相关的是政治和学术。我们要考虑政治和学术的不同性质，它们各自的规则以及它们相互间的关系。

政治干预甚至支配学术，这是主要问题。不过，张先生说的却是另一种问题：一些人表面上坚决反对政治对学术的干预和支配，而且他们也不掌握政治权力，但他们却把自己的政治理念或者意识形态，包装成学术的东西灌输给学生。他们给学生传达的信息是，这就是学术。这是很危险的。张先生指出社会活动者和教师的不同，就是要区分两种不同的社会角色、两个不同的领域、两类不同的规则，它的重要性是显而易见的。

作为社会活动者要有道德勇气，从事学术要有对知识的忠诚，这是对的。在过去的某个时候，政治态度决定一切，学术不但要服从政治，学术就是政治。在那种情况下，道德勇气和学术没有办法分开的。现在要坚持对学问的忠诚，面对的不再是当年那样的政治压力，而是各种世俗利益的诱惑，也包括权力的诱惑。屈服于这些诱惑，就会丧失对知识的忠诚。我原来打算在讲如何保持阅读的深入、真实和富有建设性的时候谈这个问题，我的答案可以归结为一个字："诚"，就是诚实。这与张先生讲的不谋而合。所谓诚，就是要尊重你的阅读对象，不能把自己的私意强加于阅读对象，更不能在其中掺杂自己的私利。遗憾的是，在今天所谓的学术界，我们讲的这种对知识和学问的忠诚是一种稀缺资源。

有一次和朋友聊天，听他们说起，某某很有影响力的学者弟子众多。不久前网络上有批评这位学者的文章，文章很尖锐，也很有分量。结果这文章出来以后，那位学者的弟子马上倾巢而出，写了一批反驳文章。这是什么学术？这是权力。现在这种情况不少。前两年还听说某某七十寿诞，或某某从教若干年庆祝，场面隆重，祝寿礼金十分可观。（笑）有这么多好处，学术界很容易就变成了名利场。甚至有些人在学问上用功，目的也是要争第一。这种人能保持对知识的忠诚吗？真正的学问应当摒除学术之外的考虑，应该是为学术而学术，当然这并不意味着学问是一座象牙塔，因为学问的对象可以是活生生的社会生活和制度，可以是具有高度现实性的问题。关键是我们能不能按照学术本身的规则去做，是不是能把学术以外的考虑尤其是自己的私意私利放在一边。

最后说一句，上面讲了这么多问题，虽然都涉及个人选择，但问题的根源恐怕主要还在于制度。学界这么多造假，为什么，第一个是制度的问题，学术腐败问题很多是结构性的，人们说到学术腐败总喜欢拿抄袭说事，其实是把问题的症结遮蔽了。

张伟仁：谢谢梁老师，总算我还没有老眼昏花，还能发现一些问题。我们现在可以进一步谈如何做学术研究。此前我提到两点：一是不可先有成见才去找证据，要由资料来决定思路和结论；二是要用妥当的资料。现在来谈关于资料的这一点。做研究工作所需的资料一要确切，二要周全。使用不确切或不周全的资料所做的研究，其结果必定偏颇肤浅。先说资料必须确切。与一项研究工作有关的资料可能很多，有的可以用作直接的证据来厘清某些事实，肯定或否定某些假设，因而支持某一结论；有的只能用作旁证，间接地来引起若干联想，无法由此推导出一个明确的结论。所以对一项研究工作而言，并非所有相关的资料都有相同的价值，有的比较确切，有的比较差一些，做此研究的人应该仔细选择。

现在国内有些人用一些文艺作品如小说、戏剧等做有关中国法文化的研究。这种研究可以显示出这些小说、戏剧的作者心目里的中国法制，也可能反映一般人想象中的中国法制。如果写得动人，这类作品会制造出一个中国法制的形象，使人信以为真。但此形象与事实上的中国法制之间究竟有多少异同，很难说。大致而言，所有的文学作品，尤其是小说、戏剧之类，为了吸引读者和观众的兴趣，往往趋于夸张，在一点点事实之上，加油添醋，说得天花乱坠。人们若信以为真，以为中国法制便是如此，那就不免过于轻信盲从了。

事实上，有关我国法文化的其他资料还多得很——以历代的法令规章而言，许多都已个别刊印或汇聚成编（如《大清律例》《大清会典》），卷帙浩繁。至于立法和司法实践工作的记录，则更为庞大惊人。其中有许多叙述了亲身的经验，其可信性当然比小说或戏剧作者写下的传闻和臆想可靠得多。数量更多的是司法工作的记录。例如，我在史语所花了二十多年整理的清代内阁大库档案就有 31 万件，但这还只是清代内阁有关司法的记录的极小一部分（大约是三四十分之一），而清代中央政府各部院的档案更超出此数不知多少倍。此外，陆续在国内各地找到的清代地方性档案，动辄数十万、数百万件，大多也与司法实践有关。但是现在竟有人说这些资料都只是官样文章，不如小说等可靠。这话使我十分惊讶。固然有一些档案，如“清实录”，并不完全可靠，因为其涉及许多敏感的政治问题。但是与这种问题无关的一般民刑事案件的档案，则绝少有被官方故意篡改的事，因为以清代州县官而言，每月处理的新旧案件可能多至数十，甚至数百件，这些案件的档案大多皆包括呈状、诉状、讯语、供词、招状、堂谕、批判等文件，一一粘贴成一长卷，往往多达数十幅，经过书吏、门印、幕友、正印官多人之手，然后挂号存库，想要篡改实非易事。何况州县衙门人员甚少，而事务极多，办理一切事件皆有定限，处理寻常民刑案件的过程中不可能一步步地存心伪造记录，处理过后再翻出全案记录加以篡改则更难想象。所以那些以为档案不可信的人，大约都没有见过档案，更不知道其产生的过程。对于自己不确切了解的事物就信口开河加以评断，是极其不当的做法。譬如我对你们说：“梁治平这个人一无是处。”你们问我：“你对他有多少了解?”我说：“我曾听人说过。”你们又问：“听谁说的?”我却说不上来。你们一定都会觉得以这样不确切的流言为据来评断一个人十分可笑吧？总之，要评断任何人物、事情，必须要以资料为证，而资料是有位阶性的。想要研究中国传统的法文化可以以小说、戏剧等文艺作品为资料，但因为这种资料的可靠性低，以此为据，难免会得出贻笑大方的结论。要见到中国传统法文化的真面目，必须使用许多其他可信度较高的资料，特别是法律和立法、司法实践的记录——档案。

做研究工作要用的资料除了要确切可靠外，还要充分、周到。如前所述，先有了一个成见，然后偏颇地选择一些有利于此成见的资料为证，是一大错。如果并非故意，而只因能力、时间不足之故，没有办法掌握充分周到的资料，便贸然去做研究，也是不妥当的。胡适说做研究要“有一分资料说一分话，有九分资料不讲十分话”，就是说没有充分、周到的资料不要做资料不足以支持的研究工作。现在我要举例说明有几类研究工作因为极难取得充分的资料，其结果都不免偏颇、浅薄，因而不要去做。

第一类是题目太大的研究。近来我听到一位博士生说他的论文题目为“法律在现代经济体系中的功能”，并且说他已掌握了法律、经济、社会、政治、心理等学问的关系，要开始着手写作了，写成后要请我指教。我听后吓了一跳，赶紧说千万不要客气，因为我没有那么渊博，看不懂，徒然浪费了纸张，对不起那几棵树；勉强努力去看，要花许多时间和精力，我已七十多岁了，这样做，有点对不起自己。此外有一位年轻的学者写了一篇文章研究民主与社会主义的关系，先说了一些理论，其次说了若干社会主义国家推行民主的实例，最后谈到一些中国的问题。虽然全文有五六十页，但看来犹如浮光掠影。我告诉他，听说近来中国在某些地方，试行民众直接选举乡村组织办事人员的工作，你如真想研究民主在中国推展的情形，可以去那些地方做些实地调查，必定可以作出一些有意义的成绩。在 20 世纪二三十年代，费孝通等人没有大谈西方的制度，也没有以任何理论为前提去看问题，而是亲自去了中国的乡村，做了实地的观察，见到了许多实际的情形，搜集了许多确切的资料，经过分析思考，作出了《乡土中国》等极有价值的研究成果，至今还值得我们细读。总之，做研究工作，题目不可太大，以致无法掌握充分的资料，应该选择一个小的题目，然后（用傅斯年先生的话来说）“上穷碧落下黄泉”地大力搜寻资料。我初到史语所工作，前辈们都告诫我要“小题大做，不可大题小做”。

第二类因为不能掌握充分的资料而致结果流于偏颇、浅薄的工作，是研究外国的一种制度或外国人的一种思想。最近有一位年轻学者对我说他在做 Thomas Aquinas 的研究。我问他对于 13 世纪欧洲的文化及天主教的背景了解多少，是否能够发掘出 Aquinas 的著作及后人的评述之外的资料，然后提出一点新的见解？他没有作答。另外，还有不少人研究美国宪法、普通法系的陪审制度等，我也问他们对这些东西的文化背景是否清楚？他们的回答都显得很有限。再问他们是否用了些前人没有用过的资料？他们都说没有。我说在这些题目上下一点功夫，看一些已有的著述，写出一些介绍性的东西是可以的，但是这算不上真正的研究工作。这不仅是我们谈西方的东西只能如此，西方人谈中国的东西也只能如此。最近有一位研究中法史的老师告诉我说：有一位华裔的美国学者写了一本关于清代地方司法的书，书里声称她研究了清代宝坻县档案，发现该地民刑案件的初审判决，都是由地方官亲自写的。那位老师问她用了多少件档案，她说共分析了七八十件。那位老师听了很不以为然，因为清代一个县衙的司法档案存留下来的往往有数万件，仅仅用了几十件就作了一个概括性的结论，是很不妥当的。我听了很同意这位老师的看法，但是却不以为怪。许多外国学者因为阅读中文不易，所以往往只能利用少量的资料，却又不甘于仅仅说出其有限的结论，而要推演出许多未经证实的论点，或者作出一些概括性的看法，这是外国人研究中国问题的通病。

第三类难以掌握充分资料的工作是时下流行的“比较研究”，尤其是“中西比较”的研究。几年前我在国内一个学校讲课，与博士生、硕士生谈他们的研究课题。绝大多数人都说在做什么什么问题的“中西比较”，使我很感不妥。但是我自己以前也犯过这样的错误。我在哈佛法学院读书的时候，选了一门英国法制史，花了很多时间写了一篇《中国讼师与英国律师的比较》作为期终报告。自己觉得对于两者都有些了解，比较出许多特色。但是这篇报告被老师 Samuel Thorne（一位著名的英国法律史学者）退了回来，他说我对英国律师制度及其文化背景的了解太肤浅了，所做的比较没有意义。起初我觉得很沮丧，后来我在他的指导下继续读了若干英国法和英国史的书，才体会到他当时教诲我的用心。此后我对我要探究的任何一个问题，都尽最大的努力去找寻资料，然后再加以研析，再也不敢轻言中西比较，因为我知道对于自己文化内的问题所知尚且有限，对于西方文化里的问题更如雾中看物，只见到迷蒙的一点轮廓，无法作什么比较。所以我那年恳切地劝告那个学校的学生，不要去做比较；能够将中国的问题找到充分的资料，切实地加以分析，将事实弄清楚，并且提出一些新的问题，写出一点新的见解，就很好了。

说到将研究的成果写出来，我又要再强调一次：务必要忠实，有一分证据说一分话，有九分证据不要说十分话，不要滥作推论，将小小的一点点有据之说，扩大成一个通则，来解释许多其他的问题。这个弊病在今天的学术著作里常常可见。最明显的是将一己所了解的西方处理某些事务的看法和做法，作为可以放诸四海而皆准的原则，因而在谈到中国的问题时，对于这些问题如何在中国发生的，与中国传统文化以及特殊的环境和历史有什么关系还懵懵懂懂，也不想去深究，而动辄引述西方的那些看法来看中国的问题，并将西方的一些做法作为解决这些问题的张本。这些人的作为使我想做一个比喻：假如一个病人去看医生，医生没有看他的病历，不问他此次发病的缘由、过程以及可能引发此病的各种因素（他的生活环境、工作、习惯，亲属有无此病等），也不做任何检验，便将曾经用于另一个病人的药方照样开一份给他。试问这样的医生已尽了他的责任吗？他的处方可以接受吗？做学问的人有点和行医的人相似，对于一个问题应该仔细搜集有关的资料，慎重地作成确当的论断，一分不能疏忽，一点不能虚妄，要尊重资料，要忠于知识。

梁治平：我很同意张先生的观点。最重要的一点是你要了解自己的研究对象，要接近它、深入它、倾听它，因为阅读对象是有自己的逻辑的。最近余英时先生在大陆出了他的作品系列，他在“总序”里面有一句话，说近代以来我们的史学研究大都是削足适履。这是活生生的例子。对历史的误解和歪曲之所以容易发生，原因是多种多样的。首先，历史可以被利用来做很多事情。过去，每一个掌握了权力的王朝都要撰写上一朝代的历史，这是一种特权，也是一种需要。历史如何被叙述涉及政权的正当性。今天也是一样。这样就会有对历史的垄断、篡改、掩盖和伪造。除了这些，更深一层的问题在于，我们这些生活在现代的人距离我们要研究的年代太远，我们不了解当时的生活。有时候是材料太多，难以取舍；有时候是材料太少，无法连缀。其实，即使是研究当代问题，研究我们身边的事情，也不是一件容易的事。我们可以说自己对今天的中国社会了解多少？我们研究法律的，知道基层法律是怎么运行的吗？知道各级法院怎么运作吗？而这些也只是社会制度的一种、社会生活的一个方面，很多琐细的记录、描述、思考合在一起，很难构成完整的图画。更困难的是，我们想要了解的对象不是一件简单的事实，而是历史、文化、社会，是个相关联的系统。无论我们研究历史还是当下的社会，都不是为了记述一些琐细和零星的现象，而是要找到事物内在的关联性和秩序，要发现有意义的东西。就如我们在这讲话的此时此刻，世界上正在发生无数事情。这一刻值得记述吗？如果是，哪些东西应当记述下来？为什么？如何做到并且做得好？这些都是问题，都不容易解决。如果没有好的工具和条件的话，这个任务是不可能完成的。

一个很重要的问题，就是观念、想法和你做的研究之间到底是什么关系。有没有可能没有观点就去找材料？我们现在的学术是批量化生产的，而且大多具有功利性，比如为了发表，怎么能发表就怎么写；或者是为了标新立异。我们可以把这些情况排除掉，只考虑单纯的学术行为。在这种情况下，有没有可能没有主观预设，让材料自己去说话？我认为做不到。第一，材料不会说话。第二，我们在进入一个领域的时候不可能没有任何想法。有人说他的研究不涉及理论，这是不可能的。说没有理论支持只不过说明研究者服从了某个流行的理论。实际上，我们的思想总是有前提的，在我们表达之前，已经有一些范畴和预设在那里了，不管这些范畴是先天就有的还是后天学来的。而且，如果漫无目的地进入一个研究领域的话，我们的发现可能很少。相反，如果带着问题去研究，了解自己的看法和设定，研究才会有建设性。所以，关键的问题不在于我们是不是带入了自己的观点和见解，而是我们是不是尊重材料，尊重研究对象，是不是能够保持开放的心态，随时修正自己的想法。换句话说，我们可以也应该有想法，但不能拘泥于这些想法，更不能把自己的想法强加于材料和对象，而应该保持开放的心胸，用材料和逻辑去检验我们的想法，如果经过认真细致的研究，我们的想法仍然能够成立，那就是很好的研究。对材料也是这样。材料自己不会说话，它的意义需要去发掘。有时候一个材料早就被发现了，但可能在很长时间里没有引起人们的注意；即使是被人们注意了，它也可能不止有一种解释；即使是大家都认可的解释，换了一个环境，比如发现了相关的新材料，或者有新的理论和方法，或者研究者的视角和关切的问题改变了，原来的解释也可能有所改变。总之，研究者的解读是很重要的。阅读和研究可能需要两个方面来成就，一个是主体的能动思考，另一个是与对象相遇。这种互动是非常重要的。我们对社会历史文化的阅读，对任何文本的阅读，都是建立在阅读者与文本相遇和互动的基础之上的，而最后的研究的品质，也与这二者互动的方式密切相关。

这里有一个问题要请教张先生。在我们的研究中，往往一方面学术训练、方法和理论是西方的，另一方面研究对象是中国的；还有在文字上，文本是文言文的世界，写作却是现代语文，甚至可能是现代外国语言，比如张先生就刚刚完成了一部英语的中国法律史著作。在用这些现代语言表达古代思想和制度的时候，我们会遇到非常复杂和微妙的沟通上的困难。因为古人使用的很多概念和范畴是现代没有的，怎样把这些概念、范畴、语言进而它们所代表的那个世界"翻译"成我们能够理解的现代语言，让活在今天的人（包括外国人）能够理解那个陌生的世界，这是我们每一个研究者都要面对并且尽力去解决的问题。张先生对此一定深有体会，我想听听您的经验。

张伟仁：时间过得很快，对于梁老师的问题我只能很简单地回答：写文章是为了给人看的，当然应该用读者可以看得懂的文字。近来国内一些学者用了十分诡异古怪的语法，写出了许多巨著。人们看不懂，但因见他法学、哲学、天理、人事无所不谈，想来必定极有学问，为了表示自己也能欣赏他的思想，所以纷纷去买他的书，放在架上做装潢。另外还有一些学者喜欢以文言文写作，其实只是将一些成语堆在一起而已。承蒙这两类学者不弃，曾经将其大作送给我看，但是我实在不敢恭维。我觉得一个好的作者，应该学会以最浅显明白的文字，将最高深精微的思想写出来，所以我虽然喜爱文言文的简洁优美，也写过一些文言文的东西，但是大部分的研究成果都是用白话写的，而且力求其通顺、易读、易懂。此外，我用英文写了一些东西，最近写成的一本书叫作 *Administration of Justice in Late Imperial China*，花了很多时间。为什么？因为我常常听洋人乱讲中国的传统法制如何如何，实在使我气不过，所以写了这本一千四百多页的书（稿），告诉他们中国传统法制是这样、这样的，不是那样、那样的！当然如梁老师所说，要将一些想法用文字表达出来，使他人理解，是不容易的；要将许多中国古人的想法和用语写成外国语，当然更是困难。一则不能字字直译，要以他们能理解的字和语法去写；二则不可以为了使他们容易懂得，就大而化之地说说，因而不够精确。此外，我不仅想用英文阐述中国的思想和制度，并且还尽量想透过英文而传达一点中国文字之美，常常一字一句地斟酌、推敲，所以花了十几年。现在总算写好了，虽然不敢说写得很漂亮，但是我的美国朋友看了都觉得很清楚。最后我想再重复说一句简单的话作为结语。那就是读书要力求广博；做研究要力求资料充分并确切，要依据资料去做结论，该怎么说就怎么说。这是读书人应有的态度和做法——要对知识忠诚，要有道德的勇气。这是我常常奉劝年轻学者的话，幸而梁老师也有类似的想法。你们未必赞成我们今天所讲的各点，但在这两点上，希望你们能仔细地去想想。谢谢各位。

经典阅读与生命关怀

——访杜维明教授

［学者简介］

杜维明，祖籍广东南海，1940年生于云南省昆明市。1961年毕业于台湾东海大学。后获得哈佛—燕京奖学金赴美留学，在哈佛大学相继取得硕士、博士学位，1976年加入美国籍。先后任教于普林斯顿大学、伯克利加州大学分校，1981年始任哈佛大学中国历史和哲学教授并曾担任该校宗教研究委员会主席、东亚语言和文明系系主任。1988年获选美国人文社会科学院院士，自1996年开始出任哈佛燕京学社社长至今。1990年借调夏威夷东西中心担任文化与传播研究所所长。2010年被北京大学聘为人文讲席教授、北京大学高等人文研究院院长。此外，他还担任长江商学院名誉教授、长江人文委员会主席。杜维明教授是现代新儒家学派代表人物，当代研究和传播儒家文化的重要思想家。代表作有：《中与庸：论儒学的宗教性》《行动中的宋明儒家思想：王阳明的青年时代（1472—1509）》《仁与修身：儒家思想论文集》《今日的儒家伦理：新加坡的挑战》《儒家思想——以创造转化为自我认同》《儒学第三期发展的前景问题》《儒家自我意识的反思》《道、学、政：论儒家知识分子》《现代精神与儒家传统》《文化中国的认知与关怀》等。

问：杜先生，祝贺高等人文研究院在您的主持下迅速运转起来。据我们所知，在明年春季学期，高研院将开展一系列的经典读书会。这对传统文化在北京大学的复兴来说无疑是一桩盛事。《北京大学研究生学志》希望就此对您进行一次采访。为了培养一批成功的导读者，您在12月份开设了4个导读培训课程。高研院成立以来的第一个大规模活动就是有组织的经典阅读。请问您是有什么特别的用意呢？

答：这关乎着我们大学教育的性质问题。美国精英型的本科生文理学院，规模非常小，但是教师和学生的质量都很高，学生大概不超过两千人，哈佛就是其中之一。按我们今天的说法，大学教育应该是纯粹的博雅教育，台湾叫作通识教育，或者说素质教育。这个教育的目标就是培养一个人的全面的发展，特别注重人格的发展。在这些大学里教学的教授以教书为主，研究为辅。通识教育的核心就在于阅读经典文本，逐字逐句地阅读。通识教育不像理工科那样能带来立竿见影的收获，更不可能像商学院那样带来实实在在的利益。但是通识教育的影响力是不可小觑的。有人做过一个统计，美国最杰出的那些大学的研究生多为政治领袖、企业领袖、媒体领袖，还有医生和律师。30个精英学院的毕业生占的比例是非常高的。特别是和他们学校的人数相比，2 000名学生中可能就有1 000人成为美国的精英。

我有一个朋友，是耶鲁大学最杰出的博士，但他没有去别的大学做研究，而是去了这样一所学院教书，全部的精力用来教书。他培养了很多高才生。他带着学生读经典，第一篇就是《大学》。他不懂中文，但大学的三纲八条目，他一定要带着学生一起念一遍。学生们也都不懂中文，就照着汉语拼音念，为的是让学生感受到中文的单音汉字的节奏。后来他辞职了，买了一座庄园，改造成了寄宿学校，可以容纳16人，招收学生读经。这个庄园建好了以后，他请我去做“住持”。每一个暑假我们有 10 天到这个庄园，这 10 天我们每一次念一个经典，第一次就是《大学》。《大学》篇幅很短，10 天下来你们可能就觉得很乏味了。去授课的老师都是一时之选，像陈荣捷、狄百瑞、倪德卫。每一次招 16 个人，开始念《大学》，然后念《中庸》《论语》《孟子》。后来念过《近思录》，念过《荀子》，念过朱熹，可能还念过戴震，大概坚持了十多年。不光是阅读，他们还采纳了一些形式。比如，每次上课前大家都要三鞠躬。一鞠躬，是对老师，但不是像我这样的，我不算老师，只能算一个导读的主持人。普林斯顿有一种小型研讨班，只容纳 8 个人。它对教授有非常严格的要求。教授进来了，不能演讲。只要你能把讨论组织得非常好，你就成功了。如果讨论离题了，你要阻止，这就是你的职责。这第一鞠躬时，你就要想一想，你活了这么多日子，依靠过多少人，有多少人为你提供过帮助？这个人数相当多，有父母，有老师，有帮助过你的人，可能还有过往的圣哲。这一鞠躬，就是要对那些塑造你精神生命的人表示感激。二鞠躬，是同学之间的相互鞠躬。我们能一起来到这个地方，就是有缘。三鞠躬，是对天，就是最高的真实，真正使人的存在有价值、使宇宙得以创生的这样一个力量。我们中国的老传统叫“天地君亲师”。天和地，就是那个意思，是大自然。君，不是我们过去讲的专制君主，而是一个能够代表社群、代表国家的象征性力量。

但是他们读书也有一些问题，主要是不懂中文。比如《大学》里讲的“明明德”，有一个教授就不明白为什么要有两个重复的“明”字。他的意见是删掉其中一个“明”字，这样语义就通顺了。后来我跟他开玩笑说，你幸好没生在中世纪，那时候要是你说《圣经》删了一个字就读通顺了，那你估计得上火刑架了。你读《大学》，就要用基督教徒读《圣经》一样的态度来读。

问：您对读书会的形式有什么设想呢？您认为读书会是起一个经典普及的作用，还是针对文本展开深入的研究呢？

答：我们是按“会读”的方式来办我们的读书会。“会读”这两个字不是中文，是来自日语。平常我们的讨论课有一种是德国的模式，叫 seminar，这个在大学教育里很常见。一批人聚在一起做研究，做出来了成果出论文。另一种是日本式的“会读”，他们读书只求把书读懂，不求出什么成果，可以说是一种以文会友的活动。我们一批人一起读书，然后形成了关于经典理解的一个共识。但日本的会读和我们的会读不一样。我们现在都是学生参加，日本的参与者则非常广泛。读的范围也很广泛，比如像《尚书》这样很难的书，也有读白居易的诗的，也有读《朱子语类》的。现在会读已经到了第二代人了，第一代人都已经七老八十了。当然，这个传统由于各种各样的原因开始有些松散，能不能维持下去也很难说，但确实有这么一个传统。

我现在办这个会读的宗旨很简单，就是让大家把书都念了。很多儿童读经班都已经可以背了。念和背，都很好。但是背了以后不一定能够理解，你可能会背了，但对内容还是一窍不通。不会背的问题就在发音上，所以将来我们可能使用一个拼音本，一定不要念错字。但也不要念错了字就害羞，这个字你迟早可以念出来。另外，还有章句也很重要，就是这一段话说的是什么的章句。我们希望每次能有一两位同学在章句上下功夫。我们能发音，我们了解了章句，下面的意思是什么，我们就可以讨论了。

问：在经典阅读的过程中，我们常常遇到字句的歧义，影响我们对文本的理解。对于这个问题，您有什么好的解决办法吗？

答：经文不清楚的情况非常的普遍。我们先不谈由于后世的错简、错刻等原因造成的讹误。面对不清楚的经文，我们首先要考虑，作者是不是有意不把意思写清楚的。有时候作者本来可以用一个常用字很好地表达他的意思，但是这个常用字虽然意思清楚，但却有多种用法。于是作者为了避免这种情况，宁可去使用一些模糊的表达，以避免多义字带来的歧义。这就叫主动的不清楚，他不仅不糊涂，而且明确地对各家各派的解释都非常了解，只是他的表达能够不那么明确。因为如果太明确，可能就会有很多人反对了。这在人文科学上有一个专门的术语描述这类现象，叫"内容丰富的模糊性"。你不要把一个非常开放的观念钉死了，钉死了以后，很多非常丰富的思想资源就无法开发出来了。这种内容丰富的模糊性是在基本理性之上的。我们认识的层次有感性、知性、理性，理性之上还有悟性。我们去面对一个模糊的文本的时候，要弄清楚究竟是第一层次的感性上的模糊性，还是有更深的用意。

另外，我们今天看来相当模糊的一个概念，其实在历史上它是相当清晰的。我们感到暧昧模糊的地方，古人往往是清楚明白的。对于一个时代、一个群体而言，对一个概念有一个大致相同的理念。到了后来，随着时间的流逝，群体的开放和异文化的引入，这些原先清晰的概念就逐渐模糊了。

问：在阅读经典的时候我们是否也要通读经典的注疏。我们读书的时候遇到的很多问题其实前人都已经有答案了。如果明了前人的答案，我们的阅读会更有成效。但这一点我们感觉有相当的难度。早在太史公时代，人们就已经感慨"六艺经传以千万数，累世不能通其学，当年不能究其礼"。您认为我们怎样才能利用好经传注疏帮助我们理解经典，但不用陷入经传注疏的泥沼中去？

答：一般来说，经典的空间大，解释绝不可能只有一种。如果我的文字训诂功底很强，我像戴震那样厉害，那就只有我的解释是正确的，只有我有发言权，那其他人就都没有发言权了。关于经典的注疏，这里存在着一个解释学原则的问题。依赖解释，我们是通过后人对前人的解释来理解前人的。这里就有一个危险所在，我们怎么知道解释者的解释是真实正确的呢？戴震就怀疑过《大学》，他读《大学章句》时就问他的老师"此何以之为孔子之言而曾子述之，又何以之为曾子之意而门人记之"？塾师告诉他是朱文公说的。戴震就反问起来，朱子是宋人，曾子是周人，相隔两千余年，他是怎么知道这些的呢？

最经典的注解，前人已经有答案了，我们是"日用而不知"。其实经历了两千多年的历史传承，儒家经典的很多细节对我们来说不成问题，拿起书来就能够读。即使个别的字句、语法还不是很清楚，但是意思我们一眼就能看出来。另外，我们面对的文本空间是相当大的，解释不可能做到面面俱到。当你碰到了没有注解的句段怎么办？你还是要依靠自己。另外，经典的解释空间虽然很大，不可能只有一种，但也不是无限的，而且常常会解错。所以作为一个基本功，我们要先了解经典的不同解释，但最重要的是把几种不同的解释和无限的毫无意义的解释分开，只依靠那些可靠的经典解释。对这一点，我们可以达成共识。

问：我感觉很多儒家著作的形态都是对话体的？和柏拉图的苏格拉底对话集有些相似。这样在阅读和理解上应该采取一种什么样的视角才能得到准确的理解？

答：我们这种会读，有人把它比喻为苏格拉底式的对话，其实不然。苏格拉底式的对话，也就是 dialog，是纯粹追求真理的。苏格拉底和他的伙伴们对话，把他们由无知慢慢往上带。一般人是走不出洞穴的，要用手拉。儒家式的对话则不同，不是出 dialog，而是 conversation，称之为“会话”更合适。我们看《论语》，基本上就是孔子和弟子之间的会话语录。很多会话在我们看来很奇怪，跳跃性很强，因为它们是在生活中随处发生的，他们没有去追求每一个概念自始至终都保持同一意义。但是我们看得出孔门弟子非常精进，每一次会话虽然篇幅短小，但是内容却非常丰富。我们阅读这些会话记录的时候，不能拘泥于一些看似矛盾的外观，而要去熟知会话者的内涵，会话所处的情势。这样我们才能真正理解儒家式的会话。

问：您对读书会的开放性是怎么看的？我们会有来自各个院系、知识背景不尽相同的同学。如果每个人都发言只谈自己的想法，会不会使读书会显得比较混乱？有的同学可能功底比较深厚，可能他们一发言就和其他同学拉开距离了。为了保障参与读书会的同学都有所得是不是向参与者推荐必读书目，然后选择一两个人主讲这样比较妥当？

答：我们办这一系列读书会，要起的是通识教育的作用。现在通识教育很不受重视，我们应当吸引尽可能广泛的听众。我们不要讲太曲高和寡的东西。像过去我们读《大学》，讲到“明明德”时，我问会不会有“恶德”这样一种东西。大多数同学是否定的，但有一个同学就提出有“恶德”这种说法，在《礼记・缁衣》篇里就有“民有恶德”的说法。我的意见是这样，在一个开放的读书会中，就尽量不要引证这些比较生僻的文本了。你引经据典的时候，要知道可能大部分人都不懂你在说什么。

我们阅读经典文本，重在“体知”，也就是朱子所说的“身心性命之学”。我们不是要做戴震那样的朴学，要从经典中吸收智慧，而不是沦为考据。当然，事前的准备是必要的。读书会的参与者，有专业的，有非专业的。对于专业人来说，很多东西都已经是不言自明。但是他们的这种“前理解”对文本也有宰割性。特别是对于他们来说，文本是一种对象，而不是生命的一部分。因此，我有这样一种构想：知识性的目标，我们在会前解决；在读书会上，大家交流生活经验。大家都能说话，而不是大家都去搞学术。

我非常欣赏五柳先生的话：“好读书，不求甚解。每有会意，便欣然忘食。”我们搞会读，是为了培养品味，把年轻人对经典的兴致培养起来。不是囫囵吞枣地接受，而是像美食家一样细细地品尝。一种随意的态度比较好，让大家各有心得，达到一种“自得”的境界。在发表意见的时候，不要独陈己见，要让讨论能够顺利流畅地进行。不需要大家都赞成一个观点，要容忍不同的观点，切不可狂热地反对。

有一个解释学大师，叫吕克。他说我们现在年轻人念书往往是带着两种模式。一种叫 ego，另外一种叫 self。Ego 这种模式，像伽达默尔说的，任何人在理解之前必然有一个“前见”，在认识一个东西之前就有了很多先入为主的看法。这些多半都是偏见。如果你是用一种 ego 的方式来念，你就对文本起了一种宰制性，你会问它对我到底有没有价值？在念的时候就把你的偏见加上去了，越念你的偏见越强。这样文本跟你就没有太大关系了。另外一种阅读方式，即 self 的阅读方式，这种方式在大学二年级学生那里很常见。他们从老师那里拿了书单，一摞一摞书抱回去，然后边看边骂。说这个思想家是荒唐的，那个思想家没有现代意义，总之都是持着批判的态度。这些态度都有问题啊。你找一个阳光明媚的下午，躺在一块柔和的草地上，拿起一本书读了一个下午，一点收获也没有。你不能站在书的外面，一定要走进去。这样你的视野才会扩大，你的自我反思、批判的能力才会加强。所有的文本都是活的，当你和文本对话的时候，对象已经不成为一个外在的对象，而成了一个对话的伙伴。

我们搞这个读书会，不是面对文史哲的学生，一个专业的群体。我们希望参加的读者是普通的，专业领域隔得很远的。中国现在特别缺乏人文精神、人文关怀。我们希望能在北大这样一个特殊的地方恢复人文精神的一颗火种。另外，我还有一个很大的野心。过去傅斯年在台湾大学当校长的时候曾经说，没有通读过《孟子》的人没有资格做台大人。我的理想就是将来有一天，所有的北大学生都能通读过《大学》《中庸》。

问：就您的感受，北京大学的读书气氛如何？

答：我们这里的读书氛围可能还主要限制在学生圈子中。像我去法兰克福大学的大厅，摆满了小桌，谈股票的也有，谈人生的也有。大厅上面就是哲学系，人们散散步就上楼谈哲学去了。哈佛也是遍地咖啡厅，知识氛围特别浓厚。

问：感谢杜先生就经典文本阅读的生命意义解答了我们的诸多疑惑。最后我们想问一个总结性的问题，就是您在哈佛退休之后，不辞辛劳地来到北京大学主持高等人文研究院的工作。您这么做有什么目的？什么希望？

答：我希望能带着大家多读点书。不求甚解，大体意思弄明白就行。通过通俗培养兴趣，通过兴趣引发思考。这里我提出要跳过知性、理性，让读者能够体认身心性命之学。通过培养，让北大的学生都能具备基本的批判能力。

传统文化的误读与重建

——访楼宇烈教授

［学者简介］

楼宇烈，浙江嵊县（今嵊州）人，北京大学哲学系教授，北京大学哲学系东方哲学教研室主任（1985 年 12 月起），北京大学宗教研究院名誉院长，北京大学学术委员会委员（1989 年 12 月起）等。代表作品有《中国的品格》等。

问：楼老，请问您是怎样走上中国文化的研究道路的？

答：应该说这与中学老师的影响有关。上中学的时候，我的语文老师、历史老师的授课对我有很大的感染，从此对中国的历史和文学产生了兴趣。当然，我也很喜欢数学、物理和化学。所以高考的时候也一度很犹豫，因为很多朋友都报考了理工科。那个时候考文科的比较少，考理工科的则较多。他们也劝我考理工科，但我对文科也有兴趣。当时哲学系的招生简章上有这样一句话吸引了我，它说哲学“概括了自然科学和社会科学”。我觉得这个比较适合我的想法。所以我第一志愿报考了北大哲学系。来了以后，感觉哲学系确实是对文理两方面都很重视的。

从哲学史方面来讲，中国哲学的课程是整整两年、四个学期。自然科学方面的课程也很多，比如高等数学就上了一年。物理、化学课都是由著名老学者来讲这门学科当中最前沿的问题。在这个学习过程中，我渐渐对中国哲学产生了更大的兴趣。毕业前的一年，作为学生，我参与了一个“向科学进军”的科研项目。那时候规定我们年级要编写一个《中国现代哲学史》，分配给我的任务是搜集资料。在接触这些工作的过程中，我对中国文化越来越有兴趣。当时整理的是现代（按当时的说法就是“五四”前后到1949年以前）哲学史，那段时间正是中西文化激烈交锋的时候，故而看到的中国文化并不都是糟粕，也有很多精华。通过这项工作，我对中国传统的东西兴趣就更大了。留校后我被分配到中国哲学史教研室，参与中国哲学研究，但留校不久就下放到农村。一年后由于赶上教育部、中宣部提出来要编文科教材，我又得以回校参与中国哲学史的编写工作。那时我担任助教，主要负责的是资料搜集工作。在这个过程中，我也得以接触和阅读到更多中国传统哲学方面的东西，同时也接触到了时任编写组主编的任继愈先生。那时我一方面做编写组的资料员，一方面也担任他的助教。

任先生当时在学校里开设了佛教课程。由于为任先生担任助教的缘故，我对佛教的兴趣和思考也越来越多。当然，当时的现实很特殊，大约三年之后政治运动就起来了，“四清”，接着又是“文化大革命”，这一下子十多年就过去了。“文化大革命”结束以后，当时兴起了一股“文化热”，或者说一场文化大讨论。事实上这场文化大讨论由三方面组成：传统、马列、西方。我记得当时讨论比较热烈的一个问题是：我们这些年的政治运动、文化灾难的祸根究竟在传统文化，还是在马列主义呢？那时候思想比较活跃，西化的倾向很明显，否定马列、也否定传统。所以提出了蓝色文化和黄色文化，也就是海洋文化和黄土地文化这样一个问题，最典型的就是《河殇》。那时很多人认为中国文化是黄色文化，黄色文化是一种封闭性的文化，而海洋文化则具有一定的开放性，由此认为中国文化是一种缺乏更新机制的文化，要彻底地否定掉。这与我的看法就很不同。从历史上来看，中国文化处在不断地自我更新中。从先秦开始，我们的哲学内部就有各派，后来又有佛教文化的融入。唐代是我们最开放的时代，西方文化那时候也参与进来。6 世纪时基督教和伊斯兰教都进入当时的中国，对于各种艺术形式我们都能够包容并吸纳。这恰恰说明中国文化有一种巨大的消化能力，不是简单地排斥，也不是简单地照搬，而是经过我们自己的消化，融入我们自己的肌体当中，从而丰富和发展了我们自己的文化。

此外，原来我研究中国哲学，最感兴趣的是两段：一是魏晋（玄学），我觉得那是思想最活跃、也是最有创造性的时期，很大程度上决定了此后中国文化、艺术的特性；再就是近代这段时期了，近代我们强调向西方学习，而在这种学习中我们一直强调以自我为主体去吸收，早在 20 世纪 30 年代的时候我们就明确提出了这样一个说法，叫作现代化不等于欧化。所以，中国文化的主体性一直是我的关注所在。

问：您是如何看待传统文化在现代化中的作用的？我们一直在寻找我们自己文化的“根”，您觉得我们在现代化进程中应该怎样去寻找这个文化之“根”？

答：对于传统文化我们首先要了解它。对于传统文化，年轻人甚至我这一辈人，大概了解的也不是很多。而在有限的对传统文化的了解中间，又有很多是被曲解的，更多的是以讹传讹、道听途说，没有真正地理解传统文化的精髓。所以我想对于传统文化首先要有一个了解。首先要认同它，认同了才能了解，了解之后才能够去辨析。

相当长的一个时期内，我们认为文化的差异是时代的差异，西方文化是工业文明的文化，中国文化是农业文明的文化，所以这是两个时代造成的文化差异。如果是这样，我们当然要抛弃旧的、迎接新的。但是这里面呢，文明是有阶段性的，而文化则是积淀的，积淀之后就有一些超越时代的特质。农业文明积淀下来的文化并不一定随农业文明的结束而结束，所以首先要明确，文化是一个积淀的东西，具有超越时代的特性。

其次，文化还存在类型上的差异。不同的文化类型由于生发于不同的文化土壤，因此在价值观念和思维方法上、在生活样式和信仰习俗上也有不同的体现。如果我们看到这些不同的话，那么文化的差异就不是一个好坏或者优劣的简单问题，而是一种互补的关系。文化经历了积淀，逐渐形成民族精神或者民族心理，等等，这些都是很难被人为抹掉的。尽管我们试图抛弃这种文化，但是文化积淀而埋在我们民族灵魂中间的种子却是很难消除的。我举一个最简单的例子。比如，在中国人的生命观念里，生命是一代一代传下来的。个体生命有生有死，虽然个体生命终结了，族类的生命却永远不会终结。也就是说，父母通过子女延续了自己的生命。这与西方人的生命观就很不同，西方人认为每个个体都具有独立性，生由上帝，死后或者升天堂或者下地狱，西方人的观念里没有一个延续性的生命，每个个体都是独立的。所以，中国人很强调血缘关系，而西方文化则很少强调这个。在他们看来，如果要讲血缘，那就跟上帝有关，人人都是上帝的子女，大家都是平等的，都是兄弟姐妹的关系。中国人则不同，非常强调这种血缘关系，包括财产的继承，父亲欠下的债子女有责任还，这皆来自这种对于生命的观念。在西方，这种父财子用、父债子还的观念就变得匪夷所思了：父母欠的债干吗要子女来还？当然父母的财产也不一定你来用。“五四”时期批评最激烈的就是宗法血缘观念和宗法血缘制度。可是我们现在一张口就是“血浓于水”，等等，可见这种观念是根深蒂固的。我常和青年人开这样一个玩笑，我问：“父债子还你认不认同?”学生回答：“不认同，父母欠下的债和我没关系。”我又问：“那么，父财子用你认不认同?”学生回答：“这我认同。”那好了，权利和义务不就形成矛盾了吗？人格不就分裂了吗？因为“父债子还”和“父财子用”其实是统一的，这体现了权利和义务的统一。可能我们现代很多人都处于这么一种矛盾的状态。这就是一个文化的问题了。所以，你必须要有一个主体。你要享受这个权利就一定要认同这个义务。

问：您刚才提到“主体”，那么在当代构建中国特色社会主义文化核心价值的过程中，您认为传统文化应该扮演怎样的角色？我们应当怎样充分利用传统文化的资源？

答：我认为传统文化应该成为这个文化核心价值构建的主体。所谓“特色”就应当体现在我们自己的传统文化上。当然文化价值观念并不是一成不变的。文化价值观念应当有一个主轴线，而我们当下的价值观念是混乱的。因为价值观念有的时候很难说这个就一定对，那个就一定错，也不好说这个是先进，那个就是落后。比如，表现在礼节上面，现在有人认为行跪拜礼是奴才相的体现。其实这不一定，这是一个文化习俗的问题。西方人是鞠躬，或者是单腿跪拜，有人认为这就是礼貌。中国人没有这个习惯，见面拱拱手，再郑重一点的礼节就是跪拜，甚至是三跪九叩，这是一个礼俗的问题，中间没有高低和贵贱的差别。如果这种礼俗习惯真的存在贵贱的话，那印度人的最高礼节是俯下身子去吻你的脚，那又怎么解释呢？另外，有人认为我们的礼俗不行，要改，但礼俗却不是想改就改的，这有一个社会共识的问题，需要一个过程。比如我们现在的跪拜礼就少了，鞠躬礼比较多一些，但最郑重的礼节却仍是跪拜，比如拜师。所以，不能说行跪拜礼就是奴才相的体现。在文化的认同上有很多是不清楚的，或者说是模糊的，这需要我们逐步来澄清这些问题。

问：这需要我们对传统文化有一种更清楚的认识。

答：对。要有一个更全面的把握。我经常举的一个例子是现在中国人对三纲五常，尤其是三纲最不能认同了，好像是必须绝对服从。我觉得不是这样的。首先我们要改变对“纲”字的理解。什么叫“纲”?“纲”是纲要。只有纲举目才能张。所以我们说“君为臣纲，父为子纲，夫为妻纲”，是说君、父、夫处在“纲”的地位，在“纲”的地位就要起一个榜样的作用，你怎么样做，人家跟着你怎么样做。所以这不是对你的权力的肯定，而是对你的责任的要求。可能很多人不一定理解这个意义。另外，传统文化是不是要盲从呢？过去讲“君要臣死臣不得不死，父要子亡子不得不亡”，这个被看作是中国封建社会的糟粕，在儒家正式的讲述里面是不是光有这一边呢？其实还有另一边，在《荀子》里面就讲得很清楚：“从道不从君，从义不从父。”在《孝经》里面都有这样的说法，国有诤臣，如何如何；家有诤子，如何如何。这个诤就是要跟你争，不是盲从。所以我们现在的一些宣传是一种取己所需的做法，使得大家不了解全面的传统文化。要不然我们历史上怎么会出现这么多诤臣、直谏之臣？明代有最厉害的“廷杖”，皇帝一听不高兴，当场就把你打死。诤臣被打死也不怕，抬着棺材我也要来见你。我们现在还能看到这样有骨气的人么？没有了。所以历史文化不能以偏概全。就像马克思主义辩证法一样，历史的现象可以用各种理由来给它一个解释。所以我们需要更全面地来了解我们的传统。

问：楼老，你对现在的“国学热”是怎么看待的？这对加深我们对传统文化的认识有什么帮助？

答：一开始“国学热”起来的时候，我觉得可能有点炒作，当然现在也不是一点炒作也没有，但是慢慢我发现这个时代在文化思想方面确实引起很多人的反思。为什么呢？我们经济发展到一定程度以后出现了很多的社会矛盾，一个是人的道德品质的滑坡，人对自己应该做什么样的人都不清楚。我们在传统文化里面看到更多的是让你学会怎么样做一个人，怎么样做一个真正的人。这是一个问题。另外，我发现很多企业家都关注这个问题，一部分人很明显的是赶时髦，但也有一些人有切身的体会。他们学习并应用了一段时间西方的管理模式之后发现有问题，出现了很多原来没有想到的问题，西方的模式和中国人的心理碰不上头。所以他们就来思考中国文化的传统究竟是怎么样的情况？怎么样来借鉴外来的东西才能更好？所以他们对传统文化发生了很大的兴趣。现在我接触到很多很大的国有企业，他们都在思考这个问题，都在强调文化建设。我曾经给一些大型企业讲过这个问题，比如中行集团，是一个在全国拥有四五十万员工的大企业，比如中联众科，也是一个大型国有企业，比如说塔里木油田总部，他们都在思考这个问题：怎么样在企业里面开展文化建设？关键问题是人的自身建设问题。又比如联想投资公司，他们也让我去讲传统文化，柳传志也特意赶过去。这都说明他们在思考这些问题了。经济发展到一定阶段以后，文化问题就凸显了，如果经济进一步发展下去，我们仍找不到文化的“根”的话，那么我们这个企业的再发展，最后我们企业的经济利益落到哪里去都有问题。所以中行集团的老总曾经写过一本书，叫作《再造魂魄》。这本书讲的就是我们民族的工业，不管是国有的还是民营的，如果失去灵魂的话，就是给其他的国家打工。他还说，再怎么样的全球化，利润不会全球化，利润总是要回到它自己的土壤中去的。他特别讲到，改革开放以后我们很努力地创造了很多民族品牌，可是我们一加入WTO以后，通过努力打拼出来的民族品牌，一个一个被外国的企业吃掉了。所以他特别强调要有一个民族的魂。民族魂怎么铸造呢？那就要通过我们自己的传统来塑造，我们要认同我们是中国人。这些企业都是立足在中国土壤上面的，要有中国文化自己的特色，要不然你最多也是给人家打工，成为人家文化的附庸。

问：佛学作为中国文化的一个重要组成部分，我想请问一下您对它的研究兴趣是怎么形成的？

答：其实我是在研究中国哲学的过程中，越来越发现佛教在我们哲学思想里面（影响和比重）非常重要。另外可以说，在隋唐以后，离开佛教你就讲不清楚这些传统思想的深刻内涵。你说理学都是儒家的，但是它有很多东西都是吸收了佛教的思想才形成的。比如说“理一分殊”的观念，“人人一太极，事事一太极，物物一太极”这种观念，都是将佛教的理事关系用到儒学里面去的。所以说儒家的思想不能只是讲先秦儒家，根本不是这样的。有的学者讲，没有佛学加入我们的文化，那么唐宋以后的中国文化是要重写的。当时我就觉得佛教对了解中国文化，尤其中国文化里面深层的东西，是不可缺的。我曾经和同事一起编写《中国佛教思想史资料选编》。在“选编前言”里面我就讲，如果我们不懂得中国的佛教，我们就很难了解甚至研究中国的哲学、文学、艺术，甚至中国的建筑等等。“文化大革命”结束以后，我做了一个最重要的事情，就是做佛教思想史料选编。

问：这是20世纪70年代的事情？

答：不是，是从80年代初开始的。因为在这以前的很长时间宗教问题是禁区。虽然60年代的时候，任继愈先生还在北大全校开了佛教方面的选修课，我还做过助教、但是宗教问题整个来讲是禁区，可是它又那么重要。许多宗教书籍，比如《大藏经》，在北大里面有，但很多大学里面根本就没有这种书，甚至寺庙里面都没有，寺庙里面如果有也都给烧了。而那个时候急需宗教研究，于是我们就编了《中国佛教思想史资料选编》。当时来讲还是起了一定作用的，甚至对日本的佛教研究也起了一定作用。当然现在就不一样了，现在很多寺庙都有好几套《大藏经》，很多图书馆一般都有了，但是那个时候是很困难的。中国历来都讲，"以儒治国，以道治身，以佛治心"，儒、佛、道三家结合是中国人的安身立命之处。儒、佛、道并不是走向对立，而是"我中有你，你中有我"，但又都是"你是你，我是我"。我觉得中国文化这种以自我为主体广泛吸纳，然后又相互容忍、相互尊重的这个传统，在世界上应该是非常了不起的，因为西方文化中都是对立，都是排斥。

问：刚才您提到儒、佛、道三者的合一，自汉代起，儒、释、道三教合一是中国传统文化的主流，但是在当代社会或者说近现代社会是否已经发生了一些变化？

答：应该没有。刚才我漏讲了，这跟我研究近代也有关系。近代的中国哲学离不开佛教，近代这些大家，从康有为开始，到章太炎、谭嗣同、梁启超一直下来，都离不开佛教。他们都受到佛教很大的影响。这其中一个很大的原因，也可以说是历史的问题，就是在近代儒家当头受到冲击的背景之下，传统文化到哪里去了？答案是佛教。这时期的思想家都有两重性，一方面接受新的东西，很热烈、很迫切；另一方面，他们又受过传统文化的教育，对传统的依恋心理也很强烈。他们不能完全抛弃传统文化，但他们又不能全盘接受传统文化，尤其是儒家，大部分人对儒家形成了一种抵触心理。那么怎么来实现对传统的依恋呢？佛教就是最好的一个领域了。最典型的人物就是吴虞，胡适称他为“只手打倒孔家店的四川老英雄”，他是批判宗法血缘制度最厉害的一个人。可以说他是彻底否定儒家，但在自己的生活中又离不开传统的慰藉。儒家打倒了，但是他在自己的宿舍里面摆起了一个佛龛，这是一个最典型的例子。还有鲁迅，其实佛教对鲁迅的影响也很大。他为他母亲八十岁做寿，专门捐资刻了佛经。有一段时间，他还专门托人买很多佛经，这在他的日记里面是可以看到的。所以其实这些人都有他的两面性。又如鲁迅手抄《嵇康集》等传统典籍，这都说明他一方面求新，另一方面却又恋旧。儒家被批得体无完肤，佛教是他们恋旧的寄托。梁启超做了很多中西方哲学的比较，佛教和西方哲学的比较，他是非常推崇佛学的。章太炎公开提出要以佛教为国教。这个思潮当时非常流行。所以近代哲学思潮，佛教的影响是非常明显的，躲不过去的。新中国成立以后，佛教又被作为唯心主义、有神论而被排斥，所以学校里面没有讲佛教的课。解放以前，大学里面有很多佛教的课程。北大就有很多讲佛教的，从梁漱溟开始，到后来的周叔迦等先生都讲过。新中国成立以后，汤用彤先生也没怎么讲。后来任继愈先生之所以讲，是因为任继愈先生写的几篇批判胡适的禅宗研究的文章被毛主席所肯定。毛主席讲，现在研究佛教的也是凤毛麟角了。于是开始注意宗教的问题，让任继愈先生去筹组世界宗教研究所。从那以后，任继愈先生开始讲一点，但那也是批判地讲。

问：在建构中国文化主体性的过程中，您觉得佛学应该发挥怎样的作用?

答：我觉得中国的佛教和印度的佛教不完全相同。中国的佛教已经适应了中国文化的土壤，进行了一些调整，也有不少发展，它是很关注现实的。当然，笼统地说，我们讲的是大乘佛教。要说大乘佛教和原始佛教的差别，比较明显的就是后者更侧重规避现实、逃避现实。大乘佛教则侧重面对现实，去转变现实，所以它应该和现实社会的道德要求、道德观念比较协调。在中国，佛教强调你要学佛就要先学会做人，强调人要行善积德。这跟整个佛教传统也有关系，所以我们完全把佛教看成是出世的，只讲个人解脱是不准确的。其实佛教非常关怀现实，特别是中国禅宗更具有这个特点，“佛法在心中，不与世间绝”，它强调佛法就在世间。比如近代太虚大师有一句“仰止唯佛陀，完成在人格；人圆佛即成，是名真现实”。你敬仰佛祖，但是要完成的主要是在你个人的人格方面，人格完美了，你就是佛了。这是在现实中能够看到的。在现在这个情况下，我认为佛学应该承担起更大的传承与发扬中国传统文化的责任。为什么这样讲呢？一方面，它已经和中国儒、道文化融为一体，尽管它有自己的特色，但是并不排斥儒、道的价值观念，甚至把儒、道的价值观念作为其价值观念的一部分来弘扬。另一方面，也是更为重要的一个方面，从儒、道、佛三教的现状来看，儒教在现实社会中已经没有载体了，即使有一个个孤零零的儒生，希望能够恢复儒教地位，但是没有社会代言人。而佛教有佛教协会，它有载体，比如寺庙。儒生搞搞书院也只是私人行为，影响很小；而佛教现在还有很多出家人在那里主持，可以说有一个专业队伍吧。儒生没有这个队伍，也没有载体，经济力量更不要说了。佛教有那么大的经济实力，所以我觉得佛教应该也能够担负起更大的传承和发扬中国传统文化的责任。我们对于宗教不要作简单化的理解，我们可以从各个角度对宗教进行定义，从其社会功能和社会价值方面来讲，它起着教化或者说弘扬价值观念的作用。佛教本身提出的口号是“上求菩提，下化众生”，它有这种教化作用，所以应该发挥它的作用。

问：在当今生态文明建设中，佛教可以和应当发挥怎样的作用？佛教的哪些资源能够与当今社会与时俱进？

答：佛教文化在生态文明建设中可以发挥很大作用。因为佛教主张“护生”。我一直跟佛教界讲，我们不要强调“放生”。放生是做功德，有功利在内，而且放生过分后会造成新的生态破坏。现在放生已经成为一个链条了。要放生，就要有东西放生，所以你要去买鱼、乌龟等，而有些人为了你要买这些东西，就去捕。你放的是别人捕的。放的目的又是为自己以后积德，为了自己将来能得到好报。这样去做，功利得很。而且如果你把买来的蛇都放到一个林子里去，那么这个林子里的生态又被破坏了。现在已经发生过很多这种事情了，有些地方，蛇放得太多，就很难进去了。所以我认为不要过分强调“放生”，而是“护生”。这是佛教的真正思想。“护生”是爱护生命，不是弄一些生命来放一放，做做样子，而是你见到这个生命就应该爱护它，让它好好生存。“护生”才是真正的生态思想。你随时随地都要“护生”。其实过去也提以“护生为主”。我不知道你们是否熟悉丰子恺先生？他是弘一法师的弟子，他画了五大本画册都叫“护生画册”，不叫“放生画册”。所以我觉得应该提倡这个东西。另外，因为佛教有护生思想，它对一切生命都很爱护，所以寺庙周围的环境都是最好的。“天下名山僧占多”，它选择得好，保护得也好，这是真的爱护。很多寺庙都是环境优美的地方，当然现在也面临很多危机。把寺院变成了旅游景点，就麻烦了，不要说周围的环境，寺院本身也会遭到很多的污染。我想，从佛教的教理和实践方面看，都有历史可以证明它是适应生态文明建设理念的。

问：可否请您简单介绍一下昆曲的历史，以及现在如何传承历史悠久的昆曲文化？

答：从其形成来讲，昆曲到现在已有六百多年的历史了，它是在原来一些唱腔的基础上形成的。昆曲最早是一种唱腔，即歌唱的一种腔。当时流行的有很多腔，比如弋阳腔、海盐腔、余姚腔、昆山腔，等等。昆腔是这四大声腔里面的一种。经过明代中期魏良辅改造，昆曲变成了非常细腻的东西，所以当时叫“水磨调”。开始的时候昆腔还是一种清唱的曲调。比魏良辅稍晚有个叫梁辰鱼的人，他看到了昆腔的优美，就写了一个剧本叫《浣纱记》，讲西施和范蠡的故事。《浣纱记》用的曲调就是昆腔，这大概就是昆曲在舞台上表演的开始。后来昆腔越来越得到认同，过去的元曲、元杂剧的一些作品包括明代一些著名戏曲家的作品也开始用昆曲进行改编。比如汤显祖的《临川四梦》并不是为昆曲写的，后来它被改编成昆腔的唱法。当初改编得还不协调，因为最初不是根据昆曲的曲调来写的，经过很长的一段时期，才慢慢成为昆曲的一个经典剧目。这是一个历史的发展过程。清代康熙、乾隆年间，昆曲达到鼎盛时期，即所谓“家家收拾起、户户不提防”。在这个过程中，昆曲所用的剧本都是文学史上能够流传下来的剧本，也就是说是文学价值很高的剧本。经过反复的琢磨，唱腔也越来越精细，再加上身体的表演，应该说昆曲集文学、音乐、表演于一体。不只是这个结合本身，而且在怎么谱曲、怎么唱曲、怎么表演、怎么写剧本等方面都慢慢进行了很多理论上的创新和探讨。我们有时讲世界上有几大戏剧表演体系，它们的代表人物有斯坦尼斯拉夫斯基、布莱希特、梅兰芳等。梅兰芳的表演体系其实就属于昆曲的体系，他自己也承认这一点。所以我们现在应该努力来保持昆曲的传统。当然我们现在无法回到明代，也无法回到康乾时代，但我们在 20 世纪 40 年代左右，也还有一个昆曲的高潮，那么至少这个时期的昆曲传统是我们可以保留和继承的。而且我们需要保存的不是一个方向，应该是两个方向。因为昆曲历来都是清工和戏工两个并传的。一个是曲台上清唱的，一个是在舞台上表演的，这两个东西在历史上是并存的。但是由于后来，尤其是新中国成立以后，把这个看作是文人雅士们的东西，是落后的，也就没有能够很好发展，就慢慢没落下来。当然，1956 年以后又有一个恢复的过程，但这些老曲目都已经凋零了。新中国成立以后我们把专业的地位提高到业余的之上，原来应该说业余的高于专业的，专业的向业余的讨教，现在反过来了，业余的都向专业的请教。这个是很不相同的，因为业余是自娱自乐，可以慢慢地来欣赏，慢慢地来琢磨怎么唱更好，它不用去适应别人的需要；舞台就不一样了，它要去适应观众。就像我经常讲的，文言文和白话文本来是可以并存的，为什么要取消文言文呢？这是一大损失。文言文本来是书面语言，白话文就是口头语言，书面语言和口头语言是可以并存的嘛。我们唱清工的都去向专业的戏工去学，这就等于失掉了一条腿。所以，我强调还是要两个并进。并不是说谁要排斥谁，而是各自有各自的不同特点；也不是说专业就一定低，专业有专业的特点，业余有业余的特点，不要把业余的都变成专业的。

问：目前在推广昆曲文化方面应该怎么做？我们知道楼老在这方面也做了很多的工作。

答：当年昆曲被定为世界非物质文化遗产，我就讲过昆曲应该成为一种小众的文化，也应该成为一种博物馆的文化。原因就在于我们不能希望现在的大众都能来欣赏昆曲，因为现在文艺样式多得很，从节奏来讲，昆曲属于慢的类型，所以它能在小众中间流传就可以了。让它成为博物馆艺术是因为博物馆收藏真品，不收藏赝品。我们不敢说收藏的一定是原汁原味的，但是我们尽量做到这一点，而不是为了迎合现在的市场口味而改来改去，原来怎么样唱我们现在就怎么样唱。昆曲最重要的是在唱，就表演来说，戏曲是差不多的。打开电视，把声音关上，一般人分辨不出来这是什么戏。但是一打开声音就知道这是河南的豫剧，那是河北梆子，这是京剧，那是昆曲。所以，中国戏曲的不同很重要的是在唱腔上。表演方面当然也有不同的特点，但更重要的、明显的区别是唱腔。昆曲对唱腔是很注重的，它是根据一字一声来谱腔的，强调字正腔圆。昆曲有昆曲自己的韵书。有一种看法认为，我们按照韵来唱有些人听不懂，所以得都变成用普通话来唱。我就奇怪了，为什么昆曲一定要这样变呢？你怎么不用普通话去唱河南豫剧呢？这是很奇怪的事情。如果都用普通话来唱就不成其为昆曲了，它就失去了自己的特点。

问：谢谢楼老在上完课后又继续接受我们的采访，再次代表《学志》编辑部向楼老表示感谢！

答：不用客气，也很高兴能和你们一起来关注我们的传统文化。

从实求知与民族情怀

——访马戎教授

［学者简介］

马戎，1987 于美国布朗大学获社会学系博士学位。北京大学社会学系、社会学人类学研究所教授、博士生导师。曾任北大社会学系系主任、社会学人类学研究所所长。北京大学藏学研究院筹备专家。著有《西藏的人口与社会》《民族与社会发展》《社会学的应用研究》《民族社会学——社会学的族群关系研究》等。

问：马老师您好！非常感谢您能够接受《学志》的这次采访。那么，首先请您简单谈谈您的求学经历吧。

答：我是 1968 年上山下乡，到内蒙古锡林郭勒盟东乌旗牧区，生活了 5 年，一直到 1973 年离开草原。当时我们班一共去了 4 个同学。我们是北京市第一批自愿报名“上山下乡”的知识青年。在那个传统的牧业社区，蒙古族牧民们对我们都很好，教我们如何在草原上生活和放牧。我们大队的北京知青组成了 10 个蒙古包，我们这些“知青包”负责放一群羊，这群有两千多只，另有一户牧民帮助我们“下夜”。通过几年的草原生活，我们都完全成了牧民。在日常生活和放牧方面，我们和牧民们相处得非常好，有的北京知青认了蒙古族老太太当“额吉”（母亲）并一起生活。我觉得这种友谊是在日常生活中彼此真心相待所得到的。我们始终怀念那一段草原生活。

1973年，我被推荐到内蒙古农牧学院读书，当时叫“工农兵学员”。接下来三年我就在内蒙古农牧学院农业机械系学习农机设计。实际上，这个专业那时有些人不愿意学，因为当时的政策叫“社来社去”，就是从公社来，毕业后再回到公社去，还当农民。我觉得回到农村也很好。毕业以后，本来农机系提出要我留校，我还是愿意回到锡盟草原，就被分到了锡盟镶黄旗牧业机械厂当技术员，主要就是从事农机零部件的生产设计，设计生产模具和加工工序等。当时还是计划经济，内蒙古自治区每年需要什么农机配件，分配到基层县各厂去加工。我去的这个工厂很小，只有二十多名工人，也没有太多的加工任务。1977年我调回北京，在交通部公路规划设计院的规划室学习做公路规划。现在全国的公路体系和编号都是当时我们这个规划室做的。我们到各省去考察公路，了解各地对公路交通发展的需求，去了很多地方。但是，当时国家很穷，公路建设缺乏经费，制订的规划落实不了，后来规划完成后没有多少实际工作要做。这时候赶上恢复高考和研究生招生，我很想继续读书。但是，我中学时学的俄语早忘了，为了考试，1978年开始从头学英语。1979年考上中国社科院马列所政治经济学专业的研究生，从工科转到了文科。

为什么会去学政治经济学呢？可能主要还是个人兴趣。我在草原下乡5年看的也都是社会科学、历史和文学方面的书。尽管我后来学的是工科，做公路规划，但是业余时间我还是在看社会科学方面的书。在马列所讨论学位论文选题的时候，我设想的几个选题都不能做，导师都不同意，认为政治上敏感。比如，我当时提出的一个选题是研究马列主义关于共产党组织理论的演变。在马克思的年代，党组织都是很松散的，是一批政治思想上志同道合者的松散组织。到了十月革命前后，面临沙俄政府的镇压和残酷的战争，党的组织演变成有严格入党程序、党内下级服从上级、有严格组织纪律的共产党，而且作为通过武装革命和战争手段达到执政目标的执政党，党和政府的关系、党和民众的关系发生了转变。然后中国共产党的基本理论和党的组织形式，与苏联的很相近。这里就有一个在客观条件下，党的组织理论是如何演变的问题。虽然我觉得这几个选题很有意义，但是通不过。我当时是很沮丧的。

刚好，当时国际社会很关注中国人口问题，帮助国内许多大学成立人口研究所。北大人口所也是在这个时期成立的，挂在经济学系下面。1981 年联合国人口基金给中国提供了 6 个奖学金名额，支持中国学生到国外学习人口学。我参加了语言考试，很幸运地被录取，当时 6 个名额，最后只通过 2 个人，另一个是上海的，他毕业后留在美国工作了。我去的是布朗大学社会学系，主修人口研究，辅修城市研究。我在布朗大学的导师培养了 5 名来自大陆的社会学博士，我是唯一回国的。从 1982 年夏抵美到 1987 年 3 月回国，用了 4 年半的时间拿到硕士和博士学位。我当时考虑自己在“文化大革命”中没有机会真正读书，年纪比较大了，1987 年已经 37 岁，我想尽快完成学业，回国做些实事。

我 1987 年 1 月答辩，3 月份回国，4 月初就正式到北大的社会学研究所报到了。当时是跟着我们的老所长费孝通教授参与“边区与少数民族地区发展研究”的国家课题，先后去了内蒙古、西藏、新疆、青海、甘肃等边疆少数民族地区。我的博士论文调查的地点就是内蒙古的赤峰地区。这还是费孝通先生给我定的地点。我本来是想回我插队的东乌旗，但是费先生说，赤峰在经济结构、民族结构上可以比较全面地代表内蒙古，包括牧区、农区和半农半牧区，建议我去赤峰调查。我从 1987 年春天到现在，在北大任教已经24年了。

问：老师刚才提到您在布朗大学主修人口研究，辅修城市研究，那么，回国后为什么会转向民族研究呢？

答：一个是我刚刚说到的研究兴趣，还有就是受其他一些因素的影响。首先，我自己是回族，我父亲长期以来也是从事民族工作的，所以，在“文化大革命”前我家里就有很多有关民族方面的书，有时也能听到父亲谈到民族方面的问题，可以说是耳濡目染。第二个因素就是我在草原的5年插队生活。对我来说，我一直是很正面地来看自己下乡的那5年。牧民们对我们非常好，我们跟牧民的关系也非常好。我是1973年离开草原的，30多年了，一直到现在，我们这些北京老知青和大队牧民还保持着联系，当时一起插队的知青也会经常相约回去看看。我最后一次回大队是2003年。其实，我很想做的一件事就是记述和分析我插队的那个牧业社区的60年变迁。有的部分是我们的亲身经历，有的是口述史访谈。我已经做了一些，时间过得太快，有些年纪大的牧民再不去访谈，以后就找不到了，有的已经去世了。总的来说，对于在草原上度过的那几年时间，我是非常留恋的。在那种生活场景下，我觉得我对于少数民族的传统文化、牧民对汉族的态度等有很多切身的了解。我总觉得，只要真心换真心，真正彼此尊重、彼此关心、平等相待，中国的民族关系其实是很容易处理得很融洽的。但是如果有偏见和歧视，对少数民族的传统文化不尊重，对他们的心理不了解，就可能会产生隔阂甚至冲突。正是几年草原生活的感受，使我对中国的民族关系有一种特别的关注。

问：在谈及民族和族群研究之前，还想请马老师向我们简单解释一下“民族”“族群”这两个概念。实际上，我们在日常生活中往往说的都是“民族”。但是，我们看到，学界非常关注这两个概念的区分。您在《民族社会学》一书中也曾作过专门的界定和比较。

答：有学者考证，中文“民族”最早可能出现在《南齐书》，表示中原的汉人，跟“夷狄”相对应。之后“民族”一词在历代文献中仍很少见，直到 19 世纪末在中文里又较多出现了今天意义上的“民族”这个词。从近代的文献情况看，“民族”再次被广泛使用，有可能是参照当时日文对于西方文献的译法来表示引入的欧洲概念。另一个中文词汇“族群”则是近几年才开始出现在国内学术文献中的。前者的对应英文词汇应当为“nation”，后者所对应的英文词汇则是“ethnic group”或“ethnicity”。当我们同时使用“中华民族”与 56 个“民族”的提法时，因为前者包含了后者，实际上是把两个层面上的东西用同一个词汇来表述，混淆了两者之间在概念层次上的差别。

“Nation”和“ethnic group”在国外文献中是截然不同的两个概念。从这两个英文词汇各自出现的时间和具有的内涵来看，代表着完全不同的人类群体，表现了不同的历史场景中人类社会所具有的不同的认同形式。“民族”（nation）与 17 世纪出现于西欧的“民族主义”和“民族自决”政治运动相联系。“族群”（ethnic group）这个词汇则出现于 20 世纪并在美国使用较多，用于表示多族群国家内部具有不同发展历史、不同文化传统（包括语言、宗教等）甚至不同体质特征，但保持内部认同的群体，这些族群在一定程度上也可被归类于这些社会中的“亚文化群体”。

根据以上情况，我在 2004 年曾建议保留“中华民族”（the Chinese nation）的提法，同时把 56 个“民族”在统称时改称为“族群”或“少数族群”（ethnic minorities），在具体称呼时称作

"某族"（如"汉族""蒙古族"）而不是"某某民族"（如"汉民族""蒙古民族"）。提出这一建议有三个理由：一是我认为中国的"少数民族"在社会、文化含义等方面与其他国家（如美国）的少数种族、族群（racial and ethnic minorities）是大致相对应的，改称"族群"可以更准确地反映我国民族结构的实际情况；二是可以避免在两个层面（"中华民族"和下属各"民族"）使用同一个词汇所造成的概念体系混乱；三是当我们讲到中国的56个"民族"和地方"民族主义"并把这些词汇译成英文的nationalities以及nationalism时，国外的读者从这些英文词汇中很容易联想为有权利实行"民族自决"并建立"民族国家"（nation-state）的某种政治实体和分裂主义运动，从而在国际社会上造成严重误导。

问：正如马老师所说，现在意义上的"民族"这个概念再次被广泛使用，有可能是参照当时日文对于西方文献的译法引入中国的。那么，中国的"民族建构"又是怎样的一个过程？是否也受到了很大的外来影响？

答：清朝后期受到西方国家的威胁，当时的统治者和社会精英不自觉地开始了"中华民族"的"民族构建"过程，一是强调"满汉一家""中华臣民"共同抗御"英夷""日倭"；二是加快进行边疆地区的政治整合，包括川边、云南的"改土归流"、西藏的"新政"、内蒙古和新疆设行省、东北的"移民实边"等措施，以防止帝国分裂。这一时期，英国、日本、法国、俄国等帝国主义势力一直积极鼓吹汉、满、蒙、回、藏等都是"民族"，因为它们的目的就是使清朝崩溃，瓜分中国，把部分中国领土正式划入自己的势力范围。所以，他们特别欢迎"驱除鞑虏、恢复中华"的口号，同时积极吸收中华各族青年留学，培植亲日、亲英、亲俄势力。

在中华民国时期，提倡“五族共和”。孙中山在《三民主义》第一讲中说“中国人的民族主义就是国族主义”，明确提出以“中华民族”作为“民族”单元来建立“民族国家”。蒋介石也认为中国只有一个“民族”即中华民族，不承认满、蒙、回、藏各个群体是“民族”，只承认他们是中华民族的“宗支”，中国是一个民族、多个宗族，中华民族是由多数宗族融和而成的。但是在民国时期，帝国主义国家的媒体和出版物还是坚持用“民族”来称呼中国境内的蒙古、新疆、西藏各部落，并且直接煽动各部落追求“民族自决”和“民族独立”。

中国共产党系统接受了苏联共产党的“民族”理论。斯大林民族理论的核心概念与苏联制定的民族制度和政策在 20 世纪 50 年代基本上被新中国政府接受下来。首先，50 年代初政府组织了大规模的“民族识别”工作，先后正式认定了 55 个少数民族。这样在“民族”概念上就出现了一个双层结构：上层是“中华民族”，下层是 56 个“民族”。其次，对各少数民族都建立“区域自治”制度，以保障各群体的“政治权利”，先后陆续成立了 5 个省级的少数民族自治区，30 个自治州和 120 个自治县（旗）。最后，在政治、经济、教育、文化等各方面对少数民族群体实行优惠政策。

问：这对当前中国的民族关系、民族问题产生了哪些影响？

答：“民族成分”“区域自治”和以“民族”整体为对象的各项优惠政策，在一定程度上加强了汉族与少数民族之间的制度性区隔。当“民族识别”工作完成后，每个国民都确定了“民族成分”，这使中国各“民族”之间的人口边界清晰化。为各“民族”设立的“自治区域”以及以“民族”整体为对象的各项优惠政策的实施，客观上强化了各族民众的“民族意识”。对此，我曾提出“汉—少数民族二元结构”这个说法，这和“城乡二元结构”的社会区隔形式和社会影响有些类似，民族区隔也许可以算作中国社会的另一类“二元结构”。当然，对“汉—少数民族二元结构”这一提法是否准确和适当，仍可讨论，有关论证还需要面对许多具体问题。但是，考虑到“城乡二元结构”的提法已经获得广泛的认可并对“二元结构”已有不少感性认识，我提出“汉—少数民族二元结构”这一概念的目的，就是希望以此引起大家对中国民族问题的重视，并对我国民族关系当中的结构性问题给予特别的关注。

这种社会机制在某些方面是欠妥的。比如，我曾提到的“天花板效应”。一个少数民族干部的职位升迁空间，在一定程度上和他出身民族的人口规模和“自治地方”的行政等级相关。如果有一位少数民族官员退休，通常上级机关会从同族中遴选他的接替者。所以少数民族干部有可能会升得很快，但到了一定的级别，就有可能触碰到“天花板”。这个民族当中再优秀的人才，也只能做到自己所属自治地方的相关职位上。这些制度性的设置可能会限制一批很有才华、很有能力的少数民族人才的发展空间。

我们的教育体制也需要反思，我国的院校大致可以分为普通院校和民族院校，其中，后者以少数民族学生为主，前者以汉族学生为主，从而在客观上造成了一定的区隔。美国培养少数种族人才的思路是不同的，有色人种占美国总人口的比例是31%，但是哈佛大学每年招收的有色人种学生占招生总数的38%～42%。哈佛大学毕业生的就业和社会威望是非常好的。当这些黑人学生和白人学生在哈佛大学校园里一起学习时，他们感到自己有非常光明的未来，不认为自己只是黑人群体中的精英，而会把自己与白人同学一样视为美国国家的精英。所以，奥巴马不会觉得自己只是黑人的领袖，从哈佛法学院学习的那个时期开始，他就把自己视为国家精英，如果他在竞选中只强调黑人的利益，他也不可能成为参议员，更不可能高票当选美国总统。

而在我们北大的校园里，现在有多少名少数民族学生？回族和满族学生相对多一些，但是藏族、维吾尔族、哈萨克族的学生就非常少。今年有一个维吾尔族的同学来考北大传播学院的博士，由于她有一门专业课成绩差了 3 分，英语成绩差了 2 分，结果无法进入面试。我和研究生院的领导们谈，指出这是一名“民考民”（即从小学到高中是用维吾尔语学习所有课程，只有一门汉语课）的学生，她是在进入大学后才开始读汉文的专业书，我们可以想象让她用汉文来答博士考试的专业题试卷的难度有多大，她考北大的英语考试有多困难。同时，这样的考生熟练掌握维吾尔语文，这样的语言文字能力就不应当考虑吗？由于这名考生报的是“少数民族骨干计划”，毕业后一定要回新疆工作，那么她回新疆从事的新闻工作，主要是民族语言翻译、编辑、撰写工作，维吾尔文是非常重要的语言能力。这位考生告诉我，现在维吾尔族的传播学博士在国内只有 3 名，都是欧洲和俄罗斯培养的，国内的学校没有培养出一名。我和新闻传播学院的老师们做了很多努力，北大研究生院最后还是不同意她进入面试。我对此非常遗憾。

可以设想一下，如果北京大学持续地破格吸收藏族、维吾尔族、蒙古族等少数民族的优秀青年，经过在燕园里熏陶，他们对民族和国家的认同意识肯定会有所变化，他们回到各自治地区的工作岗位上，将会对我国的民族团结产生多大的积极影响。同时，我觉得自己最欣慰的一点，就是在这些年里我通过自己的招生，努力培养了一些少数民族的人才。我指导过的硕士、博士、博士后人员中，有藏族、维吾尔族、蒙古族、哈萨克族、壮族、苗族、达斡尔族、土族，当然也有回族、满族和汉族。国内培养的唯一的藏族和维吾尔族的社会学博士都是我的学生。现在，我去各地做社会调查，都有当地民族的学生或毕业生参与，他们接受我的观点，在努力地实践。从我这儿走出去的学生在热爱祖国、维护民族团结这些方面都没有问题，他们在意识上都高度认同中国。但是，和哈佛大学以及美国其他常青藤名校相比，我觉得我国的高等教育在这一方面是缺乏认识的。哈佛大学培养出来一个奥巴马，是对美国种族关系的一个巨大贡献。我觉得除了数理化等具体学科的研究成果之外，如果我们能够培养出一批出身少数民族但高度认同中华民族的人才和政治家，那么我们对中华民族的贡献的意义就更大了。

问：那么，您认为应当如何解决当前的民族问题？

答：我觉得以“文化化”或者说“去政治化”的思路来引导中国的民族关系，是当前中国民族问题的出路。世界上有些国家像美国和印度也存在许多不同的种族和族群，存在不同的宗教和语言群体，但是它们进行“民族构建”的目标，是把国内所有群体建成一个共同的“民族”，即 American nation（美利坚民族）和 Indian nation（印度民族），同时把国内在血缘、语言、宗教、历史方面存在差别的各群体（如黑人、亚裔等）称为“族群”，全体国民共同的核心认同是“民族”而不是“族群”，强调国家宪法和国民的公民权，把种族、族群之间的差异主要视为文化差异，并在“文化多元主义”的旗帜下保存和发展各少数族群的文化特征和风俗习惯。与此同时，不承认也不允许各族群有自己特殊的政治权利。这就是把族群现象“文化化”的思路。

所以，我曾在2004年提出把中国的民族分界、民族身份“文化化”，也就是“去政治化”的思路，建议保留“中华民族”的概念，在这一思路下重新开始“中华民族”的“民族构建”，以“中华民族”为核心认同建立一个全体中国人的“民族国家”。把56个“民族”改称“族群”，在这样的概念框架下强化中华民族的“民族意识”，逐步淡化各“民族”的“民族”意识。这样，可以加强各“民族”之间的相互认同，把现在的56个族群凝聚为一个民族即中华民族（the Chinese nation），参与国际间的激烈竞争。在这个过程中，一些依然保留了传统认同意识的群体，将会逐步过渡转变为现代“公民国家”的国民。当然，长期以来接受了本族是“民族”的少数民族干部和知识分子，对此需要一个理解和适应的过程，这无疑是一个漫长和需要足够耐心的历史发展过程。

问：再回到民族研究，马老师认为应当如何进行民族社会学研究？

答：我现在做的课题，都是先做实地调查，然后再来整理当地社会演变发展的历程和背后的机制与影响因素。我首先需要把客观事实调查清楚。社会学这个学科最核心、最重要的是什么？就是实事求是、从实求知。所以，社会学的民族问题研究，一项最最基本的工作就是进行实地调查，必须真正深入基层社会，和当地的干部、知识分子、民众交谈，不带任何思想框框地倾听他们内心的想法。这就需要我们长期持续在民族地区从事基础性的调查研究，努力结识基层单位的各类人员，结交一些能够深谈交心的朋友，对基层社会这些年所发生的事情、政策的执行过程有一个较长时间的了解和跟踪，这样才会使我们逐步具有对基层干部群众所提意见和观点的理解力、分析力和判断力。

另外，我们在开展具体专题的实地调查的同时，仍然需要广泛阅读国内外研究文献，不仅是经典著作和理论性著作，而且特别需要阅读那些从宏观层面描述和分析近代中国社会整体变迁的研究文献，这将有助于我们开阔视野和拔高思维的层面。社会学研究者在进行课题设计时，能否提出有深度并抓住主要矛盾的核心问题，是我们开展学术研究的关键和进行学术创新的前提。那些具有历史大视野和跨国际比较的学术研究成果，非常有助于为我们提出鲜活的、深刻的问题。

问：您认为民族社会学研究当前面临的问题有哪些，今后的发展前景如何？

答：问题当然很多。在中国各大学的社会学研究队伍中，关心民族问题和长期研究民族问题的人太少了，各社会学系招收“民族社会学”博士的老师们当中，长期以来，我好像是全国唯一的一个，从北大社会学系来说，我也是唯一的研究民族问题的教师。我很快就要退休了，可能课都没有人来上了。这是最大的问题。

但是我想要说的是，在当今中国社会科学的各个学科当中，也许社会学的民族研究是一个最容易创新的领域。这是为什么呢？

首先，在过去的这六十多年里，中国社会的方方面面已经发生了天翻地覆的变化，为了适应形势发展的需要，在经济、政治、法律、教育等领域的基本理论、制度和政策都出现了重大变化和调整，但是自 1949 年以来，我国的民族理论和相关制度、政策基本维持几十年不变。近年来，我国部分地区发生了几起民族冲突事件，这也促使我们对民族理论和民族制度进行反思。同时，在我国的民族理论界许多重要的理论问题和研究专题仍为空白，也使我国的民族理论跟不上社会形势的发展。正是由于社会发展的客观需求和民族理论界的自我封闭，许多具有现实意义的研究专题为社会学民族研究者提供了学术创新的广阔空间。而我国的社会学专业研究队伍中，对民族问题有兴趣的人极少。比如清华社会学系没有，人民大学社会学系没有，复旦大学社会学系也没有。所以，你很容易作出有创新意义的研究成果。当然，民族院校都有民族学专业，也有许多研究民族问题的教师，但是我国的“民族学”是接近文化研究的人类学，与以社会科学研究方法为基础的社会学不同。所以，民族社会学与民族学是不同的学科。现在人们一提到民族问题，就很自然地认为是民族学的事情。实际上，这是非常不同的两个学科。社会学强调的是社会结构及其演变，结合了宏观制度政策和微观社会现象这两个层面，注重的是调查分析不同族群之间的互动及其社会后果；而民族学更关注各群体的微观和文化的层面，关注“原汁原味”的各族群的个别研究。

因此，大量的研究空白领域、政府和社会急迫的需求、规模很小的专业研究队伍，这三个因素综合起来就使民族—族群社会学的学术创新具有极大的研究空间和专业优势。

问：最后，还请马老师谈谈您对研究生的寄语。刚刚也谈了很多民族、族群问题，作为所谓天之骄子的大学生，包括研究生，可能会比较少地有意识地去了解、重视这一问题。对于这一方面，您又有什么建议呢？

答：我对于研究生的寄语就是，每个人总有一份割舍不掉的东西，应当跟着自己心中的呼唤前行。要认清、认定自己的毕生追求，无怨无悔地持续沿着这条路走下去。既然这是自己的选择，那么在研究时必然会萌发出浓厚的兴趣，也会把许多世俗的东西放在一边。至于别人怎么说、怎么看，就不用去管了，人是为自己活着，又不是为了他人活着。

如果同学们也对民族问题感兴趣，可以系统地读一些书，也可以在假期到少数民族聚居区去感受一下那里人们的生活。有些小说和电影也可以给我们提供一些信息和感受。如《尘埃落定》这个小说讲的是一个土司的一生，他经历了很多历史阶段，对我们了解藏族社会有帮助。许多学生都爱看美国电影，好莱坞大片，如果动脑筋，你也可以从这些电影中感受到美国的种族制度、政策和社会中的种族关系。比如，美国的电影和电视剧，没有一部不是既有黑人又有白人的。如果一个电影描写两名英雄警察，通常一个是白人，另一个是黑人，在对话中也会显示黑人、亚裔或其他族群的英语口音。但是对比中国的电影，很少看到少数民族角色，甚至是广泛混居在汉人城镇中的回族、满族角色。中国电影被区分为“普通题材电影”和“少数民族题材电影”。20世纪90年代以来政府专门设立了少数民族题材电影奖项“腾龙奖”和“骏马奖”，但社会上很少关注。比较美国电影和中国电影，你就可以给自己提出一个问题，是什么导致两种完全不同的结果？

你们看中国的中央电视台、北京电视台的节目主持人，很少看到中国少数民族的面孔。如果你们有机会看美国电视台的节目主持人，大约1/3是黑人。你可以想一想，这样两种节目主持人的安排，会在各族观众中带来什么样的感受？假如你是一个生活在乌鲁木齐的维吾尔族居民，打开电视看到中央台、北京台，就会觉得这是“你们汉人”的，无形中就拉开了距离。作为北京市政协委员，我今年就写了这样一个提案，希望北京电视台能够选拔、培养藏族、维吾尔族的节目主持人各一名。但是得到的答复是：我们欢迎少数民族的人报考应聘，但是应聘人的汉语口语能力必须达到多少级、必须持有节目主持人的资格证书。这些要求实际上是把少数民族排除了。对于少数民族节目主持人，不是表态是否“欢迎应聘”，而是需要主动去物色和培养。如果缺乏对民族问题的认识，他们是不会主动这样去做的。由此可以看出，我们应该做的是，不断提升人们的民族团结意识和国家意识。提到语言标准问题，我觉得不必那么刻板划一。俗语说“乡音亲切”，美国电视台主持人中，有的也带有不同地区的口音，这也体现出文化多样化，许多观众其实是欢迎的。

现在有几十位藏族、维吾尔族的学生在北大学习。如果有机会，希望我们的汉族同学们能够主动接近他们，在学习和生活上关心和帮助他们。他们远离家乡和亲人，许多人连暑假也不能回家，我们不应当对他们格外多关心一下吗？有些课题可以共同申请，一起去调研，还可以到他们的家乡去看看。还有，平时同学们组织活动的时候，可以有意识地邀请同院系的少数民族同学一起参与。过年过节的时候，家在北京的同学可以请他们到家里吃饭啊，使他们在远离家乡的北京也可以感受到一丝温暖。有些少数民族同学在学习上可能有困难，但是他们又不好意思向汉族同学请教，在这方面，各院系的研究生会和团委可以主动地组织汉族同学对学习有困难的少数民族同学进行“一对一”的帮助。我建议北大的研究生会好好地考虑一下这方面的事儿，我觉得这应当成为北大学生工作的一个创新点。其实民族关系说起来是一个很大的题目，但是如果我们每个人在这些小事情上都能够有意识地关心身边的少数民族同学，积少成多，就可以实实在在地拉近彼此的感情距离，这些少数民族同学将来都是各地区的精英栋梁，如果他们在北京大学校园里的这几年淡化了对汉族的隔膜，加强了对祖国的认同，成为中华民族的国家精英，这也是北大的同学们为我们的国家所做的一个重大贡献。

莫道桑榆晚，为霞尚满天

——访储槐植教授

［学者简介］

储槐植，著名刑法学家，1933 年生于江苏省武进县，1955 年毕业于北京政法学院（现中国政法大学），后进入北京大学法律系任教。著有《六害治理论》《犯罪场论》《刑事一体化与关系刑法论》《犯罪学》等。

问：储槐植老师，您好！我们是《北京大学研究生学志》编辑部的几位编辑，特别赶在在老师八十大寿到来之际，采访一下您，希望您为我们晚辈后学提点一二。

答：最近这几年，北师大、法大、人大以及外地的武大等学校的学生都曾经要求来采访我。我说，你们不要采访我，我说不出什么东西来。采访的话，最后结论只有一个，就是肯定让你们失望。

问：老师您太过谦虚了，您的人格魅力、学术经历无一不吸引着我们这些后生，令我们怀着膜拜和好奇之心，走进老师您的过往经历之中去。

答：我这人平时对自己的经历过去了就忘了。不像刑法学界有些学者，如已故的马克昌教授，健在的高铭暄教授，以前《刑法》修订每次开会，他们都做记录。我这个人不爱做记录，会议过了以后，我会有大概的印象，但是究竟说什么我也不知道。比如1997年《刑法》修订，1995年我就是人大常委会法工委的刑法修订研究小组成员之一。出版社给我打招呼，要求我主编或者撰写一套刑法修订的书籍。我说我没法写，因为我根本就没有记录。前些天，高铭暄教授出版了大概八十万字的《中华人民共和国刑法的孕育诞生和发展完善》。他从20世纪50年代开始起参加一次会议就有一次记录，凡是有关的会议，高铭暄教授都有记录。这是好习惯，我从来没养成这个好习惯，因为我没有做日记的习惯。尽管没有做记录，但绝不影响我对刑法的热情。2003年我69岁，虚岁70岁，从北大法学院退休；2005年，赵秉志教授离开人民大学，去北师大成立北师大刑科院，还没有成立就给我打电话，问我有没有兴趣去，我说，现在我没事儿，如果需要的话，我去干点活儿也行，反正在家闲着也是闲着。

我没有什么系统化的东西，既不值得记录，也不值得整理以后见诸书面。因此，（各种访谈或者传记）最后也就不了了之。我的结论是，你们来采访我，就是听听而已，大家聊聊天。听过了以后，你们不太可能根据我的一些叙述，能够记录一些有价值的东西并见诸文本。一开始梁老师（梁根林教授，储老师高足——访者注）给我打招呼就说这个事儿，我说反正我没事儿，要来也行，聊聊天。但是我说，不要抱什么希望，因为没有什么值得写的东西。

问：很多话对您来说很普通，但对于我们青年学子来讲，就很有启发性。所以，我们也想借着老师大寿之际，通过采访老师，以漫谈的方式回顾老师的过去，以便对老师过往的学术经历有一种全景式的把握。

答：关于学术经历，我一直在说，包括我给硕士生、博士生做讲座的时候，我说你们的学习比我系统。我那时候也就是20

世纪50年代初，中华人民共和国刚成立没多久，国民党的“六法全书”全部取消了，新中国的法律还没跟上。1952年，院系调整，把北大、清华、朝阳、燕京几个大学的政治系、法律系、社会系合并，建立一个北京政法学院。学院成立了，但是却没有法律教科书。既然成立了政法学院，法律的授课就不能再把国民党的教材拿来用呀，那怎么办？就请苏联的专家来，讲授苏联的法律。我1952年高中毕业进入北京政法学院，也就是现在的法大。苏联专家主要请的是法理的，就是国家与法，刑法的；民法方面，好像也没有正经的民法，我们就是通过把外国的民法基本概念给说一说，来学习它的。民法调整的是什么？调整的是财产关系，跟财产关系有关的人身关系。婚姻法因为相对比较简单，雷洁琼讲的，就是那位活到102岁的人大常委会副委员长，是我们婚姻法的讲课教师。当时也没有好好学习，本来也没有什么课程，一个礼拜上不了几节课。所以在北京政法学院，我的主要精力不是学法学，因为也没什么材料和书籍。讲课的时候记一些笔记，考试的时候用。剩下的时间干什么？学俄语，因为当时的英语不行，是帝国主义的语言。当时我用差不多两年时间，俄语单词我能记八千多。然后就是看小说，当时国民党的小说也不是太多，有的名著也是言情小说，也没什么好看的，主要都是当时翻译过来的小说，法国的有一些，英国的有一些，主要是苏联的。所以当时比较有名的小说，我差不多两个星期看一本。中国的名著，《红楼梦》《水浒传》读了一遍到两遍。剩下的时间学点儿哲学。直到现在说到法律方面的东西，在念北京政法学院的时候也没看多少东西，因为也没有多少东西可看。所以，说到我还带博士生，我说我本身也没有学问。

我记得我写的文章最长的是16 000字，那是在还没有退休的时候，在咱们系法学院杂志发的，还有一篇是12 000字。除此之外，无论是在《法学研究》《中国法学》，还是在《中外法学》发的文章，都不超过8 000字。你们现在文章越写越长，最近《中外法学》这一期我发了一篇东西，一开始第一稿写了4 000字。梁老师说太少了，我说那我再看看吧，就又憋了10天，又增加了1 000字。江溯博士是编辑，他说的很客气，说关于刑事司法上有几个案例都炒得挺热的，您再写点儿在里头。我说那我不能写，案例你必须了解案情，主要是细节问题，有的细节决定性质，你搞得不好细节搞错了，性质搞错了，案情就分析错了。我不会上网，了解不了信息。我的信息就是最高法、最高检的报纸，所以每天那个报纸有多少信息，我就了解多少。我的文章为什么写不长，有多重原因。其中，重要原因之一就是我没有写过博士论文。你们梁老师在20世纪90年代，我指导他让他写博士论文，刑罚机制，后来他写的刑罚结构方面。他挺认真，确定题目不算，整整搜集资料、写提纲、看、动笔修改，大概花的时间有八九个月。后来，论文通过了以后他给我说，写博士论文，对他的研究能力，包括对文字能力的提高，都有非常大的好处。你看，我就没有这经历。所以，我带博士，我说我们互相研究、互相讨论，我的经历比你们多一点儿，社会阅历也丰富一点儿，在这方面可能是年龄决定的。从这个意义上说，我认为当博导的主要制度就是这样。所以讲，你们采访我的话就是聊天。我倒是今天想讲一点儿小事儿，要是说人生感悟也很难说，反正我觉着我这几十年，如果还有一点儿值得稍微说一下的，大概也就是这么四个词。

第一个就是要自信。做学生的时候，应该有点自信，就是说，我通过学习将来要干什么。你看，我在高中时，江苏解放。

整个高中三年就是刚解放的三年，整个三年我在江苏省的常州中学，那个中学在国民党时期还挺有名，现在也比较有名，每年高考的录取率相当高。我高中三年的时候中国刚解放，我在高一就入团了，当时比较进步，也对政治课挺感兴趣。当时我对哲学感兴趣，在高中就看了一些马克思主义哲学的东西。瞿秋白是我们的校友，张太雷、恽代英这些共产党有名的人物都是我们学校毕业的。由于我们中学这种地位，中学老师说，你们高中毕业没问题，全能考上大学。当时我就立志，说大学如果能考上，我要当外交官。当时因为全国刚解放，一开始的时候旧的大学制度正在改革，不管怎么说，大学还要。当时一开始，我报的是北大政治系的外交专业，报名时还有，后来就撤销了。正好是 1952 年嘛，把北大、清华的社会系、政治系、法律系合并成为北京政法学院，所以报考的时候还有北大政治系，发榜的时候北大就没政治系了，把我的名字弄到了北京政法学院。刚开始的时候 4 个系科并起来也没什么专业，就是“一锅烩”，当时觉着挺没意思。在当时那种条件下，有一阵子，我觉着这不是我自己要考的专业，我想当外交官，结果政法学院成立也没这个专业了，那一开始就混吧。后来，觉着你既然来了嘛，总得要有一个毕业的时间呀，毕业以后你要干什么。毕业时候，我想着不是苏联热吗？当时北京政法学院的外语课都是俄语课，没有英语，当时我就想虽然没有政治系的外交专业，那我把俄语学好了，没准能到苏联去。所以我觉着一个人还是应该有自信。当然，自信就是一个人要有一个志向，我觉着你别管这是一个空洞的、未来的图景也好，还是什么实实在在的奋斗目标也好，我觉着成年以后，要对自己怎么个发展、走什么路，应该有一个基本的想法，这个基本的想法有时候尽管不是十分具体，但是我觉得，不能说光宗耀祖，但是一定要做一个能够说得过去的这么一个人！所以我觉着，你看我初中时还没有，到解放时的高中我就有这个想法了。后来到了大学，这个想法越来越清楚，尽管后来遭到了这样那样的挫折，这是后来的事儿了。就是说，要有一个自信、一个志向，我觉着这是非常重要的，包括念书也好，做学问也好，工作也好。

另外，光有自信我觉着那还是空的，还要加一个努力。努力还是非常重要的。尽管在北京政法学院没有什么课听，但是，我学俄语还是挺努力的。我曾经规定，我一天至少应该记 10 个单词，包括积累。当时，我十天左右就把这一百来个单词重新复习一遍。过了一个月左右，我就把这四五百个单词再来复习。我记得通过自学积累的单词，关于俄文的法律方面的文章，通过词典我基本能把它翻译出来。俄语应该说比较难学，比英语难学。当时虽然没有教科书，也没参考资料，就凭听课做记录，我考试成绩还不错。

我 1955 年毕业，那时候没有多少课程，三年就毕业了。说实在的，真正的课程现在来说一年就学完了。但不管怎样，大学不能一年就算完了呀，就凑合了三年。在毕业的时候，我记得我们既有青年学生，占 60%左右：还有调干的，因为当时刚解放嘛，所以我们念书的时候，青年学生与调干的差别很大。刑法学有一位老先生，叫欧阳涛，比我大 10 岁，我们同班。欧阳涛是社科院法学所最早一批很有名的刑法研究员。当时毕业的时候，我们有二百多人，连调干的和青年学生在内，二百多人都是国家分配，但分到北大的就两个人。一个是我，还有一个是我们另外一个班的党支部书记，我那时候是团员，就我们两个。其他的更多是分到司法机关和其他高校，因为当时好像恢复法律系的只有北大。我到了北大之后，起先是做助教，我分在了刑法教研室，有时候我是刑法的助教，有时候也是刑诉的助教。当时是 1955 年，新中国成立不久，欣欣向荣，法律制度方面包括律师制度方面也开始筹备建立起来，也开始讲究法制了。当时要宣传法律方面的东西，1956 年 5 月，在当时最有影响的人文社科杂志上（叫《学习》，现在早就没有了），我写了一篇东西，叫作《辩护制度》。在同一期还有郭沫若的一篇文章。总而言之，当时我自己还是比较努力的。

但是努力有的时候只是脑子一热，短期努力并不那么难做，难做的是有韧劲，就是要坚持。要自信，要努力，要坚持。就我个人来说，大致还能做到。

我还有个想法就是，如果光有这几项，有的时候可能还会有问题。根据我当时走过来的这一段路，自己回忆起来，客观上符合了这样一个状况，我把它看成自己的一个人生体会，就是要低调。如果你有一个明确的目标，你努力了，也坚持了，你可能出成绩，但是这里还有一个态度的问题，如果你对个人取得的成绩过于高兴，沾沾自喜搞得不好可能会出问题。我第一本论文集，叫作《刑事一体化》，就是北大出版社出的。北大出版社的编辑跟我关系挺好的，他对我说储老师你能不能写成专著，我说我写不了长文章，我说如果你们感兴趣，就把我的文章，有几十篇文章凑在一起出本书。在我的论文集的自序里，我做了一些真正的思考，体现了一些我人生的轨迹。这就是说一定要清楚地看待自己，一定不要跟别人比。跟别人比，一般是跟有名望的、有成绩的人比，根据我自己的经验，这个容易出差错。搞得不好就会性急，一性急就浮躁，一浮躁各种问题就出来了。包括学术上的东抄西抄，把别人的东西当做自己的东西，就会出一些虚假的东西。根据我的性格，对于我的同行，比我有成绩的，比我高的不少，我看到的时候我也不觉得嫉妒，我也并不觉得一定要超过他和他看齐，当然这对自己来说也可能是个惰性，好像自己不求上进。但是从另一方面来说，这倒让自己更加清静，有的时候老要和比自己高的人比，去追赶，有的时候要不就是伤了自己，要不就是出了其他问题。但是呢，又不能说是混日子，所以我觉得要比还是和自己比，自己的现在和过去比，我觉得这一点自己有这个体会。1958 年 1 月我就离开北大了，到 1978 年“四人帮”倒了以后，我又回到了北大。我当时给《法学研究》投过稿，投了三次，三次都给我打回来了。（笑）那么我觉得另外一种比不会出问题，就是自己和自己比，自己的现在和自己的过去相比，这样我们就会看到，我现在和过去比是进步了还是退步了，退步了就要警惕自己，进步了则还有可取之处，这是作为自己的一种动力。刚才讲的低调，从另一个方面讲就是不要急躁，不要总是和有名的人去比，根据我的经验这可能是弊大于利。所以如果谈到人生的经验，这四个方面大致上还是要能做到。要自信，要努力，要坚持，要低调，这个不知道对年轻人来说有用没有，但是至少对我个人来说是有用的。

问：储老师您说的这几点对我们青年学子的成长来说非常有指导意义。您刚才说您年轻的时候学的是俄语，而后来您去美国做过访问学者，您能给我们介绍一下这段经历吗？

答：我是江苏常州人，苏南的经济发展很厉害。江苏省曾连续 10 年 GDP 居全国第一，发展一直都处于全国的前列。当时我小学五年级就有英语，后来初中三年在常州中学上学，当时是整个江苏最著名的三个中学之一。后来，解放了，外语课就没怎么好好上了。1958 年我离开北大，后来到工厂待了两年。两年以后，说大学放下去的人不能老在工厂，于是我就被分到一个中专学校去了，叫化工学校。当然我教不了化工，我也不能教自然科学。化工学校一般文科还有政治，有语文，有外语。根据我在“反右”期间的一些情况，到了中专学校，数理化我不能上，文科政治不能上，语文也是有阶级性的，就剩下外语了，外语一般来说没有多大阶级性，于是就让我教外语。当初自己去教外语的时候，“半桶水”也说不上。但是我这个人还比较努力，你让我干的工作，我愿意干，我就必须把它干好。所以干了两三年，对我的收获很大。一边教，一边看，张道真写的那本挺厚的英语语法，我都非常熟。哪个问题在哪一页我都知道，那些语法我弄得非常熟。同时我也记单词，当时单词量也能到 10 000 左右。

20 世纪 70 年代末到 80 年代初，不是北大与美国有交流吗？当时法律系有两个人，算上我一个，还要有个考试，不论文科理科都要进行英语考试。那次考试是在下午 2 点，我记得是下雪天，那天中午我和同学在食堂吃饭，还喝了啤酒，喝多了晕晕乎乎的，在那儿他们坐着聊天，我躺了一会儿，后来到了 2 点 10 分，他们拍我肩膀说怎么还不参加考试，考试已经过了 10 分钟。那些考试对我来说是小菜一碟，语法什么的我都不用看，据说考试成绩相当不错。我们十多个人通过考试，一起去美国芝加哥大学。当时我阅读能力相当不错，但是是哑巴英语。英语系的老师的口语相当棒，我是法律系的，一般的普通会话我都跟不上，但是我个人比较努力，我总共在美国学习一年零一个星期，在美国待了 10 个月的时候，我到普通家庭吃饭，交流都没有问题了。比如说“dinosaur”虽然二十多年了，但我还记得，包括“crocodile”（鳄鱼），我还记得，前年去深圳开会，英国人问我这是什么鱼，我说是鳄鱼。有的时候个别的词记得很牢，但是现在很多词我都忘了。

问：您的《美国刑法》这本著作是不是和您在美国的这段学习经历有很大的关系？

答：对。《美国刑法》，现在出了第 4 版。现在台湾有两个年轻的教授，三十多岁，他说我的《美国刑法》如果再出新版的话寄他一本，后来我也忘了。关于《美国刑法》，我当时想，在美国待了一年零一个星期，总要做点什么呀。于是我就整理在美国期间收集到的资料，因为要开外国刑法的课。我差不多一天写两千字，一个星期就一万多字。第一版二十多万字，不到五个月就弄出来了。第一版非常潦草，没有找其他东西。第一版我以介绍为主，没有自己的想法，主要是怕别人攻击。第二版的时候，加入了自己的评价和想法。

前几年的时候，梁老师、白老师（白建军教授，储老师高足——访者注）还有法大的王平这几位教授，说要把我的论文进行技术处理。最后他们弄出来一个专著，让陈老师（陈兴良教授——访者注）写了一个导读，里面有一句话让我印象深刻，说“储老师写的这本书是写给中国人看的”。这句话基本是肯定的。但是，这里头还有缺点，我是用中国人可以理解的思维方式来写，要百分之百的不走样，很难说。比如刑法犯罪论体系，不是只有中国的四要件、德国日本的三阶层，还有英美的两阶层。两阶层这个说法，其实我是在《美国刑法》的第二版还是第三版开始提出的。实际上美国人没有说过这个东西，是我说的。三阶层的核心问题，是放在谴责可能性，罪责是三阶层的核心问题，比较多地在出罪。美国的刑法，从司法和立法来看，尽管从刑法上来看有行为、有故意，但在司法实践中，美国的律师非常厉害，只要攻破一点，检察官的一切都泡汤了。美国人没那么说，但是司法实践是这么做的，从对抗式的司法实践来看，把犯罪成立分为两个层次，从本质上来说并不违背美国的法律精神。

从英美的思维理性来看，是实践理性；德国、日本是理论理性。德国、日本是教授刑法，英美刑法是法官刑法，它们的重心是不一样的。我和陈老师他们说，宣传德国、日本的观点是很有必要的，但是我也对另外的人说，学习英美也是非常重要的，这样才能平衡。现在的知识转型，我们还是缺了一条腿，更多的是犯罪论的转型，由以前的注释刑法学，到现在的解释刑法学，或者说教义刑法学。陈老师用的教义刑法学，王老师用的信条刑法学，张明楷的释义刑法学，后来也说解释刑法学，都差不多，反正都是通过解释刑法，不要表面上粗线条的，要深入。要深入的话，就用到我的刑事一体化，要融合刑法部门，弱化学科界限，打通刑事法之间的隔阂。事实上现在也在这么做，解释的时候不仅要引用刑法规范，有的时候也要用宪法精神之类的。从解释的深度和广度来说，完全用狭义的刑法规范来解释刑法的话，那就仅仅是 20 年前的注释刑法。现在的解释方法，就是要消除学科的隔阂，就是我说的刑事一体化。现在的刑法知识转型，是钟情于德日刑法的学者做得比较好，其他很多学者没有投入这种努力。对于刑法的犯罪论这一块的知识转型，做得不错。

还有一块刑罚的理论，单单看德日理论远远不够，应该再关注英美的理论。比如说刑罚制度、量刑制度。比如刑罚的法定刑规定 3 年以上 10 年以下，立法凭什么这么规定呢？这谁研究过呢？肯定有学问。如果从极端来说，所有罪最高刑都是死刑，一般来说所有人都怕死，为什么不规定都是死刑呢？它有分寸啊，有的最高刑是死刑，有的最高刑是 7 年，有的最高刑是 3 年。为什么这么定呢？肯定有道理。有人说底限是以一般预防为标准，有人说上限是以特别预防为标准。这有点似是而非。这是重要的问题，但没有人研究过。说实在的，刑法有罪和刑，从刑法立法和刑法司法来说，刑比罪更重要。罪是肉体，刑是神经。刑罚是刑法的中枢神经。而研究刑罚，当然术业有专攻，一个人能研究一个领域也不错。作为一个国家，从学科发展来说，应该平衡。在中国的刑法学研究中，犯罪论研究在加深，我没有说犯罪论的研究到头了，可以继续深化。但更要号召大家研究刑罚。犯罪论谁最有兴趣？学者最有兴趣，在书斋里面就可以研究，不需要接触实际。而刑罚谁最感兴趣，老百姓、罪犯，包括刑事被害人，罪定错了，刑没问题，他没意见。但是如果罪名说得过去，刑罚给得不够恰当，罪犯有意见。公众更多关注的是刑罚，学者关注的是犯罪论，当然不能要求所有学者都去关注刑罚。总的来说，对于国家学科发展而言，应该有一个平衡，这样，从宏观来说，会更好。美国刑罚要进一步研究。包括德国学者，也承认刑罚制度包括犯罪学，英国、美国的研究走在前面。也有人说英美刑罚没有什么理论，这个我在《美国刑法》第二版就提到，理论有很多的标准。

问：现在很多书之间都是你抄我、我抄你，往往是低水平重复，观点极其类似。这在我们看来是学术的悲哀。但反观储老师，则大有不同。您曾经提出了很多具有穿透力的观点，比如刑事一体化、罪刑关系，直到现在还为学界所争论。我们想知道，您是在什么样的契机下或者说什么样的背景下来思考并提出这些观点的呢？

答：我如何想到“刑事一体化”这么一个名词的呢，当时有个“欧盟一体化”，后来说出来是一个笑话，但是就是这么回事。有时候想起来就是这么点事情，有时候就记下来了。做学问就是多看多写多想。每个人每天都会有新的想法，只要留意，就会有点想法。比如犯罪概念的定量因素，在 80 年代末 90 年代初，我给《法学研究》投了一篇东西，七八年里都没有人理。最近几年中国关于犯罪的定量和定性问题，就开始变成为一个重大的问题。像有些问题，我还在考虑，比如刑法契约化。我现在还在考虑，是不是可以批判我们当前的刑法制度，批判我们的刑法。我当时就想，法官在判决的时候，入罪要强调合法，出罪要强调合理。第一句话没有问题，第二句话我就有点想法。整个国家，关键要看老百姓。比如刑法，老百姓如果觉得刑法与他们的想法不一致，就会存在问题。在外国，老百姓对法律有一种信仰，是非常本质的。现在中国对法律缺乏信仰，说明刑法和老百姓不通。所谓契约，当然不是民法主体的契约，而是国家制定法律，主体是国家，要老百姓遵守，遵守主体是老百姓，那么两者间权利义务应该有一个平等。契约就是权利义务的对等关系。从过去的刑事政策、立法方面来看，是存在问题的。比如过去搞“严打”，没多少收获，就搞了“宽严相济”，其实就是对“严打”的纠正。这么说刺激性太大，我就说“宽严相济”是对“严打”的理性反思，这样说起来比较文绉绉的。但是只有这里面的根本性思考，才会触及问题的本质，才会让它摇晃。

问：那您后来所说的严而不厉的刑罚结构，是不是也是对“严打”的一种反思呢？

答：当时我对“严打”的做法非常反感。当时上海有个工厂的男工和女工吵架，没说什么好话，后来把衣服撕破了，女工上身就露出来了，男工就被判了死刑，流氓罪当时可以判死刑。好些案子现在看来都是非常不可思议的。

问：现在死刑是一个比较热门的话题。对于中国现在的死刑问题，您有什么评价呢？

答：死刑问题，说起来是一个很复杂的问题，很难说是经济、社会文明问题。泛泛而谈，美国、日本经济发达不发达呢？尽管我国的GDP比日本的高，我们的人口是日本的12倍。美国、日本都有死刑，不管怎样都有死刑，尽管执行的数量上不一样。所以这很难用一个经济水平啊什么的来解释。人口指标，凡是人口在一亿之上的国家往往都有死刑，事情多、复杂，国家难管理，刑法是国家管理的一部分，最快能见效，投入成本最低。从这个意义上来说就好说了，美国、日本都有。俄罗斯为了想加入欧盟，所以没有死刑。很难用文明来说，也很难用人权来说。关于人权问题，我认为人权应当宣扬，有的时候人权大家说多了，我感觉有人权迷信。有个别文章把人权说得过头了，我也不能接受。打个比方来说吧，一个人把另外一个人恶狠狠地杀了，你说对杀人的人就不能适用死刑吗？杀他就说明没有人权吗？如果这么说的话，被杀的人岂不是活该被杀了？所以我觉得，泛泛地用人权来说明是存在问题的，总还要有一些具体的说法。就事论事吧，针对当前新出台的《刑法修正案（八）》，有些人说这次废除的死刑罪名是空的，也没有少杀人。同时，徒刑又增加了，是重刑化趋势。这个也不是没有道理，但是我觉得，以此来贬低《刑法修正案（八）》，我是不大认同的。尽管废除死刑的这13个罪，以前杀的人很少，但是这是一个方向。我给《刑法修正案（八）》上个纲，13个罪共同性在哪里？就是经济性非暴力犯罪。我就上纲，这趋势说明经济性犯罪适用死刑不具有正当性。死刑是与命有关系的，生死两重天。集资诈骗案吴英被改判死缓，这是司法正义的体现；但在吴英案之后，仍有此类性质的被告人被判处死刑。

问：您提到这个民意问题，跟最近梁根林教授主持的项目有些关系，即调查死刑和民意的关系。对此，您有什么看法？

答：说实在，民意问题相当复杂。笼统来说，我们只要根据法律来办事，我觉得就是代表了民意。就像刚才说的，法律是什么？法律是国家意志的体现，我们国家又是人民的国家，国家的意志就代表人民的意志。因此，法律就是人民的意志，就是民意。我觉得这个在道理上能够说得通，但是无法解决问题啊，你说是不是？话说回来，在这些不涉及人命的死刑案件里，你不适用死刑，老百姓不会闹翻天。因为在中国老百姓那里，“杀人偿命”的观念还是相当根深蒂固的。当然现在有一些案件，尽管出了人命，法院也没有判处死刑，老百姓多数也接受了。但是不管怎么说，如果你像李昌奎那样的，我觉得不适用死刑是不合理的。我的观点是，已经生效的法院判决，如果没有特别大的错误，就不要轻易地改判。错就错，错下去，这样就维护了法院判决的既判力，在客观上这是有好处的。我们现在的法院判决，一会儿改判一会儿再改，老百姓都不信了。如果坚持法院判决的既判力，久而久之，尽管可能出现一些错误，但是形成一种只要不是明显错误的判决就不会改判的（司法环境），我觉得这样肯定是利大于弊的。像李昌奎那样的案件，既属于“罪大”，也属于“恶极”。

问：2006 年左右的时候，老师您指出我们已经进入法定犯时代。然后我们就想知道，老师对我国刑法以及刑法理论的走向，有什么看法。因为，当前我国刑法研究处在一种“战国时代”，就是各种理论异彩纷呈、百家争鸣。当前比较强势的当属效法德日大陆法系的学派。老师刚刚提到不能偏废其一，也要关注并研究英美的理论。老师之前的一些观点非常具有前瞻性，由此也反映出老师思想的穿透性，因此想听听老师对未来学术发展的看法。

答：从刑法学理论或者刑法学者来说，应该说，犯罪论最容易出彩。在犯罪这里头呢，自然犯更容易出彩。因为自然犯相对来说比较单纯。你看，一般的自然犯，比如杀人、放火、强奸，都规定在刑法典里头。海关法、税法都不规定，为什么？（自然犯）叫作一次性违法，一次性违反了千百年来人们形成的伦理道德观念。所以，法律没有特别规定的必要。调查他、侦查他，一来比较简单，二来这类犯罪的危害性也比较明显，杀人、放火等，从它的恶性上来说是显而易见的。自然犯有这样一些特点，在这里我不是批评学者，而是说学者不需要更多地进行犯罪学意义上的调查，就能够发表意见。人都是倾向先做比较简单的东西，先易后难嘛。你看，法定犯就不一样，不是人们一看就明白或者理解的。打个比方说，比如交税，老板辛辛苦苦赚了 10 万元钱，应该缴纳 1 万元的税钱。这 10 万元钱是他辛苦劳动所得，他不舍得将其中的 1/10 上缴，这也是很能理解的。对不对？这与偷的行为性质是不一样的。在逃税罪修改之前，罪名是叫偷税罪。十多年以前我就对立法者和司法者说过，这里用“偷”不合适——偷东西和不缴纳税款是一回事吗？偷东西是将别人合法财物非法地变为自己的，而偷税是把自己应缴财物拒不交出，这里明显存在差别。所以《刑法修正案（六）》就将其更名为“逃税罪”。另外，诸如知识产权方面的犯罪，与杀人、放火等犯罪的差异是有天壤之别的。这些法定犯之所以在我们看来很复杂，是因为这些行为首先是违反了刑法以外的其他法里面的规范。你看，逃税罪中就包括什么时候要报税、什么时候要交税、交多少税等，规定得非常具体。当你该交的税金不缴纳或者所欠数额较大时，我就说你是犯罪。在这种情况下，你要调查他、侦查他，就必须查看其报税的情况，而不能凭空来判案。《刑法修正案(八)》中涉及一小部分经济犯罪，经济犯罪是由公安部二局，就是经济犯罪侦查局主管的。他们普遍反映的就是我国刑法中有关经济犯罪的罪状表述得太简单。以专利犯罪来说，我们刑法仅规定假冒专利“情节严重”。什么是专利？它有三个类型，每个类型的要件是不一样的。什么是假冒？假冒在不同的场合会有不同的解释。那什么是情节严重？就更不好说了。所以，我们的假冒专利罪就只有8个字，根本不管用。因此，我们中国每年也办不了几件这样的案件。为什么？因为刑法的所谓规定根本不起作用。你看台湾地区“刑法典”，它里面没有这个罪。它规定在“专利法”之中，一共9个罪名——3种类型的专利各3个罪名。同时也有比较具体的一些罪状，另外还有相应的法定刑。因此，在台湾地区，法官碰到这类案件觉得不难办，相反，我们就不行了。

我们为什么不行？这个问题说起来就深了。世界上很多的国家和地区，只要需要，各种法律（当前包括刑法以外的法律）都可以规定罪和刑。我们能否说这太乱了？一齐规定在刑法典里多省事？这么一来，于是我们对刑法进行了简单化处理，就是所谓的一元化。可这恰恰是不可行的，早晚要进行改革的，5年还是10年，说不太清楚。我的意思是说，法定犯侵犯的社会关系，也就是我们现在说的法益，比起自然犯而言要复杂得多。自然犯侵犯的法益无非是身体健康权、生命权、财产权以及社会风俗。法定犯则不然，它侵犯的是秩序、管理，都是复杂的东西。秩序是什么？不是死水一潭，是动的相对的静止，秩序是动静的结合。秩序是指在其范围内使动的东西有规律地运动，而不是无规律地盲动。秩序不是不动，如果秩序不动，那就不是秩序了。秩序是包含动的，只不过不是乱动而已。这里的动，就跟权力、利益等社会关系相互牵扯。像自然犯中的杀人、放火，侵害的关系范畴就是加害与被害双方；而经济犯罪、破坏秩序、职务类等犯罪，则牵涉众多主体，涉及不同的关系范畴，太复杂了。由此可见，法定犯和自然犯发生的领域是不一样的，侵犯的社会关系或者法益也不一样，因而研究起来就比较复杂了，于是就成了学者研究的“短板”。

问：您刚才谈到的关于自然犯与法定犯的问题，与此相关的是不是还涉及刑法学方法论转型的问题？

答：对，你说得很对。就犯罪论体系来看，德国是比较保守的，保守在什么地方？在德国刑法的犯罪构成中，其主体只承认自然人，不讲法人。法人成为犯罪主体是一种重大的突破，犯罪主体由一元变成二元。自然犯的时代没有这个问题，没有法人的事。当主体从一元变成二元时，范围就扩大了很多。行为方面，自然犯就是作为和不作为嘛。在我国刑法里还有持有，有人统计有近三位数之多，美国就更多了。持有，认真说来，德国和日本都不承认它是一种独立的行为类型。说实在，理论必须保持与时俱进的特性，持有与典型的作为和不作为都是不一样的。主体的二元化、新的行为形式的出现都意味着巨大的变化。

另外，还有罪过形式，最初不就是故意和过失吗？注意，美国的“reckless”（轻率）是非常有道理的。轻率，你们仔细分析，是将我国的间接故意与有认识过失杂糅在一起的。现在在我们司法实践中，很难把间接故意和有认识过失进行区分，老是扯不清楚。理论上好说，根据行为人的目的，但实际上，你扯不清楚。司法实践如果有这么一个“轻率”的概念，那么就没有必要纠缠这个问题了，多么节省司法资源啊，多省事啊。这样既不会冤枉好人，也不会轻易放纵作恶者。你看《美国模范刑法典》中的这个轻率（reckless）挺有道理的。我跟我的博士生合写的有关复合罪过的论文，大家都不承认。以前我写这篇论文，很多学者都进行批判。但是《刑法修正案（八）》以后，复合罪过就被立法者和两高（最高人民法院与最高人民检察院——访者注）认可了。我提出“复合罪过”概念已经有 14 年了吧，好多人批评。我说我等待，等了 14 年，《刑法修正案（八）》的出台，两高的司法解释也予以了支持。

再比如说，关于法定犯，刑罚不应该太重。因为它侵害的法益都不是太重要的关系，侵犯了秩序、管理等，不是要人家的命之类的。现在法定犯的数量，在绝大多数国家远远超过自然犯的数量。自然犯，全世界来说，就一二百个。而你看美国有多少个罪名？没有一个美国学者说得出来。有人说这是因为美国大。那你看日本，日本就这么一个三十多万平方公里的小地块，但是也没有学者能说出来它们有多少罪名，因为法定犯都规定在刑法以外的法律里头，太多，说不清楚。这就涉及自然犯和法定犯的比例关系，就引出了二者的结构关系。数量关系发生变化了，结构就会随之发生变化。结构是决定事物的性质的，数量又决定了结构，量变引起质变。这个道理挺清楚，比如说工业、农业、商业，自古就有，3 000 年以前有的国家就三者均有。那为什么说这些国家都不能叫做工业社会？工业社会和农业社会是有性质差别的，性质差别的依据就在于数量的不一样。工业在整个产业中占主要比重，那就是工业社会；农业在整个产业中占主要地位，那就是农业社会。农业社会和工业社会的区别就在这里，这是量变在起作用。所以，我提出我国刑事立法既有定性，又有定量。提出的时候只想到一半，现在越想我越觉得我这一观点挺不错，依然坚持——“量”是极其重要的。从法定犯的刑罚配置来看，一般都是轻刑。而现在我们是重刑结构，什么道理？自然犯占很大的比重。由此可以看出来，我们对刑罚的轻重也大有研究的必要。我所谓的“严而不厉，厉而不严”，研究的就是这些问题，而且都是值得继续深入研究的。

当然，我再讲一点，关于法定犯以及刑罚论的研究，与自然犯的研究以及犯罪论研究相比，它是比较费劲的：涉及的范围比较广，指向的社会关系比较复杂。这是学者的短处。我曾经就和一些学者说过，你要出名，你就在这方面多考虑考虑。（笑）一般来说，已经成名的教授形成了一定的学术习惯或者说学术惯性，他就倾向考虑自然犯的问题。但对于年轻人而言，如果有意识地注意这些方面，我觉得会有比较多的学术含金量。

问：不知不觉聆听老师您的教导已经两个多小时了，老师应该已经疲劳了。

答：呵呵，我倒是没什么问题，一般现在讲课也是 3 个小时连续讲下来的。和你们年轻人聊聊天，我也觉得很高兴。

采访者：通过这短短的两个小时，我们受益匪浅、感受良多。再次感谢储老师能够接受我们的采访。祝储老师福如东海水、寿比南山石，愿老师夕阳别样红。

在学术与生活，博雅与专精之间

——访吴飞教授

［学者简介］

吴飞，1973年出生于河北肃宁，现为北京大学哲学系、宗教学系教授，研究领域包括基督教思想、宗教人类学、中西文化比较研究等。著有《心灵秩序与世界历史：奥古斯丁对西方古典文明的终结》《自杀与正义：一个中国视角》《浮生取义——对华北某县自杀现象的文化解读》《自杀作为中国问题》《自杀与美好生活》《麦芒上的圣言：一个乡村天主教群体的信仰和生活》等。

人文社科的问题在于过度国际化

问：很感谢吴老师在答辩季抽空接受我们的专访。看到您的学生接待时间是上午9点到12点，我们在这个时候过来又占用了您不少时间。

答：没关系。大家随意聊聊吧。

问：我们知道您在学生阶段跟《北京大学研究生学志》有过一段渊源，曾担任《学志》副主编。不知道能否跟我们分享一下那段时间的经历以及其中的收获，比如办刊的经验之类。我们现在编辑《学志》也很需要借鉴前辈编辑们的经验。

答：《学志》是从1999年开始叫做《学志》的，其实我们那个时候，它叫做《北京大学研究生学刊》。我硕士阶段在《学刊》

的时间是 1997 年到 1999 年。我离开后，《学刊》就因为政策原因需要改名。从 1995 年贺照田担任主编后，《学刊》发生了比较大的变化：1995 年进行内容变更，1996 年进行版式风格调整以及精心设计栏目，逐渐加入笔谈式的“专题研讨”，1998 年确定现在的《北京大学研究生学志》这个刊名的书写和内容版式等。四年中，《学刊》提升到了可以跟综合性人文社会科学刊物一较高下的水平，所刊文章引用率很高。比如当时《读书》杂志的“文事近录”栏目便经常摘录《学刊》论文，进行介绍。这里面，贺照田起了很大作用。当时很多编辑，包括 1996 年的主编杨立华、1997 年的主编李四龙以及现在三联书店的舒炜、社会学系的周飞舟、哲学系的李猛和我等，我们这些人最初是因为贺照田直接召集或间接影响聚集在一起，编辑《学刊》。关于这段历史，清华的赵晓力老师写过一篇文章叫《无形的学院》，你们可以参考。那时我们虽然来自不同院系和专业，学科背景有文史哲，也有法律、社会学、经济学等，但会关注相似的话题，阅读相似的书籍，有共同的对话平台，互相交流几乎没有障碍，现在依然是很熟的朋友。

问：那就是说，你们当时通过《学刊》的编辑，形成了一个“学术共同体”?

答：应该说本来就有一个学术共同体，通过《学刊》加强了学术上的联系。你们问我在《学刊》的收获，我觉得其中很重要的就是我现在深入研究的很多基本想法是在当时形成的，在跟不同专业背景的《学刊》编辑们的讨论中形成的。可以说，这个学术共同体一直持续到现在。但这种风气，我觉得是现在所缺乏的。现在的学生，别说不同院系之间很难深入对话，即便是同一专业，比如哲学专业不同方向之间，也很难很好地进行交流。

问：吴老师是在硕士毕业后就出国读博了，当时是基于怎样的因缘？

答：也没什么特别的原因，就是各种条件正好碰上，于是就出去了。

问：您在哈佛读了博士，应该会对中美的高等教育有所观察，不知您怎么看两国的高等教育情况。

答：这个问题其实不好谈。老实说，我的感觉是，就平均水平而言，美国的一些高校，比如哈佛，可能会高一些。但如果从学生最高水平来说，很多美国高校并不如中国，其中包括西学研究。而且，只就学术研究而言，我认为哈佛、耶鲁、哥伦比亚、斯坦福等老牌名校目前都乏善可陈。这主要是指他们思想的创造性和活跃程度。活力比较强的是芝加哥、密歇根以及伯克利等。但是，一个大学的意义，不仅仅是学术研究。每个大学都承担着不同的功能。比如哈佛代表了美国比较传统的自由精神、清教徒精神，麻省的标志说法就是"美国精神"（Spirit of America）；耶鲁本来就不特别重视学术，它们重视政要的培养，掌握美国的政治命脉。拿芝加哥与哈佛比较，东部的哈佛代表民众的、表面的美国精神，中部的芝加哥就代表更隐秘的美国精英的思想来源。这种精神与东部互为表里。但美国西部又很不一样，是很明显的左派大本营，而且是比较活跃的左派思想。

问：您提到左派思想，社会思想跟专业之间是否会有些特别的联系？

答：这种联系并不确定。不过，我感觉左派通常在文学系、人类学这些专业比较多，保守派则通常在政治哲学这些专业。

问：前面是就总体而言。如果具体到北大与哈佛的博士生培养，您如何看待其中的异同得失？

答：应该说美国的博士生培养制度的确比较健全成熟，在它们的制度下，能够保证博士生的基本训练和知识结构的形成，阅读量、学术规范有保障，学术能力得到培养。在国内，这些方面有待磨合。举例而言，中国现阶段基本不可能淘汰博士生，就难以保证博士生的最低质量要求。但是我相信，现阶段中国的人文社科研究有非常强的活力和创造力，有可能产生非常伟大的成就。

问：您为什么有这样乐观的判断，感觉我们这些年轻的学人对中国当下人文社科研究的现状反而比较悲观。

答：因为我认为，我们感觉不好的地方可能正是因学美国而来。很多问题来自过度国际化和专业化。比如我前面提到，在我研究生阶段，很多学科可以讨论同样的问题，但现在同一领域都很难对话。以哲学专业而言，别说中西哲学之间无法对话，甚至西哲不同方向间也难以对话。学科专业化造成知识碎片化，这样的研究可以很精专，但对其他学科产生不了影响。不过，这其中有克服的可能性，只要我们的头脑能清楚起来。

问：您所说的“头脑清楚起来”有怎样的指向？

答：我觉得 20 世纪八九十年代就跟现在的状况不同。当然也有自己的问题。例如，80 年代的问题是有问题、有理想，那时候是不够专业化，过于空泛而落不到实处。90 年代，学者们继承了 80 年代的问题意识，在专业方面又比较精细。能继承问题意识，专业方面又比较精，现在则是把 90 年代的倾向过于极端地推进，丧失了原来的问题意识。我认为比较好的解决方式是掌握问题意识，保持学术界和思想自己的问题意识，不能陷入细枝末节，过度盲目地学习国外大学的模式。研究思想方法学习国外没问题，找到自己的问题并不意味着封闭。在西学方面要花相当的精力，但在学习中不能丧失自己的主体性，完全变成对别人的模仿与复制。

问：这就牵涉现在学生们特别关心的留学问题，有不少老师感慨，现在学生学习英文的热情远远高于专业学习。也有不少学生为出国而出国，显得颇为盲目。您是如何看待这样的现象？

答：确实，这是一个很矛盾的问题。我前些年刚回国时，非常不主张学生出国。因为从学理上说，出国并没有多大好处。如胡适 1912 年写的《非留学篇》就提道："留学者之目的在于使后来学子可不必留学，而可收留学之效。是故留学之政策，必以不留学为目的。"留学是为了终止留学，不应该成为常态。但从当今现实而言，学生们对留学趋之若鹜也是无可奈何。因为一进入找工作环节，国外回来的往往更有市场优势，所以，教育策略逼迫着学生们不得不选择出国这一方式。我要强调的是，出国之前一定要形成自己的问题意识，在出国之后也不能完全被国外的教育制度牵着鼻子走。因为即便是优秀的国外学者，他们的研究依然是基于本国而非中国的问题意识。

问：既然如此，您是否赞同近期热炒的"不要把北大办成第二个哈佛和剑桥"？网上有很多争论，褒贬不一。也有很多人拿它跟"世界一流大学"的口号比照，认为前后矛盾等。

答：我很赞同北大不应该做成哈佛。这样的期待比笼统地说"世界一流大学"清晰很多。

以中国文化为核心的问题意识

问：我们聊了好多学术共同体或学术环境等话题，那我们该如何定位学术在自己生活中的位置呢？有的老师说读博过程如果没有痛苦就不完美，但您也曾在为哲学系同学举办的讲座中强调首先应该有自己正常的生活，然而常有的情况是学生容易走极端，或者敷衍学术，或者敷衍生活，无法把握学术与自身的适当距离。您如何看待当代学生读博或科研的心理状态？又会给大家怎样的忠告？

答：在我看来，学术工作跟其他工作没有什么实质区别。我一直认为学者应该是正常人，不应该比别人更“怪”。做学术不是要过一种跟别人不一样的生活。做学问时，也要处理人与人之间的关系，处理工作中的负担，这些压力或动力与其他工作并无二致。

问：可是回到现实，总会面临挫折和困难。您是不是有特别的解压方式。记得您在《自杀作为中国问题》后记中曾提及，自己当年带了两本书去美国。是否那两本书对您有过特殊的帮助？

答：哈哈，不是，没那么玄乎。我带了一本海子的诗和一盘古琴的磁带。也是随手带上，并没有特别的原因。

问：许多硕士、博士会有课题选择困难，或因过早确定了自己的研究方向而视野不够开阔。而您则能够在哲学、社会学不同领域之间转换。不知您当年是如何确定了自己的方向，并实现自己的学术转型的？

答：其实我最关心的问题并没有什么实质的变化，只不过题目在变化。朋友们当中有一种说法，说我是在哪个系就不做那个系的专业学术。像我本科在社会学，读了不少哲学书。硕士到哲学系又做了社会学的研究。博士阶段确实做了一个人类学的研究，但当时重点读的书和学的内容都不是人类学。当然，回国之后我觉得我还是比较“忠诚”的。确实，我在每个阶段的研究有不同的重点，关心不同的具体问题。但都围绕比较核心的问题，没有什么变化。在人类学和社会学中，真正关心的都是文化，是宗教研究。当时做的人少，现在做的人很多。做自杀研究，因为它看上去是一个社会现象，实际上我的核心关注还是在文化。这些不同问题本质上是互相关联的。

关于这个话题，可以稍微介绍我不久后会在三联出的一本新书，从这本书可以更清楚地看到我前面几项研究之间的关系。那本书的主要入手点在人类学理论，但其实想讲出人类学家关心的问题背后的哲学根源。

问：不知可否告知我们书名？

答：书名还没有想好，讨论的是人类学家讨论比较多的问题：母系社会、乱伦禁忌、弑父。这三个话题是19世纪后期到20世纪60年代西方人类学一直集中讨论的问题，都跟人伦家庭有关。在这本书中，我有一个长篇序言谈到，“五四”前后对人伦的批判及其后对“母系社会”观点的接受。我一直认为这一观念在现代的确立对中国社会文化起了比较大的作用——我们后来比较重视的新儒家的思想对现代中国的建立起的作用反而不是很大。但郭沫若等提出的社会发展史的思潮，即西方社会观念被中国接受却是很重要的点。就现阶段的研究看，大家较为容易地否定了关于社会发展阶段中封建社会阶段、奴隶社会阶段的讨论，但对原始社会的看法一时之间却很难改变。因为就论述逻辑而言，社会发展史五个阶段，即便中间三个都被否定，只要原始社会不被否定，就仍然存在很大问题。原始社会是母系社会，对母系社会的看法与“五四”的社会文化批判紧密相连。我认为，“五四”对“三纲五常”的批判并没有超过古代的水平，真正颠覆中国人传统家庭观的是在母系社会观念提出并成立之时。但有意思的是，当郭沫若等人接受该观念时，西方人类学界早就否定了它。于是中方和西方的讨论便基本平行地演进。至于乱伦禁忌和弑父的话题，有必要先说明，弑父和娶母是两回事，后者是乱伦禁忌。对这两方面，西方人有同样的焦虑。我以为，这三个问题从表面看，母系社会牵涉母子、父子关系，乱伦禁忌牵涉夫妻关系，弑父则是一个政治问题。但它们都是从人伦问题衍生出来，恰好对应中国伦理讨论中的三纲。当然，中西方对母系社会的理解很不一样，因为不一样反而不容易被推翻。所以我这本书的主体是讨论西方为什么讲述并且这样讲述这三个问题。其根源在亚里士多德，在古代哲学对家庭政治的看法。

问：我们是否可以认为，这本新书是您之前在不同领域的心得总结？

答：可以这么说吧。本书是面对人类学的问题，采用哲学的讨论方式，关心的问题跟《浮生取义》连着。因为《浮生取义》的最后一章谈到"五四"，这本新书便接着这一章的讨论继续。

问：从您对这本新书的介绍，我们能感受到其中对社会、国情的关注，绝不是简单的书斋化的讨论，但却保持着学理上的清醒。常有人说学术向内发现自我，向外发现世界。但而今学术环境的浮躁也仿佛是不可回避的问题。书斋与现实的距离，人文学者介入社会的尺度很难把握。您是如何从自己的学术判断出发，以合适距离来观察当下的？因为您曾说"我们研究古代和挖掘古代不是为了复古，而是对目前有一个更好的解释。使之和目前发生作用，而使得我们现在的历史能向更加有序的方向发展"。我们也看到您既阐释着西方宗教问题、人类学问题、中国古代礼乐文明，同时反观着中国的现代处境，如《婚姻法》修改、丧礼改革，包括前面提到的社会发展阶段等极具现实意义的议题。

答：针对这个问题，我是同意专业化的。因为很多现实话题都无法泛泛而谈，都需要专业化的研究。可以说，我研究的基本模式的形成还真是在美国做自杀研究时。写作《麦芒上的圣言》是一个序曲。这点上，我可以具体谈谈自己思考和写作的过程。自杀是一个很现实的问题。但我刚拿到这个题目时，并不知如何入手理解。所以就读了很多哲学书。为什么读哲学书呢？不是我故意不读人类学的专业书籍，而是希望找到自己理解自杀问题的入口。一开始，当然也会看前人的研究，比如涂尔干的著作，会更深入地阅读。与此同时，考虑到自杀是一个跟精神医学密切相关的现象，也会看更多精神医学领域对自杀的讨论。但是，在这些阅读基础上，我总觉得并不够，应该有更深的思想资源，于是不断往前追，追到现代精神医学形成的阶段，追来追去，就要弄清楚古代人如何看待自杀。于是很自然会对西方从古到今关于此问题的脉络进行梳理。于是顺理成章地写成了《自杀与美好生活》一书。这本书虽然是后来写的，但基本想法是在哈佛时形成的。在这样的阅读背景下，看当代中国就会看到很多不一样的东西，因而会思考其发生的缘由，会讨论中国古代的情况。但这些讨论跟西方有所不同，西方的讨论有明显理论线索，且有人进行过梳理考察。在中国，类似方式并不可行，而需要很深入地研究现实中自杀者的状况。所以我觉得做中国部分比做西方的难很多，也一直认为成功的经验研究比理论研究要难很多。可以说，自杀研究确立了我对古今、中西关联的框架。以后其他方面的研究基本上是对这个框架里的细节的深入挖掘和发展。

问：说到西方古代思想资源的话题，记得您曾提过“现代西方文明根本上是在人与上帝的关系中谈论人性”，能否跟我们具体讲讲这句话的含义。

答：对文明的理解我有一个分成三条线路的基本框架：一是

西方古代的希腊罗马，最基本的生存处境是城邦。在西方现代，人和上帝的关系是最根本的关系，这种关系又可以转换成人和内在自我、人和心灵以及人和社会的关系。这些都是人和上帝关系的另外的说法。在中国，这就是人伦问题。

问：是说要追回到“三纲五常”吗？

答：现在还不敢这么说。我现在的看法会对以前的说法有所修正。在中国的文化架构里，家庭很重要，但并不意味着在西方家庭便不重要——其实在任何社会，家庭都很重要。而且，也并不意味着中国的家庭生活就比西方的更稳定。我前面提到的新书还没往下说的原因是，中国的人伦观与社会政治文化等方面是联系的，西方则是断裂的。不能将中国的社会结构简单化为国就是放大的家，但家、国形构的类似性确实存在，也造成家、国追求的相近。西方就不同，个人、家庭、社会各自对最高追求的理解都不一样。我认为西方很多现代问题就是由这个断裂带来的。回到我的书，我要剖析的就是，为何西方在处理人伦问题时每个环节都会出现问题。比如父子关系原本好好的，为什么要说母子关系先于父子关系呢？扣上“母系社会”的帽子后，会带来很大的后果，会让所有人都认为还有一个比母系社会更原始的阶段。中国学者都回避这个问题，因为在母系社会之前会有一个群婚杂交的阶段，必然涉及乱伦，这相当可怕。但西方学者就反着理解，会认为乱伦既然是家庭伦理的起源，为什么后来反而有了乱伦禁忌？“母系社会”理论提出后，达尔文自己都发觉了其中的问题。既然猩猩是父系的，怎么到了人就是母系了。弑父这个问题可以追溯到古希腊，为了政治的稳定需要把上一代领袖杀掉。达尔文描述过动物如何完成继承，如老牛被年轻的牛杀死，这就是弑父。所以说，母系社会、乱伦禁忌和弑父三个话题中都有特别可怕的断裂。很多问题都跟断裂的思维方式有关。

问：革命的思想模式是否也是断裂的？

答：可以这么说吧。

做基于生活经验的学问

问：前面您把研究分成了理论研究和经验研究。那该如何把握理论和经验之间的度？是否还应该在不同专业内看待这个问题？

答：是，每个专业确实不一样。大部分人不会专业的田野调查，包括社会学专业专做理论的也不需要。但这并不意味着不需要现实经验。即便完全局限在古代领域，比如做柏拉图，也需要现实经验。至于具体如何解释这所谓的现实经验，我觉得其实都在学问之外，是自己对现实的感觉。比如人文社会科学研究跟理科不一样，即便是对古代理解也是建立在社会经验上，都跟生活中某个片段的理解有关，都要看对自己的生活经验有没有准确认识。

问：难道是所谓的“读万卷书，行万里路？”

答：倒也不用这么刻意吧。每个人都有自己的生活体验，并不用刻意去生活。关键是生活体验是否敏锐。比如在美国，进行美国当代哲学的讨论，老师就会举很多发生在美国的事情。但在中国，你进行美国当代哲学的讨论，如果依然举很多发生在美国的事情，就未必很合适了。容易流于空谈，讨论的都是别人的问题。其实你对自己的生活会有感觉，可以从中提炼适合自己的例子。

问：你提到生活体验的敏锐，如何培养这种敏锐度？

答：我个人觉得这不是习而能的，没法培养，可能涉及才智的问题。

问：那请问老师我们在平时阅读中如何将经验和理论关联？并将之融入自己的写作？比如我们的学校生活都比较简单，三点一线，很少接触真正的社会现实，所以讨论一些话题，像自杀问题就有距离感。

答：我觉得首先得有前提。比如有的人在生活中跟谁的关系都处理不好，就不太可能做好学问。他要有正常人的情感，能处理到这个年龄应该能处理的事情。随后是有没有可能通过读书更健全自己的人格。有毛病没关系，关键在于是否可能通过阅读和思考修正。所以这是必要非充分的前提，但在有了基本的做学问的品质之后，能不能把生活经验和读书联系起来，就显得很重要了。

问：所以说是问题意识吗？培养问题意识？

答：对，可以说是问题意识。完全没有问题也做不好学问。要有基本的人生经验和体验，从生活中发现问题，并可能借助学问的方式理解这些问题。

问：那这个问题是否可以延伸，是否工作后再回来参与人文社会科学的研究会更有优势？毕竟工作后社会经验会多一些。

答：没有没有，绝对没有。我并不认为进行人文社会科学的研究需要非常多的社会经验，而只是需要正常的社会经验。工作也只是正常社会生活的一部分而已。其实我们随时都在生活，都在和各种人打交道。

问：谢谢老师，我们还有些比较散的问题想跟您请教。比如您如何看待“文科无用论”。因为有些人经常说学文史哲找不到工作，于世无补。

答：有这样的说法吗？我并不觉得。但中国高校的学院建制确实一直有很大的问题，就是把管理学院、法学院等放在本科。这些方面，美国的制度就比较成熟。比如哈佛，有文理学院，都是本科生。其他职业学院，就跟我们的硕士一样。本科阶段的训练应该是人文科学基本素养的训练，前提是培养合格公民，也就是受过教育的人应当具有的基本素质，在此之后可以按照职业方向更进一步训练。但在中国，这两个培养阶段被完全平行放在本科进行。于是把两个层次混在一起，把素养培训和职业培训混在一起。在这样的情况下，如果进入高校学习是出于职业考虑，当然会选择实用学科，基础学科就显得无用，不仅人文学科，数学、物理之类的理科也是如此。这势必会造成人才素质的缺失。比如美国法院法官的判词，真是文采飞扬，如果他们本科只学法学，不可能如此，包括美国类似公务员的考试主要考的也是人文。但我们到现在还没把这个问题想清楚。研究教育的人始终没有想清楚这个问题。过去一味否定科举制度，却很少反思为什么科考主要考文辞，为什么会作诗文的人就可任用。

问：除了自身著述外，您的译作亦不少，如三卷本《上帝之城》《苏格拉底的申辩》等，多受好评。据我们所知，译作所费心力绝不亚于著述，但那在学术评价体系中的作用往往被低估，故而不少青年学者无心于此，也造成大量译作粗制滥造。对此您怎样看？

答：其实翻译与否，在于是否对自己负责、对学术工作负责。我认为如果没有这些翻译，我的研究很难进行。因为做研究，需要将这些原著一个字、一个字地读。这在平时的阅读很难做到，很容易在字面上滑过。但翻译会逼着你不放过每一个字。我刚开始带研究生时，对学生语言翻译有硬性要求。这是一个阅读习惯的训练，如果做西学就一定要有原著翻译的训练；如果做国学，就一定要点校一些东西，最近距离地亲手摸材料。

问：前面提到您翻译的奥古斯丁三卷本的《上帝之城》，我们比较好奇您选择它进行翻译，进行奥古斯丁研究的原因，是否将之作为一面镜子、一个他者？尽管《上帝之城》完全不涉及中国，但您还是通过对西方的深入理解指向了中国？

答：其实有很多因素促使我翻译奥古斯丁。最初对奥古斯丁发生兴趣，也跟研究自杀有关。在西方基督教思想史上，第一个谴责自杀的人就是奥古斯丁，我对他的兴趣就来源于此。当然此前我对基督教也有兴趣。同时，我也想通过翻译巩固拉丁文。只是在最开始的时候，我的想法并没有那么清楚。你们说的这个当然是对的，是要很好地理解西方，但总体架构在我对自杀的研究中已经有了。一方面是对比，另一方面我也认为西方起源的所有问题，在现代中国其实都有。对基督教思想的研究会是我们理解问题的一个根本基础。

问：您进行的翻译也是为了“读懂一本书”吗？您与哲学系同学交流时曾提及，做学问当“读懂一本书”，那这个“读懂”又该如何做到？

答：许多教人读懂一本书的书肯定写不好的，就像教人读书、教人写作的课一般都没什么用。但如果不就一个问题来写作的话，是不可能学好写作的，所以读懂一本书的具体标准也不一样，自己懂没懂应该有感觉。我所说的读懂是指，能把一本书和跟其他书的关系讲透。

问：是说为那本书在学术史中找到定位吗？

答：差不多吧。

图书在版编目（CIP）数据

未名湖畔大师谈．下·访谈 / 陈永利主编．—北京：中国人民大学出版社，2017.7

ISBN 978-7-300-24032-9

Ⅰ.①未…　Ⅱ.①北…　Ⅲ.①人文科学-文集②社会科学-文集　Ⅳ.①C53

中国版本图书馆 CIP 数据核字（2017）第 021834 号

未名湖畔大师谈（下·访谈）

主编　陈永利

Weiminghupan Dashitan

出版发行	中国人民大学出版社		
社　　址	北京中关村大街 31 号	**邮政编码**	100080
电　　话	010－62511242（总编室）		010－62511770（质管部）
	010－82501766（邮购部）		010－62514148（门市部）
	010－62515195（发行公司）		010－62515275（盗版举报）
网　　址	http://www.crup.com.cn		
经　　销	新华书店		
印　　刷	天津中印联印务有限公司		
规　　格	150mm×230mm　16 开本	**版　　次**	2017 年 7 月第 1 版
印　　张	25.75 插页 2	**印　　次**	2023 年 3 月第 2 次印刷
字　　数	294 000	**定　　价**	60.00 元